アクションリサーチ
実践する人間科学

矢守克也

新曜社

まえがき

　1950年代のスウェーデンで実際に行われた人間の動線研究に着想を得た映画『キッチン・ストーリー』（ベント・ハーメル監督，2003年）は，観察する者と観察される者との関係を観察した（映像化した）作品である。ノルウェーの田舎に住む，年老いたひとり暮らしの男イザックの家に，スウェーデンの「家庭研究所」から調査員ファルケがやってくる。ファルケがここに派遣されたのは，「独身男性の台所での行動パターン」を観察する研究プロジェクトのためである。そして，台所の隅に，イザックを見下ろす奇妙な観察台（脚立のようなもの）が設置される。観察する者（ファルケ）と観察される者（イザック）との間には，「お互い会話してはならない」，「いかなる交流ももってはならない」などのきびしいルールが定められていた。このルールのためもあって，また，そもそもイザックがこの調査に同意したのがある勘違いからであったことも災いして，2人の関係はぎくしゃくする。
　観察する者とされる者との会話を一切禁じた観察の不自然さ（ただし，科学を志向する心理学は，不自然どころか，まさにこのスタイルを観察の理想像としているわけだが）のために2人は苛立ち，観察される者（イザック）は観察する者（ファルケ）を妨害し，逆に，観察する者は観察される者を不必要に攪乱してしまう。挙げ句の果てに，観察されるはずの者が観察するはずの者を階上から覗き見て（観察して），その観察ノートにいたずら書きするに至って，この観察実践は完全に崩壊する。言いかえれば，この映画では，観察する視点と観察される視点が相互に浸食される様子が滑稽に ─ おそらくは，科学的な心理学（動線研究）への風刺をこめて ─ 描かれる。ところが，この後，「客観的な」観察実践の崩壊ないし放棄と並行して，2人の間にはほのぼのとした交流が芽生え，やがて，それは静かな余韻を残して終焉する ─ 。
　『キッチン・ストーリー』は，心理学において，観察する者（研究者）と観察される者（研究対象者）の関係がもつ宿命をユーモラスに，しかし同時に，大変的確に描ききっているように思う。宿命とは何か。観察対象が，

「物」ではなく「者」である心理学では，両者の間に完全なる一線を画すことは困難だというのが，ここで言う宿命である。『キッチン・ストーリー』が看破したように，一方だけが観察し他方は観察されるだけという関係は，いつしか，互いに他を観察する関係へと変容していかざるをえないのである。

たしかに，観察対象者に気づかれることなく——つまり，一見，観察者が観察対象者に何の影響も与えることなく——観察者が観察を遂行しうる事態を一時的に構成することは可能だろう。しかし，観察した結果が観察対象者にフィードバックされるステージ（たとえば，著された論文やレポートを観察対象者が読んだり，観察結果が既成の知識となって世間に流布されたりするステージ）までを視野に入れれば，観察対象者を含め人間一般が観察する生き物である限り，観察する者とされる者との関係性を完全に断ち切ることは究極的には不可能だと断ぜざるをえない。別の言い方をすれば，観察対象となっている実践（「独身男性の台所での行動パターン」）と，観察対象を観察するという実践（「独身男性の台所での行動パターン」を観察する実践）とを，混じり合うことなくきれいに分離することは不可能である。

以上のことは，心理学の研究実践は，濃淡の差こそあれ，好むと好まざるとにかかわらず，研究者と研究対象者（言いかえれば，観察する者とされる者）との共同的実践たる「アクションリサーチ」になってしまうことを示唆している。これは，けっして悲観すべきことではない。重要なことは，観察する／観察される関係から派生した，互いに他を観察する関係とは，互いに他になる関係だという点である。ファルケがイザック（ファルケによって観察されていることを知るイザック）を観察し，イザックがファルケ（イザックを観察しているファルケ）を観察するとき，ファルケはイザックになり，同時にイザックはファルケになっている。このとき，この相互のなりあい（相互互換する体験）は，この映画の後半部の展開が示唆しているように，ファルケによって観察される前のイザックのものでもない，イザックを観察する前のファルケのものでもない，第三の視点（第三の世界）を2人にもたらすのである。そして，この新しく誕生した視点（世界）こそが，2人が従前の世界のベターメント（変化）に向けて共に何かをなすこと——共同的実践——の基盤となる。

「アクションリサーチ」とは，当初の観察者（通常研究者，ここではファルケ）と当初の観察対象者（通常種々の現場（フィールド）に生きる人びと，ここではイザック）

とが，今述べた意味での第三の視点（第三の世界）を，共に創りあげていくための共同的実践のことである。この意味では，当初の観察者と観察対象者は，もはや，それぞれをそのように呼ぶのは不適切で，両者がともに観察当事者に変貌していくと言うべきかもしれない。

「アクションリサーチ」という共同的実践は，多くの場合，単発の活動（たとえば，実験室での実験や関係者へのインタビュー）では完了せず，現場(フィールド)での息の長い活動となる。実際，本書では，「クロスロード」と呼ばれる防災ゲームを媒体として，筆者を含め多様な人びとが関与する防災研究が数年間にわたる共同的実践として継続していること（第1章，第2章など），あるいは，災害の体験を語る被災者の観察に端を発した研究が，語り部活動を中核とした10年にわたる共同的実践へと展開していったこと（第4, 5, 6章など）について報告している。

いずれの共同的実践においても，筆者は，さしあたってファルケである。しかし，共同的実践の深化とともに，自らがファルケであり同時にイザックにもなることができていればと願っている。あわせて，そうした共同的実践を全体として観察した成果である本書を通じて，「アクションリサーチ」の魅力を読者に伝えることができればと期待している。

目　次

まえがき　i

序章　アクションリサーチの魅力と責任 ── 1

第1部　アクションリサーチとは何か　　9〜65

第1章　アクションリサーチとは何か ── 11
1　アクションリサーチの要・不要　　11
2　アクションリサーチの基本特性　　12
3　どのような条件のもとでアクションリサーチはなされるべきか　　15
4　「正解」と「成解」　　22
5　アクションリサーチで活用される研究方法・ツール・プロダクツ　　23

第2章　語りとアクションリサーチ ── 27
1　はじめに　　27
2　「クロスロード」の概要　　28
3　「ディシジョン・メーキング」と「センス・メーキング」　　34
4　インターローカルなアクションリサーチ　　41

第3章　アクションリサーチを記述する
　　　　── 「書簡体論文」の可能性 ── 49
1　研究論文による社会的現実の構成　　49
2　「書簡体小説」とは何か　　51
3　バフチンの小説文体論　　54
4　「書簡体論文」の可能性と課題　　57

第2部　震災体験の語り継ぎに関するアクションリサーチ　*67～172*

第4章　「語り直す」
── 4人の震災被災者が語る現在 ──────────── *69*
   1　5つの基本的視点　*69*
   2　「震災語り部グループ117」　*71*
   3　語りの「様式」からのアプローチ　*74*
   4　4人の被災者の語り　*77*
   5　語りの分析　*88*
   6　総　括　*109*

第5章　「語り合う」
── 10年目の震災語り部活動 ──────────── *113*
   1　はじめに　*113*
   2　語り部活動が10年目に直面した課題　*114*
   3　バフチンの対話的発話論　*118*
   4　語り部という「ジャンル」の再編　*125*
   5　地元大学生との共同的実践　*132*

第6章　「語り継ぐ」
── 生き方で伝える、生き方で応える ──────────── *143*
   1　新たなアクションリサーチへ　*143*
   2　「災害メモリアルKOBE2009」　*146*
   3　関係としての自己語り　*157*
   4　語り継ぎの未来　*170*

第3部　社会構成主義と社会的表象理論
── アクションリサーチの理論的基盤　*173～245*

第7章　社会的表象理論と社会構成主義 ──────────── *175*
   1　社会構成主義の不徹底　*175*
   2　社会的表象の生成（WW94論文）　*177*
   3　社会的表象と社会の構成（WW96論文）　*189*
   4　社会的表象研究の今後（WW98論文）　*200*

5　結語 ── 今後の課題と展望　　　*205*

第8章　〈環境〉の理論としての社会的表象理論 ───────── *211*
　　　1　〈環境〉と社会的表象理論　　　*211*
　　　2　事例研究 ──「活断層」という社会的表象　　　*219*
　　　3　おわりに　　　*229*

第9章　社会構成主義と人生の物語
　　　── 映画『ワンダフルライフ』に学ぶ ─────── *231*
　　　1　社会構成主義から見た自己　　　*231*
　　　2　『ワンダフルライフ』　　　*232*
　　　3　関係性がつくる自己
　　　　　──「頭の中にある自己」への挑戦　　　*234*
　　　4　人生を記録したビデオテープ
　　　　　── 実証という呪縛からの解放　　　*239*
　　　5　望月を継承した里中、とどまった伊勢谷
　　　　　── 一次モードと二次モード　　　*242*

あとがき　*247*
初出一覧　*249*
引用文献　*251*
人名索引　*265*
事項索引　*268*

　　　　　　　　　　　　　　　　　　　　　装幀＝虎尾　隆

序章　アクションリサーチの魅力と責任

　本書は，グループ・ダイナミックスの創始者レヴィン（1954/1948）が提唱したアクションリサーチ（共同実践研究）について，筆者自身がこの 10 年間とり組んできた実践事例の報告，および，その理論的基盤となる社会構成主義理論に関する論説を中心に編んだものである。この序章では，各章の内容に簡単に触れながら本書全体を概観して読者の便に供するとともに，アクションリサーチに対する筆者の基本姿勢について明らかにしておきたい。

第 1 部　アクションリサーチとは何か

　アクションリサーチ（action research）とは，望ましいと考える社会的状態の実現を目指して研究者と研究対象者とが展開する共同的な社会実践のことである。目標とする社会の実現へ向けて「変化」を促すべく，研究者は現場の活動に「介入」していく。第 1 章の冒頭で，筆者は，このような定義をアクションリサーチに与えている。第 1 部の各章（第 1 章〜第 3 章）では，この定義をベースに，アクションリサーチとは何かについて論じている。
　第 1 章では，研究者が，現場へと「介入」し，ある集合体や社会のベターメント（「変化」）に直結した研究活動を自覚的に行うこと（杉万，2007）には，大きな魅力があるとともに，大きな責任が伴うことを強調している。すなわち，「介入」は，一方で，研究活動を未来構想的な政治的実践へと変革し（パーカー，2008/2004），同時に，現場の問題解決に資するという意味で，研究者および現場の人びととの双方のベターメントにつながる大きなチャンスであり，その意味で魅力的である。しかし他方で，現場の人びとが生身をさらして生活をかけている実践の現場に，── それがカウンセリングであれ現場実験であれ，量的な分析であれ質的な分析であれ ── それまでそこになかった研究（リサーチ）という活動をそれまでそこにいなかった研究

者が持ち込むという「介入」は，たとえば，研究者や研究機関（大学）がもつ権威性を無反省に持ち込むなど，大きな弊害をも伴いうる。その意味で，アクションリサーチは大きな「責任」も伴う。

　この点で，アクションリサーチは，研究者が現場に臨むときの態度や姿勢，あるいは，研究者と現場の人びととの間の関係性を指した概念であって，質問紙調査，実験室実験といった具体的な研究方法や，量的な分析，質的な分析といった分析手法と同列に論じるべきものではない。第1章では，以上のことを，いくつかの具体的事例を紹介しながら論じている。また，ここで言う「介入と責任」について筆者自身が現実にどのように考え，どのように振る舞ったかについては，震災体験の語り継ぎをテーマに筆者が10年間にわたってとり組んできたアクションリサーチを紹介する中で，より具体的に触れることになる（第2部の各章）。

　第2章では，「語り」（ナラティヴ）というキーワードを導入する。「語り」は，この後，第2章だけでなく，震災体験の語り継ぎを扱った第2部の各章でも，また，社会構成主義にもとづく自己語り論について触れる第9章でも重要な鍵概念となる。第2章では，筆者がこれまでとり組んできた別のアクションリサーチ，すなわち，ゲームという媒体（具体的には，「クロスロード」と呼ばれるゲーム）を活用した体験の継承・共有のためのアクションリサーチをとりあげている。

　「クロスロード」を中核としたアクションリサーチについては，すでに多くのところで論じてきたが（矢守・吉川・網代, 2005; 吉川・矢守・杉浦, 2009; Yamori, 2007など），第2章では，「インターローカリティ」をキーワードに，「クロスロード」をはじめゲームという媒体は，特定のローカリティ（過去の被災地）における「語り」を抽象化し脱文脈化するだけでなく，それらを，別のローカリティ（未来の被災地）における「語り」として再具象化・再文脈化することにも寄与する点に注目する。また，この点で，ゲームが，本来的にインターローカルな実践であるアクションリサーチにとって（第1章4節），非常に有力な手段の一つであることを強調する。

　第3章は，先行の2章とは，少々性質を異にしている。すなわち，第3章は，アクションリサーチの内容ではなく，それについて記述する形式について論じている。ただし，本書を通底する理論的基盤である社会構成主義に立脚して正確に言えば，言葉による記述とは独立に外在する事実を観察し，

観察した事実を論文上でできるだけ正確に表現するというスタイルを絶対視することは，もはやできない。むしろ，成立しうる社会的現実の一つが，論文上で，言葉によって構成され提示されると考えることが必要となる。この意味では，内容ではなく形式について論じるという上記の表現そのものが誤りであると言える。つまり，より積極的に言いかえれば，論文の執筆と公表という研究実践もまた一つの言語的な実践に外ならないことを踏まえて，論文の執筆と公表を含む自らの研究実践が社会的現実にもたらす（反）作用を十分考慮した研究の遂行が求められる。

書簡の形式をとった論文（「書簡体論文」）が，心理学の学術論文，特にアクションリサーチに関するレポートとして成立する可能性を探った第3章は，上記の問題意識に立脚して書かれている。具体的には，まず，既存の書簡体小説論（遠藤，1997; 大澤，2007 など）やバフチン（1996/1994）の小説文体論を踏まえて，「ユニヴァーサルな記述形式」（論理実証主義にもとづく伝統的な心理学の論文スタイル）と，それと対置される「ローカルな記述形式」とのコントラストを引き出す。次に，そのコントラストを踏まえて，アクションリサーチに相応しい記述形式の一つとして，「書簡体論文」をはじめとする「インターローカルな記述形式」の可能性を探っている。

第2部　震災体験の語り継ぎに関するアクションリサーチ

第2部は，筆者が阪神・淡路大震災（1995年）から約5年を経た1999年の12月以降，10年以上にわたってとり組んできた震災体験の語り継ぎを目的としたアクションリサーチに関して詳しく報告したものである。アクションリサーチの主な舞台は，筆者自身がメンバーとして所属した，ないし現在も所属している被災者の語り部団体（第4章と第5章），および，筆者自身が企画・運営に従事してきたイベント「災害メモリアルKOBE」である。これら一連の研究では，筆者自身が語り継ぎ活動に中核的なメンバーとして参与している。すなわち，観察や分析の対象となる語り部活動そのものに対して，── 少なくとも部分的には ── 筆者（研究者）自身が実質的な影響を及ぼす形式で活動が展開されている。これは，言いかえれば，筆者自身が観察や分析の対象となっているということでもある。第2部の各章に，筆者自身の参与方法や行動に関する自省的な記述が含まれているのは，そのためで

ある。かつ，こうした記述は，研究者と現場の人びととの共同的実践であるアクションリサーチにとって，常にきわめて重要な位置を占めると考えている。

　第4章の舞台は，被災者が組織した「語り部グループ117」（1999年結成）と呼ばれる団体である。第4章では，同団体に属する4人の震災被災者がその活動で語った語り（ナラティヴ）の内容や様式を分析することに主眼が置かれている。語りの様式に注目した分析を通じて，語りの〈バイ・プレーヤー〉なる概念が提起される。〈バイ・プレーヤー〉とは，語りの「内容」に登場する（重要）人物という意味ではなく，語りの「様式」そのものを規定している存在のことである。その上で，4人の語り手に見られる語りの「様式」の違いは，単なる発話形式の違い，まして，個人的な記憶内容の違いと見るべきではないこと，むしろ，それは，4人の被災者が被災という不幸な出来事を踏まえて，自らの生活世界を「語り直し」によって〈バイ・プレーヤー〉とともに共同で再構造化しようとする際に依拠する「様式」の違いを反映していること，以上を指摘する。

　この結論は，筆者自身を含めた周囲の人びとが，被災者の「語り直し」にとって，ひいては，被災者の生活世界の再編にとって，有意味で信頼に足る〈バイ・プレーヤー〉たりえているか，という実践的な課題を導くことになる。特に，筆者（研究者）に即して言いかえれば，アクションリサーチという形での「介入」が，良き〈バイ・プレーヤー〉としての「介入」たりえているか，という課題と表現してもよい。そして，この問題意識が，後続の第5章や第6章における筆者のとり組みの原動力となる。

　第5章の舞台は，「語り部KOBE1995」（2005年結成）という被災者の団体である。同団体は，前身の「語り部グループ117」から派生した団体であり，筆者は今もこの団体のメンバーである。しかし，震災から10年を経て，震災に対する関心が急速に薄れていく時点で結成された「語り部KOBE1995」の活動は，それほど順調とは言えなかった。そして，活動が停滞状況に陥ったとき，筆者は，当事者の一人として同団体の活動をどのように盛り上げていくのか，メンバーとともに真剣に考えたつもりであるし，今もその営みは続いている。筆者なりの「介入」のベースとなったのが，語り手たちが，〈バイ・プレーヤー〉との間で応答を，しかも未完と見える応答を続けているという発見である。その（未完の）応答のプロセスに，筆者自

身を含めた聞き手をより積極的に巻き込んでいくことが必要ではないかと考えたのである。言いかえれば，筆者（研究者）自身が能動的な応答を求められている当事者の一人であることを，強く自覚したわけである。

　この認識から生まれたのが，第5章で紹介する大学生と語り部団体のメンバーとの共同的実践，すなわち，「語り合い」という方向性であった。第5章では，この共同的実践について具体的に紹介するとともに，実践のベースとなったバフチン（1988/1986）による対話的な発話理論についても詳しく述べる。バフチンが提起した「応答性」や「言葉のジャンル」などの主要概念が，前章以来の鍵概念である〈バイ・プレーヤー〉を中核とする語り部活動の分析にとって非常に示唆的であることはむろんであるが，バフチン理論の根底にある「能動的社会観」の思想が，アクションリサーチの基本姿勢と共振していることも重要である。

　第6章では，先行の2つの章とは異なり，中高齢者を中心メンバーとする語り部活動ではなく，より若い世代を含む複数の世代にまたがる語り手たちによる活動をとりあげる。具体的には，震災から10年あまりを経て，父親とまったく同じ職業（消防士）に就いた女性（当時小学生）とその父親（現在も娘と同じ組織に勤務）のペア，および，震災当時の担任教師（男性）と同じ自治体で教職に就いた女性（当時小学生）とその担任教師（現在もその女性と同じ自治体で教師として勤務）のペアが，第6章の主役である。

　筆者らが，複数の世代による共同の語りというスタイルを導入した理由は，実践的にはいくつかある。震災から15年近くを経て（これは，被災地にあっても，中学生以下の全員が震災後に生まれた世代になったことを意味する），世代間の体験継承が非常に大きな問題として浮上してきたことも，たしかに重要である。しかし，それ以上に，震災体験の風化が叫ばれる被災地にあって，震災からの15年間という時間を前向きなものとして，すなわち，何かが失われる時間ではなく，何かが生まれ成長する時間として位置づけることも重要だとの認識が，このアクションリサーチのベースにはあった。そこでとり入れたのが，入学・卒業・進学，就職や転職，結婚など，ライフステージにおけるきわめて重要な時期と震災後の15年とが完全にオーバーラップする世代と，その世代を見守ってきた世代との，ペアによる語りという場のデザインだったわけである。

　他方，理論的な焦点となったことは，「語りは個人の語りである」という

抜きがたい常識を乗り越えることであった。これは，第3部で詳述する社会構成主義の提唱者ガーゲン（K. J. Gergen）が強調してきたことでもある。すなわち，本章のキーフレーズ「語り継ぐ」は，たとえば，ある世代に属するある個人の物語が，次の世代に属する別の個人に対して（場合によっては，多少の「語り直し」を伴って）語られる，という通俗的意味でのそれではない。そうではなく，親や子というアイデンティティを形成・維持する「親子の物語」や，師（先輩教師）や弟子（新人教師）というアイデンティティを形成・維持する「師弟の物語」が，複数の当事者や関係者による共同の制作物として集合的かつ継承的に生成され，と同時に，その物語が生活や人生を導くための共同の資源として集合的かつ継承的に活用されてきたという意味である。そして，阪神・淡路大震災という大きな出来事が人びとのアイデンティティや人生に与えた衝撃の大きさと，そこから15年という年月の長さに負うて，この意味での「語り継ぎ」が，── 語りの場に関する筆者らのデザイン次第で ── 非常に印象的な形で提示されうるという直観が，このアクションリサーチを支えている。

第3部 社会構成主義と社会的表象理論 ── アクションリサーチの理論的基盤

　第3部の各章では，アクションリサーチの理論的基盤となる社会構成主義について，それと親和的な理論である社会的表象理論とともに論じている。研究者と研究対象（者）との絶対的分離を前提とした自然科学の研究スタイルの根底が論理実証主義であるのに対して，両者を一線で分かつことはできないと考える研究スタイル ── すなわち，人間科学（杉万, 2006; 矢守, 2009）── の基盤にあるのが，社会構成主義である。社会構成主義は，世界が意味を帯びた相でしかあらわれてこない以上（廣松, 1982），あらゆる認識（何かを見たり聞いたりすること）やあらゆる行為（何かをなすこと）は，常に例外なく，われわれに対して意味ある世界を現出させる作用である社会的構成に内在したものにならざるをえないという前提に立つ。

　アクションリサーチと社会構成主義との接点を理解する上できわめて重要なことは，研究者自身（研究者の認識や行為）も，この世界の社会的構成への内在という原理原則から免れえないという点である。たしかに，研究対象である人びとが特定の社会的構成の作用の埒内にあることを，研究者が，両

者の絶対的分離を前提に「客観的に」発見したかに見える局面があることは事実である。しかし，そのとき，研究者自身も，研究（たとえば，観察や調査といった活動）が意味あるものとして成立している世界を研究者の眼前に現出させている社会的構成作用の範囲内にある。かつ，── より重要なこととして ── 研究対象者について研究者が何ごとかを認識しえたという事実は，両者が少なくとも部分的に重複した意味世界（同じ社会的構成作用の範囲内）に生きていることを示している。そうでなければ，研究対象者は，研究者にとって，端的に理解不能で意味不明の存在にとどまるはずである。社会構成主義が，「研究対象者と研究者（双方含めて当事者）による共同実践的な研究」（第1章）としてのアクションリサーチの理論的基盤となるし，またならねばならないのは，このためである。

　さて，**第7章**でテーマとするのは，社会的表象理論である。社会的表象とは，まさに，上で述べた意味を帯びた世界が，いかなるプロセスを通して社会的に構成されるのか，また同時に，そうした社会的構成のプロセスがいかなるメカニズムを通して潜在化し，内なる主体（自己）と外なる客体（環境）がそれぞれ独立に自存していると感じられる（主客2項対立図式）に至るのか。以上について説明しようとした理論である。具体的には，まず，フランスの社会心理学者モスコビッシ（Moscovici, 1984）によって提唱された社会的表象理論が，その豊かな内実にもかかわらず十分な評価を獲得できなかったのは，社会的表象理論の側の不徹底 ── 社会構成主義の立場を徹底しえなかったこと ── にあったことを指摘する。あわせて，真の理解へ向けた道のりを，社会的表象理論について原理的な再検討，および，実証的研究の双方を精力的に進めてきたオーストリアの社会心理学者ワーグナー（Wagner, 1994, 1996, 1998）の著作を土台に示す。

　第8章では，前章でとりあげた社会的表象理論について，主客2項対立図式における客体側，すなわち，環境側に注目して再検討する。すなわち，本来，社会的構成の産物として生まれるはずの〈環境〉が，どのようなプロセスを経て，外なる客体（〈 〉表記の付かない環境）として自存していると受けとられるようになるのかについて，モスコビッシ自身が提起したいくつかの主要概念に依拠して説明する。あわせて，阪神・淡路大震災後，急速に社会に普及した「活断層」なる概念を事例として，このプロセスについて具体的に例示する。

社会的構成の産物である〈環境〉は，本来，流動的であり可塑的である。あるいは，それは，融通無碍だとさえ言える。〈環境〉は，不幸の温床ともなるが幸福の母体ともなりえるのである。そして，この点にも，アクションリサーチと社会構成主義に立脚した社会的表象理論が連携しなければならない必然性を認めることができる。なぜなら，アクションリサーチとは，特に現場に生きる人びとの目には永劫不変の環境（第7章の用語では object）としてあらわれているものの多くが，実は他でもありえる〈環境〉（第7章の用語では〈object〉）に過ぎないことを，研究者を含む当事者全員の努力によって明るみに出し，その認識に立って実際に〈環境〉を変革していこうとする共同実践の運動に外ならないからである。

　最終の**第9章**は，第8章とは逆に，主客2項対立図式における主体側，すなわち，自己側に注目する。具体的には，社会構成主義の心理学界における旗手ガーゲン（2004/1994a, 1998/1994b, 2004/1999）による「徹底した関係主義にもとづく自己語り」に焦点をあてる。これは，社会構成主義について散見される誤解 ── 社会構成主義や社会的表象理論は，「社会（的）」と称しうるような複数の人間が関与する現象（たとえば，制度とか規範とか流行とか）に「のみ」適用すべき考え方で，人間個体の心（自己）とは無縁だとする誤解 ── を払拭するためである。主体（自己）そのものが社会的に構成されることを示すことによって，個体内部に内属する心（自己）という抜きがたい認識論的前提（mind-in-the-body paradigm）の誤りを徹底して暴き出し，主客2項対立図式を墨守する既存の心理学理論と社会構成主義に依拠した心理学理論との違いを鮮明にする。

　第9章では，この作業を，この世とあの世の中間で，人びとが「わが人生」について語り合うという，何とも不思議な設定をもった映画『ワンダフルライフ』を考察のための導きの糸として活用しながら進める。『ワンダフルライフ』は，エンターテインメント作品としても一級品であるが，「徹底した関係主義にもとづく自己語り」を理解するための素材をいろいろな形で提供してくれてもいるからである。また，第9章での，どちらかと言えば理論的な作業が，第2部（特に，第6章）で詳述する筆者自身による共同的実践（アクションリサーチ）とも呼応し，互いを支えていることにもご注目いただきたい。

第1部　アクションリサーチとは何か

■防災ゲーム「クロスロード」を媒介にした地域間交流
(「クロスロード・ファシリテータのつどい in 神戸」にて。2008年12月著者撮影)

第1章　アクションリサーチとは何か

1　アクションリサーチの要・不要

　アクションリサーチ（action research）とは，「こんな社会にしたい」という思いを共有する研究者と研究対象者とが展開する共同的な社会実践のことである。よって，そのキーワードは，「変化」であり，「介入」である。望ましい社会の実現へ向けて「変化」を促すべく，研究者は現場に「介入」していく。

　アクションリサーチについて，この概念を初めて提唱したレヴィン（Kurt Lewin）は，以下のように述べている。

> 集団相互関係の研究内容と少くとも同程度の重要性をもつのは，それを社会生活の内部の適切な場所に配置するということである。いつ，どこで，だれによって，社会研究が遂行さるべきであるか。（レヴィン，1954/1948; 邦訳 p.274）

　この言葉は，「書物以外のものを生み出さない研究は満足なものとは言えない」，「よい理論ほど実際に役に立つものはない」といった著名なフレーズと比べると，ポピュラリティが低いように思われる。しかし，筆者の見るところ，アクションリサーチという研究態度（研究方法でなく）の特異性が，この短い言明の中に凝縮されている。それは，アクションリサーチでは，直面する事態に対して研究者が研究者として介入すべきか否かの判断が厳しく問われる，ということである。これは，アンケート調査かインタビューか，量的な分析か質的な分析かといった個別の方法に関する判断ではない。教育であれ福祉であれ防災であれ，当事者が生身をさらして生活をかけている実

践の現場に，――それがカウンセリングであれ現場実験であれ，量的な分析であれ質的な分析であれ――，それまでそこになかった研究（リサーチ）という活動をそれまでそこにいなかった研究者が持ち込むという介入をなすべきか否か，というきわめて重大な判断である。

　過疎地域の活性化，企業組織風土の変革，地域医療の推進など，多くのアクションリサーチを手がけてきた杉万（2007）も，次のように指摘する。

　　実践の中には，数多くの種類の営みが含まれる。おおざっぱに例をあげても，政治的，経済的，教育的，医療的，宗教的等々，数多くの営みが含まれる。研究的営みは，まさに，その数多くの営みの一つ（one of them）にすぎない。つまり，実践の現場では，action research ならぬ，research in action なのである。……（中略）……すべての実践にとって研究的営みが必要と考えるのは，研究者の思い上がりにすぎない。

たとえば，私が，今ここで，職場での女性差別に悩む友人（小学校教師）に直面しているとして，この事態に一人の人間として私が応じるやり方は無数に存在する。他人事としていっさい関与しないことも可能である。友人として励ましの言葉をかけることもできる。政治的な活動に共に関与するという選択肢もある。この問題に研究活動（action research）という形式で応えるというのは，多くの選択肢のひとつに過ぎない。

　だからこそ，アクションリサーチでは，「研究的営みそのものの要不要をも自省しなければならない」（杉万，2007）し，仮に，要であると判断したとして，「いつ，どこで，だれによって，社会研究が遂行さるべきであるか」を熟考する必要がある。けっして，「では，今回はアクションリサーチでいきましょうか」といった，お手軽な判断で済まされるべき筋のものではない。

2　アクションリサーチの基本特性

　それでは，どのような条件のもとで――いつ，どこで，だれによって――，アクションリサーチはなされるべき，あるいは，なされないべきなのか。本節では，この問いに答えるために，まず，アクションリサーチの基

本特性について考えていくことにしよう。

アクションリサーチは，どのような特性をもっているのか。また，何をもってアクションリサーチと見なすのか。その定義はさまざまであるが（三隅，1974; 大野木，1997; Greenwood & Levin, 1998; Denzin & Lincoln, 2000; 横溝，2000; Reason & Bradbury, 2001; 鹿毛，2002; 保坂，2004; 秋田，2005; 杉万，2007），これらを総覧したとき，以下の2点をアクションリサーチのミニマムな特性として指摘することができると思われる。

(1) 目標とする社会的状態の実現へ向けた変化を志向した広義の工学的・価値懐胎的な研究
(2) 上記に言う目標状態を共有する研究対象者と研究者（双方含めて当事者）による共同実践的な研究

第1の特性は，普遍的な真理・法則性の同定を志向した広義の理学的な研究と対照させることができる。普遍的な真理・法則性を追究しようとすれば，人は，当然，1つよりは2つ，2つよりは3つと，より多くの事例を対象に観察や測定を行い，そこに反復される予測可能な現象を見いだそうとするだろう。そこで見いだされるべき真理・法則性は，観察や測定を行う人（研究者）やその対象者が，いかなる社会的状態を望ましい状態として措定するかという価値やイデオロギーとは独立したものである。好むと好まざるとにかかわらず，「みなさんは斯く斯くしかじかなのですよ（斯く斯くしかじかになりますよ）」という言明を生産することが，普遍的な真理・法則性の追究ということだからである。

これに対して，「通常アクションリサーチという言葉が用いられるのは，研究者が，ある集合体や社会のベターメント（改善，改革）に直結した研究活動を，自覚的に行っている場合」（杉万，2007）である。つまり，アクションリサーチでは，「ある好ましくない社会状況に対して，それをよりよい方向へと転換していこうとする社会運動と関わりをもつため，価値観やイデオロギーが反映されることになる」（保坂，2004, p.176）。パーカーなどは，さらに一歩踏み込んで，「アクションリサーチとは研究活動を未来構想的な政治的実践へと変革する活動である」（パーカー，2008/2004; 邦訳書，p.174）と規定しているほどである。よりよい方向（改善，改革）への変化が謳われる

以上，そこに価値が懐胎しないはずはない。アクションリサーチは，「現状よりも望ましい斯く斯くしかじかな社会的状態を作りましょう」という価値判断とともに遂行される研究活動である。

第2の特性は，研究者と研究対象（者）との絶対的分離を前提とした狭義の自然科学的な研究と対照させることができる。自然科学的な研究態度をとる場合，先に述べた観察や測定という行為（それ自体が一つの実践である）を，観察や測定の対象として措定した実践から切り離し，前者の実践が後者の実践に及ぼす影響を排除することが求められる。たとえば，液体の温度は，温度計を液体に入れ込む行為そのものによって影響を受けてはならない。また，だれがそれを行うかとも100％独立していなければならない。

しかし，人間や社会を対象とした研究では，この点について100％の独立性を保証することは不可能である。カウンセリングのような研究者と対象者との相互依存性が端から濃厚であるケースは言うに及ばず，たとえば，実験室実験やアンケート調査といった一般に「客観的」と認定されている手法でも，研究者の働きかけが実験室での反応や調査回答に及ぼす影響を100％抹消することは不可能である。いわゆる実験者効果や評価懸念といった現象は，問題がより先鋭化したケースであって，ここでの指摘は，本質的には，人間，社会を対象としたすべての研究にあてはまる。

アクションリサーチにおける第2の特性，すなわち，当事者と研究者による共同実践的な研究という特性は，研究者と対象者との独立性を100％保証することはできないという事実を率直に受けとめ，むしろ，この点を積極的に評価・活用しようとするものである。すなわち，研究者と対象者は共に当事者として，── どちらが主導権をとるのか，またどのように共同するのかはケースによって異なるが ── 上で述べた「現状よりも望ましい斯く斯くしかじかな社会的状態」とは何かについて価値判断を下し，現状のベターメントへ向けて協働する。また，アクションリサーチでは，観察や測定といった行為も，目標とする社会的状態の実現のために有用な情報（事実認識）を得るために，この両者が共同でとり組む実践であると位置づけられる。当事者たち（研究者，対象者）は，観察や測定の実践が，もともとの実践に及ぼす再帰的な影響を自覚しながらそれに従事する。けっして，研究対象者がその支配下にある普遍的な真理・法則性を，対象者とは隔絶した位置にある研究者が見いだし，研究者が対象者にそれを告知するために，観察や測定が

行われるわけではない。

3 どのような条件のもとで
　 アクションリサーチはなされるべきか

　上で指摘した2つの基本特性を踏まえると，どのような条件のもとで，アクションリサーチはなされるべきか，という最初の問いに答えることができる。

3-1 「価値」の調整が求められるとき

　第1に，アクションリサーチは，何を望ましい社会的状態と考えるのか──このことに関する「価値」判断を伴う研究なのであった。ここから，アクションリサーチが要請される条件として，目標とすべき社会的状態について大きな変化が生じている場合，したがって，それについて混乱や対立が見られ，何らかの調整プロセスによって多様な価値の間の混乱や対立の収拾が期待されている場合，という基準を導き出すことができる。
　この点，現在の日本社会では，まさに，アクションリサーチに対する期待が高まっていると言える。重要なことは，個別的な価値の揺れや変化もさることながら，戦後60年以上を経て，日本社会は，多くの人びとによって共有される，少数の，より普遍的な価値がリードする社会（高度経済成長期）から，地域，立場，時代によってさまざまに異なる多様な価値が混在する社会へと完全に変貌したということである。
　筆者の専門領域（防災）に即して言えば，毎年のように数千人の犠牲者を出す大災害（特に，風水害）が各所で発生していた時期には，日本中のすべての地域で，一律に，かつ迅速に防災力の全体的底上げを図ることが求められ，この目標（価値）に多くの人びとが同意できた。地域の個別事情は不問に付し，全国どこでも同じ防災機能を果たす土木構造物や，同じとりあつかいが可能な防災マニュアルを整備することが望まれた。そして，一律の底上げが要請される状況下では，たしかに，専門家（研究者）が同定した普遍的な（と見なしうる）真理・法則性を一律に適用するという方式が功を奏した（矢守，2005）。このとき，普遍的な真理・法則性が同定されたから一律の防

災対策がとられたというよりも，一律の防災対策が必要とされ，かつ有効となる社会的状況が，普遍的な真理・法則性の追究を促進したという逆方向の因果関係があったことに十分留意する必要がある。

しかし，今はどうか。全体的底上げが実現しても，あるいは，それが実現すればするほど，それでも残存する災害脆弱性は，必然的に地域固有のものとなる。風水害対策のさらなる充実を期待する地域もあれば，津波防災が喫緊の課題という地方も存在する。また，これ以上堤防を建設するよりは，砂浜の保全を図るべきだ（防災よりも，観光，環境，地域振興が重要だ）という意見も出てくる。あるいは，住民は防災施策の推進を望んでいるが，自治体は予算不足を理由に他の行政施策を優先させる意向をもっているというケースもある。つまり，何をより望ましい状態とするかについて，立場の違いから，地域事情の違いから，あるいは個人の選好の違いから，葛藤や対立が生じているのである。

このことは，野口（2005）の洞察にしたがえば，「個人化」（ベック，1998/1986）する現代社会では，セオリーに代わってナラティヴによる社会変革が求められている，と言いかえることもできる。「個人化」した社会では，われわれ一人ひとりが，自分の生活をナラティヴ（物語）としてとらえ，その作者兼主役になることが要求される。ナラティヴ（物語）とは，セオリー（理論・法則性）とは対照的に，出来事や経験の「具体性」や「個別性」を重要な契機にしてそれらを順序立てることで成り立つ言明の一形式である。換言すれば，ナラティヴは，対象世界を第三者として記述・予測する言明（セオリー）とは異なり，個別的な人間，集団，地域の「価値」を体現した言明である。人びとは，ナラティヴでもって互いの価値を表明し，調整し，再構成し，また新たな価値を構築していく。なお，ナラティヴについては，本書の第2章，第6章，第9章でも主題的にとりあげているので併読されたい。

アクションリサーチは，こうした事態でこそ有効である。たしかに，価値（何を目標とすべきか）とは独立した中性的な言明・知見（セオリー）も，特定の価値（目標状態）を所与・前提としたとき，現状がそこへと至るための道のりを探る上では大変有効である。その限りで，複数の価値（目標状態）を相互検討するための道具として部分的かつ限定的な有効性は，もちろん有する。しかし，複数の目標状態の調整，価値づけのためには，それに関わる

多くの当事者が目標状態を明確に表現するためのナラティヴを効果的に産出するための仕組みや技法が必要である。さらに，価値対立・葛藤の構図を可視化し，相互の調整・妥協を図ることを促すための仕組みや技法も必要となる。

これまで，アクションリサーチにおいて多用されてきた，KJ法（川喜田，1966）を代表とする各種の問題発見・解決のための技法（柳原，1976 など），あるいは，筆者らが近年防災現場での展開を試みているゲーミング技法（矢守・吉川・網代，2005）を含む各種のワークショップの技法も（杉浦，2005; 津村・山口，2005），こうした脈絡に位置づけることが重要である。すなわち，それらは，複数の価値を体現するナラティヴをより多く引き出し，それらの間の関連性（類似点や相違点）を効果的な形で可視化し，相互に調整し，ひいては，新たな価値を具現化した新たなナラティヴを引き出すための手法なのである（第2章も参照）。

本節の最後に，個別化した価値を語りをベースに調整しようとするアクションリサーチでは，個別性に光をあてながらも，同時に個別性を常に共同化していく必要があることを指摘しておこう。ここでも，レヴィンの言葉が問題の所在を明らかにしてくれる。

> ところが，好ましく成功裏に行われたワークショップでさえ，集団相互関係の分野で長期に渡る改善を生ぜしめるというような機会をもつことは稀であると思われる。熱意と新しい洞察に溢れワークショップから帰ってきた個人は，再びコミュニティに立ち向かわねばならない。おそらく10万人対1人の割合である。（レヴィン，1954/1948; 邦訳書，p.280）

相互に調整され新たに生み出された価値といっても，少なくとも当初は局所的なものであり，けっして静的に安定したものではない。特に，レヴィンが指摘するように，その後の実践のコアとなる人びとだけが出会った段階，すなわち，アクションリサーチの萌芽期にあってはそうである。だから，アクションリサーチは，ナラティヴを発する語り手だけではなく，それを好意的に聴き，かつ，それに呼応した新たなナラティヴを次々に付加していくパートナーを必要とする。そして，ここで言う複数のパートナーを相互に結びつけているのは，言うまでもなく，普遍的な真理・法則性ではない。そうで

はなく，それぞれ個別性を保持する複数のナラティヴを，潜在的な分裂の可能性を常にはらみながらも，インターローカルに結合させる共同性である（インターローカリティについては第2章，第3章を参照）。

3-2 研究者／対象者間の固定した構造に変化が必要なとき

アクションリサーチは，目標状態を共有する対象者と研究者（双方を包括して当事者）による共同実践的な研究でもあった。ここから，アクションリサーチが要請される条件として，研究者／対象者間の固定した関係が目標達成を阻み，そうした固定的関係に構造上の変化が要請されている場合，という基準を導き出すことができる。

これは，アクションリサーチが研究者と対象者の絶対的分離を前提としないことを踏まえれば，当然の帰結である。絶対の分離は，絶対の分離という一つの状態しかもちえないが，共同的な関係は，限りなく分離に近いケースから，両者が渾然一体となったケースまで幅広いレンジをもちうる。そして，このレンジの中を大きく移行することが，目標状態の実現に寄与する場合がある。ここで議論していることが，実験か調査か，質的な分析か量的な分析かといった個別の研究方法とは独立した判断次元を構成していることに注意する必要がある。アクションリサーチの醍醐味は，むしろ，研究者／対象者という構造そのものを転換させることによって，目標状態の実現を図る点にある。

さて，研究者／対象者構造の転換としては，研究されるだけの存在であった対象者が（あえて）研究者的立場をも有するようになるケース，逆に，研究するだけであった研究者が（あえて）対象者的立場をも有するようになるケースを想定できる。しかし，言うまでもなく，結局は両者は同時に進行するので，同じことの両面であると言える。こうした転換をもっとも先鋭的な形で実現している具体事例としては，ナラティヴ・セラピーの分野でアンデルセン（2001/1991）が手がけている「リフレクティング・チーム」，精神障害者のコミュニティとして著名な「浦河べてるの家」で展開されてきた「当事者研究」（浦河べてるの家，2002）などがある。さらに，本書の第9章でとりあげる映画『ワンダフルライフ』の設定も，研究者／対象者構造の転換の重要性を示す大変よい事例となっている。ここでは，「当事者研究」につい

て概観した後，筆者自身のとり組みについても簡単に紹介しておきたい。

「当事者研究」について，この活動を牽引してきた向谷地生良氏（浦河べてるの家，2002）は次のように述べる。

> 従来〈研究〉は，医師や研究者がするものであって，当事者は主体的に入る余地のないものでした。しかし研究の分野こそ当事者性を打ち立てるべき……（中略）…… 私たちが〈研究〉と言っているものは，「自分の内面を見つめ直す」とか「反省する」とは違うものです。……（中略）…… 彼（河崎さん；引用者）は自分を見つめ反省しすぎてしまうことで，爆発してしまう。だからこそ，……（中略）……［自分を；引用者］研究対象として見つめる（「外在化」する）というスタンスに意味があったのです。……（中略）…… 無意味にしか見えなかった失敗だらけの忌まわしい過去が，「自己研究」という衣をまとった瞬間，新しい人間の可能性に向かって突然，意味をもちはじめるのです。（浦河べてるの家，2002, p.158-161）

ここで紹介されている河崎さんは，自分の感情の爆発について，「研究方法」，「爆発の原理」，「家族の反応」といった見出しのもと，問題を「外在化」し，ある意味で淡々とした分析と記述を展開していく。これは，普遍的な真理・法則性の同定を指向した広義の理学的な研究（2節を参照）に近い態度である。研究対象者として専門家の助言や指示を受け続け，自分の内面を嫌と言うほど見つめ続けて失敗を繰り返してきた河崎さんは，その対極にある実践方法を手に入れて問題解決への糸口を得たのである。

そして，ここで非常に重要なことは，河崎さんのこの変化（対象者から研究者への変化）の背後に，研究者／対象者に関する向谷地氏自身の柔軟な姿勢があったと推察される点である。河崎さん個人，および，べてるの家という施設の目標状態の実現へ向けたアクションリサーチの中で，向谷地氏が，ときには河崎さんとともに当事者として苦しみ，またときには，徹底して冷徹に第三者として彼を見つめるというシフトチェンジを繰り返していたからこそ，問題の根幹たる河崎さんをあえて研究者の立場においてはどうかという劇的なシフトチェンジのアイデアも生まれてきたものと思われる。

さて，筆者らが開発した「クロスロード」（詳細は，本書の第2章，および，矢守・吉川・網代，2005；吉川・矢守・杉浦，2009；矢守，2007；Yamori, 2007,

2008, 2009 などを参照）と呼ばれる防災ゲーミングを用いたアクションリサーチにも，対象者の研究者化が組み込まれている。「クロスロード」は，阪神・淡路大震災において災害対応の最前線で活動した神戸市職員の体験語り（ナラティヴ）をもとに作成したカードゲームである。ゲームでは，図 1-1 に示したような課題をめぐって参加者たちがそれぞれの立場から侃々諤々の議論を展開する（図 1-2）。

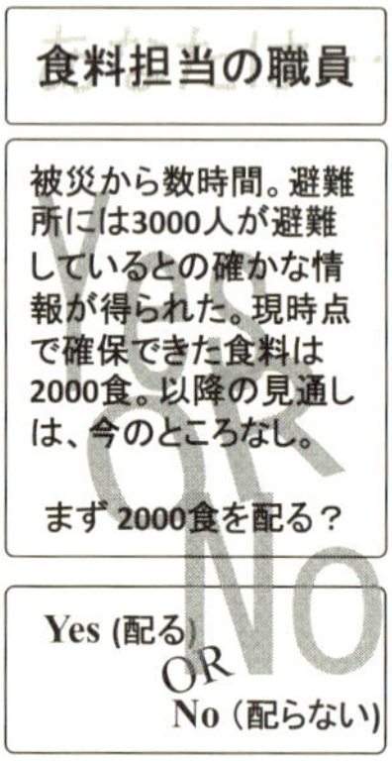

図 1-1 「クロスロード」のカード例

図 1-2 「クロスロード」の実施場面（高知県庁における研修会にて）

よって,「クロスロード」を使った実践の根幹を一言で表現すれば,災害体験者の〈防災ナラティヴ〉(第2章を参照)をゲームというメディアに加工し,集団ゲームという場を提供することで,未来の災害体験者の〈防災ナラティヴ〉を誘発すること,ということができよう。「クロスロード」は,全国の自治体職員の防災研修,コミュニティの自主防災訓練などで利用され,当初作成されたバージョン(「神戸編」)以外にも,地域特性や直面する個別課題を反映したバージョンがその後作成され活用されている。「市民編」,「高知県編」,「海上保安庁編」,「学校安全編」,「要援護者対策編」などである。

　ここで強調したいことは,ゲーム経験者たちが,地域防災実践について,自らのサクセスストーリー,あるいは逆に失敗談や苦労話を,すすんでゲームコンテンツとして生産・公開し,地域間,分野間のインターローカルな情報交流に活用し,ひいては,それぞれの地域が抱える課題の解決に役立てているという事実である。これは —— べてるの家の当事者研究よりは薄められた形ではあるが ——,自らの当事者性をいったん封印し,研究者的な態度を参加者たちが有していることを意味している。すなわち,地域防災の当事者たちは,筆者ら研究者,他地域で類似の課題にとり組む当事者とともに,互いに互いを研究者／対象者関係の交替運動を実現するためのパートナーとしながら,地域防災上の課題をゲーム課題という形式で外在化し,これまでとは異なる視線で地元の防災課題を見直す機会を手に入れたのである。

　すなわち,対象者の研究者化と研究者の対象者化,この双方が同時進行して新たな共同の当事者性が構築され,それがアクションリサーチを支えていることが重要である。たとえば,地域の人びとも,今や,半ば研究者でもあるから,これまでのように,防災の専門家の言い分や行政の施策を一方的に受容するだけの存在ではない。同時に,「クロスロード」に参画する各領域の研究者や自治体職員も,普遍的な真理・法則性の教示者や既定の政策の執行者としてのみ関与しているのではない。彼らは,土木工学にせよ,防災心理学にせよ,地域防災計画にせよ,それぞれの領域における限定的な専門性を有してはいるものの,各領域がもつ有効性や「価値」を他の参加者によって評価される,半ば対象者としての性格も帯びることになる。

　「クロスロード」は,複数の「価値」を体現するナラティヴをより効果的に提示し,それらの間の関連性を効果的な形で可視化し,相互に調整し,ひ

いては，新たな「価値」を体現する新たなナラティヴを引き出すための手法でもあった。よって，「クロスロード」を中心とするアクションリサーチ本体を主導するアクションリサーチャー（筆者自身を含め）は，あえて言えば，研究者／対象者構造の転換を促すツール（「クロスロード」）と場（ゲーミングを中核とするワークショップの場）を提供することによって，どの専門家にも無条件の専門性を発揮させないという専門性（野口（2005）の言う「逆立ちした専門性」）を発揮していると言えるかもしれない。

4　「正解」と「成解」

　これまで述べてきたように，アクションリサーチでは，どのような現場にも，また，いつの時点でも普遍的に妥当する真理・法則性 ── 「正解」 ── を研究者が同定することが目標とされているわけではない。むしろ，アクションリサーチは，特定の現場（ローカリティ）において，当面，成立可能で受容可能な解 ── 「成解」（岡田，2008） ── を，研究当事者（研究者と研究対象者）が共同で社会的に構成することを目標としている。

　「成解」は，「正解」とは異なり，ユニヴァーサル（普遍的）ではなく，常に，空間限定的（local）で，かつ，時間限定的（temporary）な性質をもつ。言いかえれば，アクションリサーチがもたらす「成解」は，常に，修正と更新に向けて開かれていることになる。「成解」は，今この現場（フィールド）では「成解」かもしれないが，他の現場では「成解」たりえない可能性はあるし，当時に，同じ現場においても，過去あるいは将来においては，別の「成解」が成立するかもしれない。

　以上から重要な帰結が導かれる。すなわち，「正解」を追究する広義の理学的な研究においては，「正解」ではないことは，単純明快に「正解」の否定であり，今ここでの「誤り」が，将来，あるいは他所では「正解」になりうるということは想定されない。それが，普遍的な真理（「正解」）ということの意味だからである。しかし，アクションリサーチにおいては，そうではない。今この現場において受容されない解も，他の現場における「成解」，過去にはありえたかもしれない「成解」，または，将来ありうるかもしれない「成解」として位置づけられる。逆に言えば，他の現場における「成解」

や，過去における「成解」は，今この現場の未来における「成解」の候補として位置づけうる．今この現場で「成解」でないことは，「成解」の完全な否定ではなく，むしろ，そこにおいて，将来における「成解」が潜在的に保存されているとすら言える．

以上から，アクションリサーチにおけるインターローカリティ（inter-locality），すなわち，複数の現場間の比較・対照作業，および，インタージェネレーショナリティ（inter-generationality），すなわち，同じ現場の複数時点間の比較・対照作業，以上2つの重要性が導かれる（第2章4節，第3章も参照）．すなわち，他の現場や過去の現場における「成解」は，── 今この現場においては，とても「成解」たりえるとは思えないようなものも含めて ── 未来の「成解」の潜在的ストックと見なすことができるのである．この意味で，アクションリサーナにおいては，当面の焦点である単一の現場がまずあって，しかる後に，複数の現場間の比較や同じ現場の時間的変化に対する関心が芽生えるというよりも，複数の現場を横断するインターローカルな視線，および，複数の時点を縦断するインタージェネレーショナルな視線が，最初からその営みに組み込まれているのである．

3-2項で紹介した「クロスロード」を，「成解」の発想が明瞭にあらわれたアクションリサーチとして位置づけることもできる．「クロスロード」の主眼は，阪神・淡路大震災によって得られた種々の教訓を防災実践における「正解」として特定し伝達することではない．むしろ，同震災における事例を一つの「成解」として提示することによって，多様なゲーム参加者が，「わが町の防災」について，現時点における課題を探索・検討し，それによって，新たな「成解」を共同生成することが目指されている．しかも，こうした営みが個々の現場で孤立して進行するのではなく，複数の現場（地域，自治体）が，ゲームをメディアとして，「わが町の防災」における想定外の発見を促す「パートナー」として結びついている（第2章の4節，および，矢守，2007; Yamori, 2007 を参照）．「クロスロード」は，「成解」を生成し続けるためのインターローカルで，かつインタージェネレーショナルなシステムの中核となるメディアとして位置づけることができるのである．

5 アクションリサーチで活用される
　　研究方法・ツール・プロダクツ

　アクションリサーチは，研究者と対象者とを含めた研究当事者が実践に臨むときの態度，あるいは，当事者間の関係性を指した概念であって，質問紙調査，実験室実験といった具体的な研究方法と同列に論じるべき研究方法ではない。また，アクションリサーチは，現場に密着し実践を重視した研究であるから，質問紙調査よりはインタビュー調査など少数事例を対象としたデータ収集法や質的なデータ分析と親近性があるとする主張がときに見られるが，これもあたらない。アクションリサーチでは，狭義の自然科学的な研究態度と狭義の共同実践的な研究態度との往還，シフトチェンジが重要であり，時と場合によって，問題を外在化して把握するのに適した方法（たとえば，実験室実験）が必要となる場合もあるし，現状を俯瞰的に把握するのに適した方法（たとえば，質問紙調査）が効果的な場合もある。他方で，研究対象者とより密着した参与観察や参加型のワークショップが重要な役割を果たすことも，もちろんある。アクションリサーチを，特定のデータ収集方法や分析方法と結びつけるのは，それがもつポテンシャルを矮小化することになる。

　ひるがえって考えてみれば，アクションリサーチでは，目標とする社会状態へのベターメント（変化）を念頭に置いている以上，一般に，単発的な研究（現場とのやりとり）で一気に片がつくことは稀で，当事者たちの長期的な共同活動が要請されるのがふつうである。その間には，事実認識を重視すべき時期もあれば，さまざまな価値の表明を急ぐべき時期，価値の間の調整が必要な時期，あるいは，まったく別の現場や実践との交流を図ることが有効な局面もあって，時期や局面によって有効な研究方法も変化する道理である。

　また，これと並行して，アクションリサーチの過程で活用されるツール（道具），あるいは，そこから生み出されるプロダクツ（産物）も変化してしかるべきである。たとえば，当該のアクションリサーチがより広範な文脈で評価を受けることがその進展にとって有効である場合には，統計データが示された研究論文や実践の成果を大きくとりあげた新聞記事といったプロダクツが有用だろう。他方で，当事者の言い分をじっくり聞きとったインタビュ

ーを起こした文章（テキスト）が，他の何よりも関係者の心を動かす場合もあろうし，それをアレンジしたツール（たとえば，上で紹介したゲーム）が効果を発揮するときもある。

　要約すれば，アクションリサーチでは，目標状態の実現へ向けた長期的な時間プロセスの中で研究者／対象者構造を転換し，それに応じて複数の方法，ツール，プロダクツをその中に配置することが重要である。この意味で，アクションリサーチには，時間縦断的かつ実践的な「トライアンギュレーション」が求められていると言えよう。これは，フリック（2002/1995）がデンジン（N. K. Denzin）の議論をひいて強調するデータ，調査者，理論，方法に関する「トライアンギュレーション」を包括するより広い概念である。

　たとえば，矢守（2004）は，ミルグラムによるアイヒマン実験も，単発の孤立した実験室実験と受けとられがちであるが，実際には異なると指摘している。それは，「命令に忠実な普通の人々が遂行する普通の日常的破壊行為」（ミルグラム，1995/1974）に自らも手を染めてしまうかもしれないことを憂う当事者としてのミルグラムが，その抑止を目標状態とした実践であった。よって，彼の研究は，実験室で得られた数値データを最大の見せ場（プロダクツ）としながらも，それに加えて，事前・事後の質問紙調査の結果や，被験者との事後的な交流で得られた資料をもとにした一種のライフストーリー分析が一連のプロセスの中にトライアンギュレートされた，「服従の心理」に関するアクションリサーチであったと解されるべきである。

　一見単発的な実験室実験に見えるアイヒマン実験も，実際には，複眼的，長期的な視野をもち，ミルグラムの師匠であり，アクションリサーチの提唱者でもあるレヴィンの衣鉢を継ぐものであった。先に指摘したように，現代社会は，アクションリサーチが強く求められている社会でもある。今後も多様な領域で，アクションリサーチが活かされ，レヴィンの志が継承されていくことを期待したい。

第2章　語りとアクションリサーチ

1　はじめに

　本章では，筆者ら（矢守・吉川・網代，2005）が開発した防災ゲーム「クロスロード」[注]を事例として，語り（ナラティヴ）を基軸としたアクションリサーチについて論じる。具体的には，時空的に隔てられた2群の当事者たち —— 阪神・淡路大震災の体験を語る当事者たちと今後起こりうる災害に対する備えについて語る当事者たち —— による2群の語りを，ゲームという形式で媒介し接続することによって地域防災力の向上を図ろうとしたアクションリサーチについて検討する。

　防災ゲーム「クロスロード」については，すでに多くのところで論じてきたので，詳しくは既刊の文献（矢守・吉川・網代，2005；吉川・矢守・杉浦，2009；矢守，2007；Yamori, 2007, 2008など）を参照願うこととして，ここでは，ゲーム作成の経緯，ゲームの手続き，活用の現状など，概要だけをごく簡単に紹介する（2節）。次に，3節では，「ディシジョン・メーキング（decision making）」と「センス・メーキング（sense making）」をキーワードに，「クロスロード」を活用した防災実践の意味について，従来型の防災研修・教育ツール —— 状況付与型の図上演習や防災マニュアルなど —— と比較対照さ

　[注]「クロスロード（Crossroad）」は，登録商標（2004-083439号，および，同083440号）である。また，「クロスロード」は，京都大学生協ブックセンタールネ（電話：075-771-7336）にて実費頒布されている。「クロスロード」は，チーム・クロスロードによる著作物である。よって，コンテンツの新規作成，拡充については，筆者らチーム・クロスロードとの共同作業をお願いしている。共同作業にはいくつかの方式がある。詳しくは，矢守・吉川・網代（2005）または吉川・矢守・杉浦（2009）を参照されたい。

せて考察する。

　最後に，4節では，「インターローカリティ」をキーワードに，「クロスロード」をはじめゲームという媒体は，特定のローカリティ（過去の被災地）における実践についての語りを抽象化し脱文脈化するだけでなく，それらを，別のローカリティ（未来の被災地）における実践についての語りとして再具象化・再文脈化することにも寄与することを強調する。また，この点で，ゲームが，本来的にインターローカルかつインタージェネレーショナルな実践であるアクションリサーチにとって，非常に有力な媒体の一つであることを指摘する。言いかえれば，第1章4節で指摘した「成解」を，インターローカルかつインタージェネレーショナルに保持し，必要に応じて相互に移転しながら更新し続ける実践のためのツールとして「クロスロード」を活用しうる点を強調する。

2　「クロスロード」の概要

2-1　神戸市インタビュー・プロジェクト

　「クロスロード：神戸編」のルーツは，阪神・淡路大震災（1995年）を神戸市職員として体験した方々を対象としたインタビュー調査である。このインタビュー調査は，神戸市危機管理室の協力のもと，2002年から2006年度の5年間にわたって実施された「神戸市職員ビデオインタビュー・プロジェクト」で収録したものである。すなわち，「クロスロード：神戸編」に登場するエピソード（この後述べる「意思決定ステートメント」）の一つひとつが，阪神・淡路大震災の現場における実体験（実話）に依拠している点が，「クロスロード：神戸編」の特徴の一つである。

　インタビューは，合計42回実施した。各回，消防・救急，避難所の設営・運営，災害対策本部の開設，ご遺体への対応，食料・物資供給，応急危険度判定，被害家屋調査，給付金対応，上下水道の復旧，ボランティア受け入れ，仮設住宅の建設・運営，保健・衛生対応，廃棄物処理，区役所での対応など，異なるテーマを設定し，それぞれのテーマに関する災害対応業務に被災地の最前線で従事した職員数名を対象に，集団でのインタビューを実施

した。

インタビューの様子（映像・音声）はすべて，対象者全員の了解を得た上で，ディジタルビデオに収録した。42回のインタビュー（合計約130時間）で収録した対象者の語り（音声情報）は，すべてトランスクリプト化（テキスト化）した。テキスト化されたデータは，現時点で，合計約430万文字（400字詰原稿用紙11000枚相当）にのぼっている。

2-2 意思決定ステートメントの作成

集積された膨大なインタビュー記録（トランスクリプト）の中に，筆者らは，一つの共通する構造（語り口）を見いだした。それが，トレードオフ関係にある複数の選択肢間での選択（意思決定）という形式である。多くのインタビュー対象者が，「こちらを立てればあちらが立たず」という，非常に難しい意思決定に直面していた，という形式で災害当時を回顧するわけである。たとえば，「仮設住宅の用地不足から学校の運動場用地を使用したいが，学校教育の早期再開を考えるとそうはいかなかった」，「すぐ役所に出勤したかったが，目の前に不安がる家族がいたので……」，「被害認定調査を急がねばならなかったが，簡易調査で済ませてしまうと後で苦情や再調査が続出という事態になりかねない……」といった語り口である。

「クロスロード」で採用したゲーム手続き──トレードオフ関係にある2つの選択肢（YESとNO）を提示し，その間の選択をゲームの参加者に求めること──は，この語りの形式に準じたものである。災害を実際に体験した当事者たちが，当時を振り返り，自らの体験を意味づけるときに用いる形式を，そのまま，ゲーム中にプレーヤーが体験する形式に結びつけることが，体験や教訓の蓄積と伝承にとって有効だという判断からである。

意思決定ステートメント作成の具体的な作業手順は，以下の通りである。まず，膨大なトランスクリプトデータから具体的な意思決定状況を抽出した。次に，その内容（状況と実際の意思決定），および，当事者が置かれた立場を記述した意思決定ステートメントを作成した。作成にあたっては，これらステートメントを，限られた時間の中でプレーする必要があるゲーム型の教育ツールとして運用することを念頭に，その記述方式を簡略化し，かつ統一性をもたせた。すなわち，いずれのステートメントも，(a) 意思決定者の立

場・役職の特定，(b) 意思決定の状況を描写した本体部分，および，(c) 2つの行動選択肢（YESまたはNO），の3つの要素から構成した。また，いずれのステートメントも，日本語で100字前後の短いセンテンスから構成されている。表2-1は，そのサンプルである。

表2-1 「クロスロード」の問題（意思決定ステートメント）のサンプル

【神戸編1015番】
あなたは，市役所の職員。未明の大地震で，自宅は半壊状態。幸い怪我はなかったが，家族は心細そうにしている。電車も止まって，出勤には歩いて2，3時間が見込まれる。出勤する？
→ YES（出勤する）／ NO（出勤しない）

【神戸編1026番】
あなたは，被災した病院の職員。入院患者を他病院へ移送中。ストレッチャー上の患者さんを報道カメラマンが撮ろうとする。腹に据えかねる。そのまま撮影させる？
→ YES（撮影させる）／ NO（撮影させない）

【市民編5005番】
あなたは，海辺の集落の住民。地震による津波が最短10分でくるとされる集落に住んでいる。今，地震発生。早速避難を始めるが，近所のひとり暮らしのおばあさんが気になる。まず，おばあさんを見に行く？
→ YES（見に行く）／ NO（行かない）

2-3 ゲームの手続き

「クロスロード」のゲームキットには，上述の意思決定ステートメントが1つずつ記載されたトランプ大の問題カード（前章の図1-1参照，計20～30枚），YESまたはNOの決定を表明するカード（人数分），ゲームポイントを表示するカード，および，解説書が含まれている。解説書には，ゲーム手続きの説明，それぞれのステートメントを作成するもととなった当事者の語り（抜粋），ステートメントと関連する統計データ等の資料，さらに，YESとNOそれぞれの決定の理由・根拠（または，それぞれの決定が抱える問題点）を，参加者自身のもの，他の参加者のものを含めて整理して書きとめるためのノート（「クロスノート」）などが含まれている。また，筆者らがファシリテータ役となってゲームを進行する場合は，より詳細な資料を搭載したパワ

ーポイント資料を用い，場合によっては，当事者の語りの動画像（画像＋音声）を提示することもある。

ゲームの手続き（ルール）は，以下の通りである。

① 参加者は5〜7人一組のグループとなる
② うち1人が問題カード（ステートメント）を読み上げる（読み手は順次交替する）
③ 読み上げられた問題について参加者は，各自，YES/NOの決定を行う（1分程度）
④ 意思決定の結果をYES/NOカードで一斉に表明する
⑤ 所定のルールにもとづきゲームポイントを獲得する（基本ルールは，多数意見だった人に1ポイント，ただし，1人対その他全員という結果になった場合は，少数意見を尊重する意味で少数意見者に別ポイント，というもの）
⑥ 所定の方式に則って全員が自らの決定の理由・根拠を口頭で表明し（順次表明が基本方式だが，1人少数意見となった場合は，その1人が最後に意見表明する，ディベート式に賛否を交互に表明する，全員の意見表明後にYES/NOカードを再提示する，などバリエーションはある），それらについてディスカッションする
⑦ 解説書（解説パワーポイント）を通して，問題カードの元になった語りを読む（聞く）
⑧ それを受けて再度，③から⑥のステップを繰り返す
⑨ 必要に応じて，以上を踏まえた「クロスノート」を1人で（もしくは，グループの共同作業として）作成する
⑩ 複数のグループが並行してゲームをしている場合は，各グループにおけるゲーム結果，ディスカッションの要旨を口頭で（場合によっては，模造紙等に整理したものを用いて）全体にレポートする
⑪ 以上のプロセスを複数の問題カードについて反復する

ゲームに要する時間は，何枚の問題カードについてプレーするかに依存する。問題カード1枚あたりに要する時間（上記の①〜⑩のプロセス）は，ゲーム参加者の予備知識，興味・関心の程度などによって変化し，10分程度

から，ときには 1 時間以上にわたる場合まで，さまざまである。一般的に言って，防災の専門家など，防災に関する予備知識が豊富な参加者ほど，所要時間が長くなり，一般の大学生など，防災に馴染みの少ない参加者ほど，所要時間は短くなる傾向にある。

2-4 「クロスロード」の普及
—— 新しいバージョンの開発と地域間の連携・交流

「クロスロード：神戸編」は，その公表（2005 年）以降，阪神・淡路大震災の教訓や体験を伝える，これまでにないタイプのツールとして注目を集めた。さらに，専門家から一般住民まで幅広い人びとが，同じ場面設定について共同で議論できる参加的な防災教育ツールとして高く評価された（詳しくは，Yamori, 2007 など）。その結果，「クロスロード」は，日本全国で活用され，ゲームの実施回数は 500 回以上にのぼり，参加人数ものべ 20,000 人を超えていると思われる。また，日本国内だけでなく，海外でも，台湾，フィリピン，ベトナム，インドネシア，バングラディッシュ，イタリア，ドイツ，英国などで利用されている。

2-1 項で述べたように，「クロスロード：神戸編」は，阪神・淡路大震災を経験した神戸市職員のインタビュー記録をベースに作成されている。したがって，その主たるコンテンツ，すなわち，具体的な意思決定状況は，主に，自治体職員の災害対応にまつわるものである。このため，ゲーム上の意思決定者の立場としても，自治体職員が指定されている場合がほとんどである。もちろん，たとえば，一般の地域住民や災害ボランティアが，こうした立場に仮想的に身を置いてプレーすることも，互いの考え方の違いを知り，かつ，必要に応じて，合意形成を図るためのメディアとして有効ではある。

しかし，他方で，「神戸編」の公開後，「一般の住民が直面する身近な問題をとりあげたカードが欲しい」，「身近な自主防災組織の訓練などで気軽に使える内容に ……」といった要望を筆者は多数受けた。実際，「クロスロード」は，その基本フォーマットが非常にシンプルであるため，コンテンツを変更すれば，さまざまなテーマ，問題に共通して適用できるという特性をもっている。そこで，従来の「クロスロード」，すなわち，「クロスロード：神戸編」に引き続いて，新たに「クロスロード：市民編」を作成した。「クロ

スロード：市民編」は，家庭での防災対策や，地域住民が緊急時に直面するであろう意思決定場面をとりあげている。また，大雨や台風被害にしばしば見舞われる地域に位置する自治体（高知県）と協力して，「クロスロード：高知県編」も作成した。狭義の防災分野を離れて，「感染症対策編」，「食品安全編」，「学校安全編」なども，各領域の専門家とともに共同で制作した。さらに，その後，特定の地域における住民の問題意識（たとえば，子どもの交通安全の問題，地域の環境整備の問題など）をとりあげた新しいバージョンが，筆者らとの共同作品として続々と誕生している。

最後に，より重要な展開として，「ファシリテータ養成講座」の実施，「クロスロード新聞」の刊行，「ファシリテータのつどい」の開催，以上の3点がある。「ファシリテータ養成講座」は，「クロスロード」を用いたゲーム形式の防災ワークショップを運営可能な人材を訓練するための講座である。たとえば，高知県では，筆者らの教育を受けた高知県の職員が，県内の市町村職員の代表者を対象とした養成講座を実施し，これにより，多くのファシリテータが養成され，市町村職員や地域住民を中心に草の根ベースで「クロスロード」が実施できることになった。「クロスロード新聞」は，Web上に置かれた新聞（年4回程度刊行，これまで27号刊行［http://maechan.net/crossroad/]）で，「クロスロード」を活用したワークショップを全国で実施している人びと（特にファシリテータ）が，相互に情報交換可能な媒体として誕生した。具体的には，プレーの実施記録の公開（たとえば，同じ設問に対しても地域が異なると別の問題解決法が提案されたりする），新しい問題コンテンツの相互紹介（たとえば，地域固有の問題が「クロスロード」形式の新しい問題として提案されたりする），新しいゲームルールの紹介など，である。「ファシリテータのつどい」は年2回，筆者らが主催しているものである（これまで6回開催）。ふだん遠く離れた地域に住んでいるため互いに会うことはほとんどないものの，地域防災実践という同じ課題にとり組んでいる「クロスロード」のユーザーが，年2回対面的な状況で情報交換するとともに，実際に，新作問題を参加者全員でプレーすることを通じて，「クロスロード」の問題点と可能性の双方について研究するための場である。

3 「ディシジョン・メーキング」と「センス・メーキング」

3-1 「ディシジョン・メーキング」と「センス・メーキング」

　筆者ら,「クロスロード」の制作者は,その開発と普及にあたって,少なくとも表面的には,それを以下に述べるような教育・学習ツールとして位置づけ,多くの利用者もほぼ同じ理解で活用していると思われる。すなわち,

　　「クロスロード」は,みなさんが,災害時に直面するであろう厳しい意思決定場面（ディシジョン・メーキング）を2者択一式の選択ゲーム形式で学習するためのツールです。しかも,登場する意思決定場面はすべて,かつて,実際にその場面に立たされた方々の実話から採ったものです。みなさんも,今後,同じような意思決定に迫られることが予想されます。だから,今,ここでその予行演習をしましょう。

　このような理解である。しかし,「クロスロード」を使ったアクションリサーチ（防災教育）で実現されていることは,本当にこういうことだろうか。
　結論から述べれば,筆者はそうではないと考えている。順に考察していこう。考察のスタート点として注意を促しておきたいことは,意思決定ステートメントに表現された意思決定らしきものを構成する選択肢は,当時（災害時）ではなく,当事者が当時を振り返る中で（典型的には,筆者らとのインタビューのときにはじめて）あらわれているように見える,という点である。裏返して言えば,厳しい意思決定に迫られていたという形式の語りが現時点で供されることが,直ちにそのまま,当時,当事者たちが,実際にトレードオフ関係にある複数の選択肢の存在を意識し,それらのコスト・ベネフィットを比較考量して意思決定を行ったことを必ずしも意味しない,という点である。
　この事実が,もっとも典型的にあらわれるのが,「あのときの判断はあれでよかったと思っているが,今思い返すと,もっと他のやり方があったと思える部分もある」というタイプの語りである。すなわち,当時においては,

決定は決定たりえておらず，むしろ，「こうするほかない」ものとしてとられた選択肢に，事後的に，別の選択肢が付加されることによって意思決定としての体裁が整備されているように見えるのである。つまり，震災を体験した当事者を対象としたインタビューにおける語りから確実に言えることは，多くの当事者が，顕在的あるいは潜在的な意思決定という「形式」で当時を語るということ，ここまでである。

典型的な事例を掲げておこう。

> 本当に患者さんを，亡くなられてる方を搬送したり，いろんなときに，もう上からすごく撮られて。写真撮影をされたりしたときに，ちょっとイラッとして，そういうことをする間があったら手伝ってくださいということを言って，実際手伝っていただいた方もあるのですが。……（中略）……あとから考えますと，やっぱりわたしたち当事者はそういう記録を残すことができないですよね。そのときのことを口で伝えても，それは風化していきますし，事実の記録というのは，やはり報道関係者の方だろうなと思いましたので。もちろん必要なときには人命が先だと思いますので，助けていただきたいとは思いますが……。あとから記録として残して後世に伝えるということはちょっと難しいかなと思いましたので。こういう人たちも必要なんだなあということを思いました。

これは，市立病院に勤務していた職員の語りの一部であり，「クロスロード」では，神戸編1026番（表2-1）として設問化された問題の元となった語りでもある。両者 ── 「クロスロード」の設問と元になった語り ── とを比較対照すると，「クロスロード」で表現されている2者択一の選択は，当事者が当時実際に直面し遂行したディシジョン・メーキングを表現しているのではなく，むしろ，当時の実践を，当事者が震災後に見聞きしたことや新たに獲得した情報・知識を踏まえて事後的に振り返って意味づけ（言語化）しようとする実践，すなわち，センス・メーキング（ワイク，2001/1995）の産物だということがわかる。

もっとも，こうしたことは，センス・メーキング概念が提唱される以前から指摘されており，ワイク自身が，同概念の源流として引用しているのが，ガーフィンケル（Garfinkel, 1967）によるエスノメソドロジー研究である。

ワイク（2001/1995）によれば，ガーフィンケルは，陪審員裁判における意思決定場面を観察し，次のように洞察している。

> 陪審員は決定を下してはじめて，それを正しい決定とする条件が現実にわかったのである。彼らはただ彼らの決定を正しいものにすべく自分たちがしたことを回顧的に決定したに過ぎない。……（中略）…… 日常の意思決定は，一つの重要な特徴として，「一連の行為を正当化するという意思決定者の作業」を含んでいるだろう。……（中略）……［日常の意思決定は］実際の選択にせまられて一定の条件下でいくつかの行動案の中からどれか一つを選ぶ問題というよりは，結果に正当な歴史をあてはめる問題により大きく与っているようだ。(Garfinkel, 1967, pp.114-115)

　ここで，上記の事例は，ディシジョン・メーキングの対象となる行為選択肢が事後的に浮上したことが例外的に明確であるような特殊例と受けとられるかもしれない。つまり，当時，当事者たちが実際に複数の明示的な選択肢の間で思い悩んでいた事例も多数あるのではないかという疑問が提起されるかもしれない。たとえば，自宅が半壊状態だが，すぐ出勤するかそれともしばらく様子を見るか（神戸編 1015 番）のようなケースである（表 2-1 参照）。この疑問は部分的には正しい。たしかに，そのようなケースもある。
　しかし，ここで，レイヴとウェンガー（1993/1991）の言う，「実践の中で語ること」と「実践について語ること」との区別に注意を払うことが肝要である。当事者たちの語りがいかに生々しいものであっても，それは，当時の災害対応という「実践についての語り」であって，「実践の中での語り」ではない。まして，色も音も香りもついた当時の物理的環境，社会・経済的制度や慣習を背景に展開された無数の人びとの行為を含みこむ実践の総体ではありえない。当事者たちの語りは，当時の明示的なディシジョン・メーキングを実践の中の語りとして濃淡さまざまな程度において引用・反映してはいるものの，本質的には，それらをその一部として包含したセンス・メーキングの産物，すなわち，実践についての語りである。この点については，矢守（2009a）も，災害心理学における著名な概念の一つである「正常化の偏見」を事例としてとりあげ，一見，実践の渦中におけるディシジョン・メーキング（楽観的な，すなわち，「正常化の偏見」によるバイアスを受けた判断や意思

決定）と見えているものの実質が，実際には，実践についての語りとともになされる事後的なセンス・メーキングの産物であることを示している。

3-2 「クロスロード」と図上演習・マニュアル

　最終的に得られるものが「センス・メーキング」（実践についての語り）だけであること，言いかえれば，被災地で展開された「ディジジョン・メーキング」（実践の中での語り）や被災地での実践そのものには原理的にアクセスできないことは，けっして悲観すべきことではない。むしろ，以下に述べるように，実践そのものの再現（コピー）という不可能を可能と誤認してきた従来のアプローチの方に無理があったと考えるべきである。この点，「クロスロード」は，かつて災害を体験した当事者の「センス・メーキング」を基盤として，今後防災にとり組もうとする当事者たちの「センス・メーキング」を誘発する点で，「個人化」した社会においてナラティヴ（語り）を基盤としたアクションリサーチ（第1章3節）を展開するのに相応しいツールになっていると位置づけることができる。

　以下，この点について，従来型の防災教育・研修ツールと「クロスロード」とを比較対照させて詳しく検討していこう。さて，従来型の防災研修・教育ツールの典型である図上演習やマニュアル学習の本質は，「状況付与」という鍵概念にある。言うまでもなく，「状況付与」とは，「家族にけが人が出ていたら ……」，「この橋が崩落していたら ……」，「隣県から救援隊が到着したら ……」など，ディジジョン・メーキングに重大な影響を及ぼす要因を，意思決定する当事者に与えることである。言いかえれば，「状況付与」の考え方の基本は，「条件と反応」の正しいセット（ある状況が付与されたときにとるべき最適な反応，すなわち，第1章4節に言う「正解」）を習得させることである。こうした基本姿勢は，ディジジョン・メーキングそのものにわれわれはアクセスすることができ，それを可能な限り詳細に複製・再現したものを未来の当事者に事前に体験させることが，（防災）教育の本質だという理解と通底している。

　しかし，この方向性はまず，当事者のディジジョン・メーキング（実践の中での語り）そのものとして今あるものも，実は，センス・メーキング（実践についての語り）に過ぎないという事実を軽視している（前項の議論）。過

去の当事者が実際にはしてもいなかったディシジョン・メーキングを未来の当事者において再現しようという基本姿勢には無理があると言わねばならない。さらに，よしんば仮に，ディシジョン・メーキングに近いものを再現しているとしても（前項で注記したように，たしかにそのようなケースもある），「条件と反応」のセット学習は，多くの場合，学習者にそのオートマチックな再生を強制することに終始し，主体的なディシジョン・メーキングを促す媒体とはならない。

　他方，「クロスロード」で参加者が実践していることも，一見すると，こうした旧来のツールで実践されていることと類似しているように見える。しかし，実際には異なる。筆者が見るところ，ゲーム参加者（未来の当事者）が行っていることは，語りの提供者（過去の当事者）がしていたのとまったく同じこと，つまり，センス・メーキングなのである。既存のセンス・メーキングに新たなセンス・メーキングで応じる ── 非常に自然な姿である。どういうことか。センス・メーキング概念を重視するワイク（2001/1995）が提示する事例をもとに説明しよう。

> Boland（1984）は，1980年にレンタル・フィルム会社の経営者を集め，1982〜85年度の架空の会計報告書を示して，今日が1985年度の7月21日だと想像し，フィルムサービスがどのように推移したのか，またその理由は何かを議論してもらった。この未来完了思考の実験では，事象を過去の中に置けば，たとえその事象がまだ生じていなくとも理由を付与しやすいという命題を検証するための試みであった。Bolandはその実験の重要な結果として，次のことを報告している。参加者たちは，想像上の未来で行われたことを理解しようとするうちに，現実の過去についてあまり理解していなかったことに気づいた。……（中略）……センス・メーキングは字義通り現在を越えて拡張しうる。その結果，現在の意思決定は，通常考えられているよりも広いコンテクストの中で有意味となりえて，過去と未来も現在の意思決定に関与しうるのである。（ワイク，2001/1995; 邦訳書，p.39を改変）

　ここで紹介されている事例を踏まえると，「クロスロード」も，一種の未来完了実験だということがわかる。未だ訪れていない事態に仮想的に身を置き，旧来のツールと比較すると圧倒的に曖昧で質量ともに乏しい状況付与情

報の中で，2者択一の決定を要求され，しかもその正当化を他のゲーム参加者の前で求められるからである．ゲーム参加者たちは，すでに下されてしまった結論（自らの決定）を前提に，過去に体験あるいは見聞した既往の災害現場，書籍や報告書などを通して知りえた情報・知識，現在の職場環境，家庭の事情，日頃の主義・主張，価値観など，過去から現在にひろがる広範なコンテクストの中で，想像の未来において下された決定をセンス・メークしようとする．ここでなされていることの中心は，明らかに，未来におけるディシジョン・メーキングの予行演習ではない．まして，他者が過去に下したディシジョン・メーキングのコピー学習でもない．むしろ，決定を既存の前提として先どりした上で，参加者自らの地域防災の「今」が，未来の決定に対するセンス・メーキングという形式で問い返されているのである．

実際，「クロスロード」の標準的な手続きでは，YES/NOの決定までに要する時間は，通常1，2分程度であるのに対して，その後，参加者が自らの決定をめぐって語る時間は，他の参加者とのディスカッションを含めれば，十数分から数時間にも及ぶ．さらに，場合によっては，このセンス・メーキングの作業が当該のゲーム場面をはるかに超えて展開される場合もある．参加者としてゲームに加わった人が，別の機会にファシリテータとして「クロスロード」を運営したり，ゲーム以後に生じた新たな災害事例を踏まえて，再度，ゲーム体験を振り返ってみたりするケースである（2-4項を参照）．

ひるがえって考えてみると，神戸の震災体験者の語り（インタビュー）として実現されていることも，今述べたこととまったく同じである．当事者たちは，未曾有の事態に直面しわずかな時間の中で，まさに「クロスロード」のプレーヤーと同様に，重大な決定を余儀なくされたのである．「その時その場で，みんなで回答を作った」（インタビュイーの一人である神戸市職員の言葉）は，彼らが，けっして「条件と反応」のセットによって事態を分析し，その学習結果を現実にあてはめてディシジョン・メーキングを実行したのではないことを物語っている．

むしろ，ガーフィンケル（Garfinkel, 1967）が看破したように，（集合的な）決定が先にありきだったのである．そして，当時から十年近い年月を経て，その決定に対するセンス・メーキングの産物が，インタビューの語りとして，われわれの前に提示されている．未曾有の事態における正解なき決定を十年かけて振りかえる神戸の当事者と，曖昧な状況付与だけを根拠にわず

か1分程度での決定を求められ，その後，それについて語ることを要請される「クロスロード」の参加者が完全な並行関係にあることは，もはや明らかであろう。「クロスロード」がセンス・メーキングにセンス・メーキングで応じる非常に自然な教育・学習方式であると主張した所以である。

3-3 〈防災ナラティヴ〉の中継点としての「クロスロード」

センス・メーキング（実践についての語り）をもとにして，新たなセンス・メーキングを誘発するという「クロスロード」のねらいは，別の意味でも，従来型の防災研修・教育ツールと対照的である。第1章3節でも指摘したように，ベック（1998/1986）は，現代のリスク社会を「個人化」という言葉で特徴づけている。個人化する社会とは，簡単に言えば，われわれ一人ひとりが，自分の生活をナラティヴ（物語）としてとらえ，その作者兼主役になることを要求する社会である。ここで，ナラティヴ（物語）とは，野口（2005）の洞察に従えば，セオリー（理論）とは対照的に，出来事や経験の「具体性」や「個別性」を重要な契機にして，それらを順序立てることで成り立つ言明の一形式である。

つまり，ナラティヴは，われわれの生きる多様な現実を組織化するための重要な形式の一つである。これから起こる災害は，何が起きるかわからないという意味で，研究者にとっても一般の人にとっても，未知で不可解な出来事である。その未知なる出来事を，研究者はもっぱらセオリーでもって組織化し対応しようとする。それはよい。問題は，その先である。一般の人びとにも，同じ戦略を適用することの適否である。図上演習やマニュアルが，基本的に，セオリーの流儀を一般住民や一般の自治体職員にも適用しようとする戦略を具現化したツールであることは見やすい。

しかし，今日，多様化かつ頻発化する災害は，セオリーに依拠した一律かつ包括的な防災教育ツールの限界を露呈させはじめている（裏を返せば，こうしたツールは，全体の底上げ（第1章3-1項）が課題であった過去十数年間，大いにその役割を果たした）。今後は，従来型の防災実践とともに，個別的かつ多様な災害に直面する人びとが，それぞれ，個別的で多様な〈防災ナラティヴ〉でもって各人の防災のありようを組織化し，かつ，その〈防災ナラティヴ〉を主演者として生きることによって災害を切り抜けていくことを助け

る防災実践も必要である。このとき，「クロスロード」は，阪神・淡路大震災の当事者たちによる〈防災ナラティヴ〉を生み出し，それらを大量に保管するストックヤードの役割を果たす。さらに，ゲーム実践の場を通して，未来の当事者たちの〈防災ナラティヴ〉を，過去の当事者，ゲーム参加者，そして，まだ見ぬ未来の協働者たちとともに共同生成する媒体としても機能する。

　また，付言しておけば，「公助だけでなく自助・共助も必要」という近年の防災業界のかけ声も，単に，社会防災の責任主体を「公」（国や地方自治体）から「共」（地域社会）や「自」（個人）にシフトさせることに帰着させるべきではない。自助・共助・公助の協働は，ここで言うセオリーからナラティヴへの転換，ディシジョン・メーキングからセンス・メーキングへの転換，そして，防災マニュアルから〈防災ナラティヴ〉への転換を伴ってはじめて，実効性のあるものとなろう。

4　インターローカルなアクションリサーチ

4-1　「別のものを見ている」

　「クロスロード」の体験者がしばしば口にする感想に，「状況設定が曖昧だ」というコメントがある。ただし，このコメントの後に続くフレーズは大きく2つに分かれる。1つは，どちらかと言えばネガティヴなもので，「だから，YES/NOが決めにくい」あるいは「だから，正解（最適解）が定まらない」というものである。もう1つは，どちらかと言えばポジティヴなもので，「だから，各自が自分の地域のことを考えることができる」，「（同じ状況設定を前に）他人がいかに別のものを見ているかわかる」というものである。言うまでもなく，前者は，「クロスロード」を図上演習・マニュアル型の研修・教育ツールと見なしているために生じるコメントである。より詳細に状況を規定してもらわないと，「条件－反応」のセットが特定できない，という主張だからである。3節で議論したように，筆者自身，「クロスロード」にこうした要素が皆無と断じるつもりはないが，「クロスロード」の主たる目標や意義は，後者のコメントの線にあると考える。

たとえば，神戸編1008番の問題カード（第1章の図1-1参照）に対しては，被災とは地震なのか風水害なのか，発災は何時で今何時なのか，どのような人がどこに避難しているのか，避難所はどのくらい混乱しているのか，避難所に行政職員はいるのか，食料輸送の手段は確保できているのか，ここは都市部なのか村落部なのか，スーパーなどは開いているのか，腐る食料なのか，季節はいつか……など，これらの要因をどのように考えるかによって，同じステートメントがまったく別物の記述になりうる。このとき，図上演習・マニュアル型のアプローチは，「状況付与」，「条件分析」という鍵概念のもと，多様な見え方の特定を図り，「条件－反応」のセットを一意化しようとする。つまり，「正解」（第1章4節）を特定しようとする。しかし，来るべき災害が未来（未知）の領域に属する以上，「正解」の特定の作業が終わりなき無限の営みになってしまうことは明らかだろう。

「クロスロード」が試みたことは，多数の，原理的には，無限の状況付与作業によって「正解」の一意化を図ることではない。むしろ，ゲーム参加者一人ひとりが，それぞれの〈防災ナラティヴ〉の生成を通して主体的な状況付与作業を展開する機会 ── 言いかえれば，「成解」（第1章4節）を共同生成する機会 ── を提供すること，さらに，集団ゲームという形式により，いったん得られた「成解」も原理的には必ず裏切られる（「別のものを見ている」他者に出会う）可能性があることを体験してもらうことを，「クロスロード」は志向している。前節でとりあげた，未来完了した決定に対するセンス・メーキング作業を通してゲーム参加者が生み出す〈防災ナラティヴ〉こそが，主体的な状況付与作業の産物であり，それらが共同化されたところに生まれるのが「成解」に外ならない。そして，この主体的な状況付与体験，そして，〈成解〉の生成体験こそが，参加者が未来において遭遇するであろう未知の災害事態に対する適応力そのもの（「その時その場で，みんなで回答を作った」）の源泉となるのである（矢守, 2007; Yamori, 2007）。

4-2　ローカリティとローカリティをつなぐこと

「クロスロード」は，参加者による主体的な状況付与作業をより効果的に促す素地を提供すると同時に，その意義や成果を参加者に明示し実感させる媒体ともなっている。そのポイントは，2者択一型の意思決定課題（ステー

トメント）を抽象化・一般化された中間項として，その両サイドに非常に具体的な2種類の〈防災ナラティヴ〉——ステートメントの元になった神戸市職員の〈防災ナラティヴ〉，および，ゲーム参加者がゲームを通じて生みだす〈防災ナラティヴ〉——が配置され，両者が接続されているという構造にある。

神戸市職員の〈防災ナラティヴ〉には，当然，阪神・淡路大震災（神戸市）の特殊事情が多数含まれている。その時は冬だった，連休明けの早朝だった，被災地が海に面していた，思いのほか多くのボランティアが来てくれた……など，厳密に言えば，それが定まった時間と場所で起こったローカルな出来事である以上，そこには特殊事情しかないとすら言える。このローカルで具体的で特殊な実践から，それでも，普遍的に通用する「条件－反応」のセット（「正解」）を抽出しようとしたのが旧来のアプローチだったわけである。

それに対して，「クロスロード」では，ローカルな実践についての語りと別のローカルな実践についての語りを接続すること，言いかえれば，ローカリティとローカリティをつなぐことが目指されている。神戸というローカリティの〈防災ナラティヴ〉から，野口（2005）の言うセオリー，すなわち，「条件－反応」のセット（「正解」）を経由することなく，ダイレクトに別のローカリティにおける〈防災ナラティヴ〉を生産し，そこにおける「成解」——神戸における「成解」と同一である場合もあれば異なる場合もある——を生成しようとするわけである。

こうしたアプローチにおいては，神戸のもっとも神戸らしい特殊事情に，むしろ拘泥してよい。特殊中の特殊を，神戸の〈防災ナラティヴ〉としてそのまま他地域の人びとに伝える。特殊な事情は，伝えた先の特殊事情との間で，「正解」よりもむしろ容易に，新たな〈防災ナラティヴ〉，ひいては，「成解」を生成する。「神戸では船で給水——それは我が県では不可能。じゃ，××倉庫のストックの増強を……」，「そのタフな交渉役をできるのは，ウチではA部長しかない」のように，あるローカリティにおける特殊具体的な事情は，別のローカリティにインターローカルに移転・転用（transfer）しやすく，特殊具体的な要素は別のローカリティにおける別の要素で置換（replace），補填（refill）しやすい。

ただし，ここで，2つのローカリティ（2つの〈防災ナラティヴ〉）を接続

するにあたっては，2者択一型の意思決定課題（「クロスロード」）という中間項が配置される必要があったことにあらためて注意を促しておきたい。そうでないと，たとえば，震災の体験者の経験談を非体験者が直接聞いているのとまったく同じ構造になる。この意味で，この中間項の機能── 「生々しい記録をちょっとだけ一般化してやること」（杉万，2006, p.40）──は非常に重要である。豊穣な現実をわずか100字程度の記述に圧縮し，しかも2者択一の決定を迫るという，「クロスロード」がもつこの不自由な構造（フォーマット）は，一面では，神戸発の〈防災ナラティヴ〉を過度に単純化・類型化してしまっているようにも見える。

　しかし，第1に，前述したように，この極端な単純化・類型化── 多くの場合分け（サブルーチン）が含まれるフローチャート型の災害対応マニュアルやその学習システムに典型的に見られるように，中途半端な単純化・類型化ではなく──に負うて，かえってゲーム参加者たちが，将来直面する問題の多様性を，自らの〈防災ナラティヴ〉として主体的に馴致しようとする点が重要である。特に，従来型の教育・学習ツールの多くが，元のローカリティにおける実践からの一般化や脱文脈化を偏重し，それを新たなローカリティに「着地」（再具象化，再文脈化）させるための仕掛けに弱点があったことを考えれば，「クロスロード」のこの側面は非常に重要である。

　第2に，極端な単純化・類型化によって，逆説的に，それが隠蔽していた他のセンス・メーキングのありようが，ゲーム参加者自身による創造的な営みとして印象的な形で明らかにされるという効果がある。この効果は，YES/NO以外の第3の途が発見されたときに，特に鮮明化する。言いかえれば，ゲーム参加者たちのセンス・メーキングの素地となっているセンス・メーキング自体（神戸の被災地での実践は，2者択一型の意思決定だったという神戸の当事者の語り方そのもの）が問い直されるのである。このとき，「YES/NOのどちらが正解？」，あるいは，「YES/NOへと至る条件分析をしよう ……」という形式での問題の「解決」ではなく，問題の，言わば「解消」が図られるわけである。たとえば，図1-1（第1章）に例示した設問（神戸編1008番）について言えば，「ボランティアが配ったらどうか」，「被災者自身に配り方のルールを決めてもらったらどうか」，「半端な数の商品（飲み物など）で喫茶店風のお店を開いて，みなで楽しんだ避難所もある」（筆者が関与する語り部団体（「語り部KOBE1995」（第5章参照））の代表である

田村勝太郎氏の経験による)といった提案や意見が実際に提示された。

4-3 「次の次」を生む仕組み
── インタージェネレーショナリティ

　「十年に一度」の豪雨や豪雪はもとより，発生周期が100年以上にもわたり，人間のライフスパンを大きく越えてしまう海溝型の地震・津波等に対する防災の営みにおいては，災害の体験者が未体験者にその体験を語るという第一次の体験継承，つまり，「次」へと伝達することだけでなく，その営みそのものを反復・連鎖させるための仕組みづくりが重要となる。言ってみれば，「次の次」を生む仕組みである（矢守，2005, 2009b）。さらに，常に人知の背面をついてくるという自然災害の本性を考慮に入れれば，体験者も旧知に甘んじることなく，新しい事象によって体験の意味を問い返したり，未体験者の思考から逆に学んだりすることも求められる。過去の被災地と未来の被災地，あるいは，被災地と別の被災地との間でインターローカルに，さらに，過去・現在・未来の世代との間でインタージェネレーショナルに，〈防災ナラティヴ〉をインタラクトさせることを中核としたアクションリサーチが要請されている（第2部の各章も参照されたい）。

　2-4項で紹介した「クロスロード」のローカル版の作成とそれを活用した実践も，もちろん，こうした目標へ向けた試みではあるが，ここでは，「クロスロード」が，「次の次」を生み出すポテンシャルをもっていることを雄弁に物語ってくれる事例として，「クロスロード」のお膝元である神戸市での実践事例を2, 3紹介して，語りを機軸としたアクションリサーチについて考察してきた本章を締めくくろう。

　まず，「クロスロード」の源流である神戸の〈防災ナラティヴ〉を筆者らに提供してくれた神戸市職員自身が，「クロスロード」にとり組んでいる事実を強調しておきたい。これは，ビデオインタビュー・プロジェクトの担当者でもあった柿本雅通氏（神戸市危機管理室，当時）をはじめとする職員有志（「神戸クロスロード研究会」）が，庁内のインフォーマルな職員勉強会，および，他自治体や地域社会における研修会として実施してきたものである。直接的には，震災から15年以上を経て，退職・異動等により，「震災を知らない」神戸市職員が全体の3分の1程度にもなっているという現実にも起因

している。これらの研修会について，柿本氏が筆者に語ってくれたことが重要である。

> 体験者の講演だけでは，ダメなんです。[ゲームという形式で（引用者補足，以下同様）] 体験者，ベテランと新しい人が同じ目線で議論することが大事なんです。それに，[インタビューや講演会で第三者に] 話してもいいという人たちは，話したい，他人に聞いてもらいたいと思っているんですけど，そういう人たちだけが神戸市職員だったわけではないです。あまり人前で話すのは気が進まないという人たちの意見も，[ゲームの中では] 出てきます。

　筆者自身，この研修会を見学したが，神戸市の「クロスロード」には，「この問題の現場にいたんですけど……」という職員（問題の元になる語りを提供してくれたインタビュイー本人とは異なっていたが）が参加していたケースもあり，独特の迫力があった。また，震災当時とは異なる部署に異動になった職員が，「今になって，あのとき××さんが反対していた理由がわかりました」と語ったり，「私は，震災の年の4月 [1995年4月：引用者] に入庁したので，何もわからないまま指示通り動いていましたが，今では……」と話す当時の新人職員がいたりと，柿本氏が指摘するように，「クロスロード」というツールを活用することで，現在の神戸市職員に，——当時の〈防災ナラティヴ〉を踏まえながらも—— 新たな〈防災ナラティヴ〉が，時を越え，世代を超えて醸成されていることがわかる。

　さらに，インタビュイー自身が，「クロスロード」を用いた新たな活動を展開しているケースもある。震災当時，消防署勤務であった吉本和弘氏，保健・福祉関係を担当した野々村久実枝氏などである。これらの方々は，自らの体験を，講演等を通して神戸市以外の自治体に伝える活動にとり組んでいる。その際，自らの語り（インタビュー）が元となって作成された問題，さらには，その後自作した問題を材料に，「クロスロード」のプレーを行うこともあるという。筆者の考えでは，こうした方々は，自らの語りが「クロスロード」に表現された2者択一の問題（ステートメント）となったことによって，当時の実践を，ディシジョン・メーキングという形式で語る方法（当時の実践をディシジョン・メーキングとしてセンス・メーキングする方法）を獲得したのである。このことは，十数年前の実践について（正確には，実践に

ついての語りについて），他者（ゲームの参加者）からフィードバック —— 異なるセンス・メーキング —— を得るための回路が確保されたことを意味する。「クロスロード」という場では，未来の体験者が学習するだけでなく，過去の体験者も変化していく。「クロスロード」がインターローカルでインタージェネレーショナルな実践ツールであると主張した所以である。

　このように，ナラティヴ（物語）には，セオリー（理論）とは別の意味で，それを受けとめる人びとの特殊性に即応しながら，地域的に拡大，時間的に永続していくポテンシャルが備わっている。〈防災ナラティヴ〉のインターローカルでインタージェネレーショナルな受け渡しを，ゲームというツールを通して実現しようとする「クロスロード」は，まさに，「個人化」した社会（ベック，1998/1986）に相応しい，語りを通したアクションリサーチのサンプルである。

第3章　アクションリサーチを記述する
——「書簡体論文」の可能性

1　研究論文による社会的現実の構成

　本章では，書簡の形式をとった論文（「書簡体論文」）が，心理学の学術論文，特にアクションリサーチに関するレポートとして成立する可能性，および，その特徴と課題について，理論的に考察する。「ナラティヴ・ターン」（やまだ，2006），あるいは，社会構成主義（ガーゲン，2004/1994a, 1998/1994b, 2004/1999）に基礎づけられたナラティヴ・アプローチ（野口，2005）を踏まえれば，言葉による記述とは独立に外在する事実を観察し，観察した事実を論文上でできるだけ正確に表現するというスタイルのみを絶対視することは，もはやできない。むしろ，成立しうる社会的現実の一つが，論文上で，言葉によって構成され提示されると考えることが必要となる。より積極的に言いかえれば，論文の執筆と公表という研究実践もまた一つの言語的な実践に外ならないことを踏まえて，論文の執筆と公表を含む自らの研究実践が社会的現実にもたらす（反）作用を十分考慮した研究の遂行が求められる。当然のことながら，この場合，論文を記述する形式も，論文が記述する内容の2次的で外生的な派生物としてではなく，記述内容そのものを本質的に規定する内生的な要素としてとりあつかわれることになる。

　特に，論理実証主義主導の従来の心理学研究とは，認識論の上でも方法論の上でも一線を画そうとするアクションリサーチにおいては，その論文記述スタイルについても，さまざまな形式が —— その有効性のチェック作業とともに —— 試されてよいのではないか。やまだ・南（2001）の言う「表現の冒険」の姿勢である。「書簡体論文」は，このような意味での「表現の冒険」の一環として位置づけうる。特に，人びとが長期的にわたる日常的なやりとりを通じて共同で生成する〈意味のシステム〉（詳しくは，本章4-2項参照）

に対して研究者自身が長期的かつ対話的に関わることによって，それについての理解を獲得し，かつ，それを共同で「変化」させようとするアクションリサーチにおいては，ここで言う対話的な関わりを直截に表現しうる「書簡体論文」は，有力な表現方法の一つと考えられる。

実際，研究実践の報告に書簡の形式を活用しようとする試みは，過去にも存在する。この後2節で指摘するように，18世紀には，学術的な書籍が書簡体の形式で出版されたこともあった。また，近年の心理学領域に限定しても，たとえば，「発達」誌上で約10年間の長きにわたって交わされた「人生なかば」と題された往復書簡という先駆的事例がある（やまだ・南，1993-2002）。特に，「どのように書くかということは，単なる技術ではなく，それ自体が，人間観や対象への迫り方や方法の革新的実践だからです」（やまだ・南，2001, p.200）との言明は，本章の議論を支える基本モチーフでもある。また，伊藤・山崎（2009）は，学校現場が抱える問題点の「語り直し」のために往復書簡という形式を採用し，さらに，筆者自身も関与した伊藤・矢守（2009）も，インターローカリティの概念をめぐる論文の執筆にあたって，2人の書き手が交わす往復書簡という形式を採用している。筆者らは，この形式を無根拠に採用したわけではなく，インターローカリティという同論文のメインテーマに適合する記述形式として，それを意識的に選びとった。

さて，本論文では，「書簡体論文」の成立可能性について考察を進めるための糸口として，書簡体小説に注目する。書簡体小説は，（往復）書簡のスタイルをとった小説であり，著名な『若きウェルテルの悩み』（ゲーテ）をはじめ，特に，18世紀，欧州において興隆を極める。もっとも，ここで，書簡体小説に注目するのは，単にそれが（往復）書簡という形式をとっているからではない。そうした文体をもった小説が無理なく成立し，十分な成功を収めた背景に関する，重要で優れた社会心理学的考察がすでに存在し（遠藤，1997など），かつ，同じく小説の文体に留目し，その特徴について，詩の文体と対照させて分析を試みたバフチン（1996/1994）の文体論が，本論文にとって重要な示唆を与えてくれるからである。

以下，2節では，遠藤（1997），アンダーソン（1997/1991），大澤（2007）にヒントを得て，書簡体小説の流行とその記述形式を支えた社会的背景について検討する。次に，3節では，2節の議論と，バフチンの小説文体論との接続を図りつつ，「ユニヴァーサルな記述形式」，および，「ローカルな記述

形式」という2つの対照的な記述形式を導出する。次に，双方の性質を併せもつ新たな記述形式として，「インターローカルな記述形式」を提起し，その特徴について集約する。最後に4節で，「書簡体論文」を，「インターローカルな記述形式」を実際に具現化した事例として位置づけ，その特徴と課題について考察する。

2　「書簡体小説」とは何か

　遠藤（1997）が指摘するように，書簡，すなわち，手紙は，少なくとも現在の感覚では，私的で親密なコミュニケーション・メディアの一種と思われている。しかし，18世紀のヨーロッパでは，書簡は，たとえば，サロンなどでパブリックに交わされる会話の延長としてとらえられていた。言いかえれば，書簡は，双方向のコミュニケーションを可能にする，開放的で公共的なメディアとして位置づけられていた。実際，当時，ヨーロッパでは，いわゆる「書簡体ジャンル」が成立し，小説に限らず，政治的な刊行物，思想や社会について論じる書籍など，多くの公刊物が，書簡体で著されていた。

　手紙は，特定の個人が特定の個人に宛てて記した文書であるから，基本的には，私秘的で閉鎖的な性質をもっている。そのような手紙に，公共的な性質がもたらされたのは，「手紙の動かしがたい一方向性の構造を開こうとする力が，複数の位相で働いていたから」（遠藤，1997, p.150）だとされる。第1の位相は，手紙を包摂する解釈の空間，つまり，手紙の読まれ方である。当時，手紙は，しばしば，直接の受取人だけでなく，その周囲の人びととの間で朗読されたり，まわし読みされたりした。第2の位相は，手紙の記述形式，つまり，手紙の内部空間に見られる集合的な特徴である。当時，手紙の文面に，別の手紙の内容を直接，間接に引用することは通例であったし，手紙の中に別の手紙をそのまま封入することすらあったという。このように，「1本の手紙の身分自体が複数化」（遠藤，1997, p.150）されていた。手紙をめぐるこうした慣行は，現在の常識からは，にわかに信じがたい。しかし，類似の事態が，目下，Web媒体を利用したコミュニケーション領域で大々的に進行していることは，だれの目にも明らかである。「書簡体論文」とWeb媒体との関係性については，この後，4-3項で言及する。

ここで，手紙の記述形式が，社会的なコミュニケーション一般に占める位置や意義を知るには，大澤（2007）にならって，この形式が，以下に述べる2つの対照的なコミュニケーション様式をつなぐ媒介的な位置にあったことに注目するのがよい。特に，書簡体小説が，それ以前の物語（いわゆる「読書革命」以前の物語形式）と，それ以後の物語（近代的な小説）とを仲介する中間的産物であったことは，本稿の論旨にとって非常に示唆的である。近代的な小説は，18世紀末から19世紀にかけて，欧州で，「ネーション」（国家）という社会形態の成立とほぼ同じ頃に成立したとされる。そして，それよりも以前の物語と近代的な小説とは，上述の2つの位相において，つまり，その読まれ方と物語の内部空間の両位相において，際だった断絶を見せる。

　まず，読まれ方について見ていこう。「読書革命」以前の物語は，直接的な対面関係を有する人びとからなる親密な共同体の中で，声高らかに朗読された。つまり，小説を読むことは，共同体の営みであった。それに対して，「読書革命」以後の小説は，目で読まれる。とりわけ，個室における黙読が主流となり，読書が個人化した。

　ここで非常に重要なことは，個人化した読書は，それと相即的に，同じ小説を個室で黙読する無数の人びとから成る均質な社会的空間（これが「ネーション」に相当する）を生み出した点である。このような社会的空間がもつ意味は，アンダーソン（1997/1991）が「1日だけのベストセラー（小説）」と呼ぶ新聞のことを考えてみれば，よくわかる。同じ新聞を，毎日，ほぼ同時に黙読する個人たちは，対面的な朗読というローカルなイベントを共有する共同体には，もちろん，まったく共属していない。しかし，そうした狭い意味での共同体からの離脱を補償するかのように，彼らは，新聞が報じる，相互にほとんど無関係の種々雑多な出来事が，斉しくそこにおいて生じているような，より包括的で均質な社会的空間に所属してもいるのである。

　次に，物語の内部空間に目を向けよう。大澤（2007）によれば，近代的な小説が成立する以前，物語は，物語に内属する特定の視点から描かれ，読者もその物語に内属する視点に拘束される。これが，主人公の視点である。だから，たとえば，主人公Aがサッカーをしていたとき，別の登場人物Bは野球をしていたといった種類の事実を知るためには，AとBとが直接出会い，相互に会話を交わす必要がある。出来事の同時性は，物語に内属する視点から事後的に知られるのみである。他方，近代的な小説は，アンダーソン

(1997/1991）が言う「meanwhile（この間）」という話法を確立し，複数の登場人物たちが共属する均質な社会的空間を措定し，その空間を外部から見つめる超越的視点を前提に構築されている。この視点が，作者の視点であり，かつ，小説を読む読者の視点でもある。そして，3人称客観描写は，この形式に親和的な記述形式である。なお，3人称客観描写とは，文体記述の表面的な様式（たとえば，「彼は ……」，「沢崎は ……」など，主語としてどのような用語を使用するか）と直接に一致するわけではない。たとえば，「わたしは ……」の1人称で通される小説であっても，当該の主人公の視点が，一連の出来事の後に作者および読者が有する超越的視点に追いつくことが想定されている場合，それらは，ここで言う近代的な小説に含まれる。

あらためて議論を整理すると，近代的な小説の成立以降，個室でそれを黙読する相互に孤絶した個人たちを，それにもかかわらず連帯させているのは，この超越的な，つまりユニヴァーサルな視点の共有，である。これに対して，読書革命以前の物語は，今ここで共に同じ物語を朗読し，その同じ声を耳にする人びとを局所的に連帯させるローカルな視点に対してあらわれる。ただし，それら共に物語を享受するローカリティの一つひとつは，あたかも，大海に浮かぶ島々のように個々独立していて，それらすべてを包摂する包括的な社会的空間（正確には，そのような社会的空間の存在をとらえる超越的な視点）は，誕生していない。

以上を踏まえれば，書簡体小説が，物語空間の構成の面でも，読まれ方の面でも，両者の媒介的位置を占めていることは，わかりやすい。

まず，物語の内部空間に注目すれば，書簡体小説は，書簡（手紙）の形式をとっている以上，基本的に，発信者が親しい受信者に向けて1人称で語りかける形式で書かれる。両者は，むろん，交わされる書簡によって構築される世界に内属している。つまり，すべての登場人物を3人称で客観描写可能な超越的立場に立った視点（小説の作者の視点）は，そこでは，未成立である。しかし他方で，少なからぬ書簡体小説が，交わされる書簡をたまたま入手した者，すなわち，遠藤（1997）の言う「編集者」の手になるという体裁をとるなど，物語世界への内属から超越する視線も芽生えつつある（「作者」，特に，散文の作者（3節参照）ではない点に注意）。

次に，その読まれ方に注目しても，書簡体小説は，両者の性質を混在させている。すなわち，一方で，それは，公刊物である以上，相互に面識のない

不特定多数の読者から成る社会的空間を念頭に置いている。しかし他方で，典型的な書簡体小説である『パメラ』（リチャードソン）が，パメラの手紙を読んで改心する別の登場人物を，小説『パメラ』そのものを読む読者のモデルとして描くなど，書簡体小説は，実際に，書簡を受けとったようにそれが読まれることを期待している（大澤，2007）。すなわち，書簡を受けとるほどに親密な人間関係の内部でそれが読まれることも，また同時に想定されているのである。

　書簡体小説に見られる，以上のような融合的性質は，手紙というメディアが有する中間的性質の反映でもある。手紙は，「離れたところにいるその書き手を，受け手が属する共同体に再帰属（その2人がすでに友人である場合）させ，あるいはまた導入（友情の連鎖をたどった2次的関係，つまり，「友人の友人」である場合）させる」（遠藤，1997, p.150）性質をもっている。つまり，手紙は，近代的な小説，あるいは，新聞が前提にしているようなユニヴァーサルな社会的空間とそれを一挙に見渡す超越的立場を想定しているわけではない。しかし同時に，手紙は，読書革命以前の物語のように，直接に朗読の声が届く範囲のローカリティの中で，その直接的で対面的な交流によって連帯する共同体と，そこへの完全な内属を仮定しているわけでもない。手紙が前提にしているのは，両者の中間的な事態，すなわち，複数個のローカリティが，それぞれの固有性や異種性を保持しながらも相互に連結することによって一つの全体をなしている様態——まさしく，インターローカリティと呼ぶに相応しい社会的関係性なのである。蛇足ながら，「ニュースレター」は，ここで言うユニヴァーサリティとローカリティの両極を中和するメディアとして構想されていた。つまり，公共的な「ニュース」（新聞），私秘的な「レター」，双方の性質を兼ね備えた媒体が目指されていたのである。

3　バフチンの小説文体論

　以上に述べた手紙（書簡）というコミュニケーション様態の特徴，すなわち，ユニヴァーサリティとローカリティの混合的性質，言いかえれば，インターローカリティを反映した特徴は，バフチン（1996/1994）の小説文体論と関連づけることによって，さらに明確化できる。

バフチンは，詩の文体と対照的な小説の文体の特徴を「言語の多様性」（バフチン，1996, p.70）に求めている。その上で，その特徴が，「発達した芸術的散文 ―― 特に小説 ―― の文化を持ち，長く緊張した言葉とイデオロギーの歴史をになっている民族の国民的標準語」（同，p.69）が有する特徴と対応関係にあると指摘している。すなわち，国民的標準語 ―― ひいては，それと対応関係にある小説の文体 ―― とは，「本質的に，組織された小宇宙（ミクロコスモス）であって，それは国民的なレヴェルにおいてだけでなくヨーロッパ全体における言語的多様性の大宇宙（マクロコスモス）をも反映している。標準的文語の統一とは，一つの閉じられた言語体系の統一ではなく，相互に接触し，相互に自己を意識する〈諸言語〉（これら諸言語のうちの一つが，狭義の詩的言語である）のきわめて独特な統一である」（同，p.69）。

　ここで注意すべきは，最後の「独特な統一」という用語である。この用語に，バフチンが言う「小説の言葉」とは，その中に異種性と多様性を含みつつも，同時に全体としての統一性をも保持しているような独特の状態であることが示されている。すなわち，一方で，「小説の言葉」の内部には，「詩の言葉」に代表される閉鎖的な統一体（〈諸言語〉）が島宇宙状に存在する。これは，ちょうどヨーロッパにおける国民的標準語が，実際にはその内部に，ヨーロッパに存在する言語的多様性を，特定の地方や民族にのみ通用する方言として包摂しているのと類比的である。しかし他方で，それらは，互いに他の言葉を「収奪」（appropriation; 同，p.67）する関係をとり結び，「半ば自己の，半ば他者の言葉」（同，p.165）と化す。その結果として，〈諸言語〉の複合体である「小説の言葉」は，「独特な統一」も見せるのである。

　つまり，バフチンの言う「小説の言葉」は，一方で，それが「独特な統一」を示しているという側面に注目すれば，2節で指摘した均質でユニヴァーサルな社会的空間に類似している。なぜなら，「小説は自己の中に諸ジャンルの言語の複数のパロディ的様式化 …… （中略） …… などの，様々な種類の様式化およびそれらの言語の直接的提示を統一することができる」（同，p.64; 傍点引用者）からである。しかし他方で，その中に散在する〈諸言語〉（「詩の言葉」）の一つひとつに注目すれば，それは，対面的な関係に規定されるローカリティに類似している。実際，バフチンは，「まだ細分化されていない単一の社会圏，そのイデオロギーと言語が実際にまだ分化していないような社会圏の境界を詩が踏み越えていないような，稀有の詩の時代」（同，

p.75) においては,「この統一が素朴な形で与えられうる」(同,p.75) と論じている。

　重要な論点なので,若干視点を変えて,同じことを繰り返しておこう。バフチンは,次のように言う。「[散文作家は] 言語を半ば他者のもの,あるいは完全に他者のもとにとどめておき,しかし,同時に,結局はやはりそれを自分の志向に従わせる」(同,p.77)。この言明の前段部分を純化し,言葉を限りなく他者のもとへと委ねていけば,複数の言葉を総覧する作者の存在は極小となり,前節に言う読書革命以前の物語が,それぞれのローカリティの内部において相互に独立に生産・消費される社会的空間が得られる。このような社会的空間に特徴的な記述形式を,以下,「ローカルな記述形式」と呼ぼう。他方で,この言明の後段部分を純化し,作者自身の志向性を強化していけば,その極限値として,前節に言う読書革命以後の小説が誕生し,同時に,それを個人的に消費する無数の読者のすべてをその内部に従えるような包括的でユニヴァーサルな社会的空間が得られる。このような社会的空間に特徴的な記述形式を,以下,「ユニヴァーサルな記述形式」と呼ぼう。

　以上から,バフチンが言う「小説の言葉」,とりわけ,それが呈する,言語的多様性(ラズノレーチェ)を含みながらも,それでも「独特な統一」を示す文体とは,「ローカルな記述形式」と「ユニヴァーサルな記述形式」の双方の性質を混融させた文体,すなわち,「インターローカルな記述形式」とでも称すべき記述形式であることがわかる。より丁寧に表現するならば,バフチンの洞察は,一見,作者を頂点とした「ユニヴァーサルな記述形式」とも映る読者革命以降の近代小説が,実際には豊かな「言語的多様性」(複数の多様な「ローカルな記述形式」)を伴っていることを見いだした点にあると言えるだろう。言いかえれば,近代小説も,その基幹的構造に,そのルーツとなった書簡体小説 ── ひいては,それ以前のローカルな物語 ── の特性をとどめているのである。

　(近代)小説が示す「言語的多様性」の基底に,多様で異質な他者たちの言葉の間の「対話的な定位」(バフチン,1996,p.38)があるとすれば,それをより明示的に(再)導入することが試みられてよいのではないだろうか。すなわち,散文の作者が小説世界において成立させている多様な諸言語の間の「収奪」の関係を,より明示的な形で実現することも有用ではないだろうか。「収奪」の関係を,「内的対話性」(同,p.44)としてではなく,よりあからさ

まな応答的対話として表現しようとするアプローチである。複数の書き手による書簡を「編集者」が媒介する形式といった書簡体小説は，ここで言う「インターローカルな記述形式」を，（近代的な）小説よりも純粋な形で実現させている点で，そうしたアプローチの有力候補となりうるだろう。

以下，節を改め，これまでの考察を，心理学研究，特にアクションリサーチに関する記述（学術論文や観察レポートなど）の文体に引き移してみよう。

4　「書簡体論文」の可能性と課題

4-1　「ユニヴァーサルな記述形式」と「ローカルな記述形式」

一つの仮説として，以下のようなラフな対応づけが許されるのではないだろうか。

まず，「ユニヴァーサルな記述形式」は，論理実証主義にもとづく，伝統的な心理学論文の記述形式と対応させることができる。これは，アメリカ心理学会が推奨する書式に代表される記述形式でもある（American Psychological Association, 2001; 能智，2007）。杉万（2006）が指摘するように，論理実証主義をメタ理論とする心理学研究は，外在的な事実を，論理的な言説として正確に表現しうるという前提に立つ。観察や記述の対象となる現象に対して，観察し記述する自分自身は完全に外在しうるとする仮定と，これまで述べてきた意味での超越的視点の成立とが等価であることは，明らかであろう。

同時に，このとき，この言説を，徹底的に「非人称化」（杉万，2006, p.31）することが志向される点が，きわめて重要である。言説の内容が，言明をなす者によって左右されてはならないとされるのである。非人称化された言説とは，万人に対して妥当する言説であり，言いかえれば，客観的な事実を言いあてた（とされる）言説のことである。この普遍的な妥当性を得た言説，すなわち，客観的事実が登録される空間こそが，近代的な小説，あるいは，新聞が前提としている，均質でユニヴァーサルな社会的空間に外ならない。「ユニヴァーサルな記述形式」が，この作業にフィットした形式であることは，言うまでもない。

この点，心理学論文の記述スタイルについて指導するガイドブックに，「可能な限り，能動態を使用せよ」との助言があることは，興味深い(American Psychological Association, 2001, pp.41-42)。このことは，── 実際のところ，日本文，英文を問わず，多くの論文で，依然として多数の受動態表現が使われている事実を考慮すれば ── むしろ，受動態への志向が根強いことを暗示している。言うまでもなく，受動態においては，当該の言説をなした主体が主語（I や the author）として明示的に登場しない。このことは，伝統的な心理学論文が，研究が見いだした知見を非人称化された言説として提示するスタイルを，その理想像として位置づけていることを物語っている。すなわち，研究の知見を，その発見主体に依存しない，また，その適用範囲が時空的に限定されない普遍的な妥当性をもった言説として提示しようとする無意識の動因が，ここには働いているものと解釈できる。
　他方，「ローカルな記述形式」は，時間的かつ空間的に限定された特定の現場（ローカリティ）を対象とした観察手記や日誌，あるいは，最終的な研究論文へとまとめあげられる以前の段階の観察メモなどに見いだすことができる。たとえば，医療や消防などの現場で，勤務シフトの交替時に引き継ぎ目的で，「ローカルな記述形式」をとった言説が実際に声に出して読まれる場面を想像すると，先に示した物語の朗読空間との対応性が明確になる。また，特定の現場におけるアクションリサーチに従事する複数の当事者（研究者と研究対象者）が，現場に関するそれぞれの観察結果や現状認識を披瀝すべく資料やメモを交換している状況も，これと同様に考えることができる。
　いずれにしても，こういったタイプの記述は，「だれが」観察し記述したのか，「どの立場から」観察し記述したのかに大きく依存する。かつ，そうした人称帰属性が，むしろ重要な意味をもつ。また，「ローカルな記述形式」は，当該の現場に関して，未だ言説化されざる情報を，それにもかかわらず共感覚しうる共同体の内部でこそ，より大きな効力を発揮する点も重要である。すなわち，「ローカルな記述形式」をとる書き手は，その聞き手とともに，観察や記述の対象となる特定の現場（ローカリティ）に内属しており，その内属性こそが，記述の十全な理解を支えているのである。個々の現場（ローカリティ）における問題解決，あるいは，そのために必要とされる現場の現状認識が，研究を構成する一連の流れの中で，その時点における主要目的となっている場合，このような記述形式も当然要請されるし，かつ有効

でもある。

4-2 〈意味のシステム〉の交錯点としての「インターローカルな記述形式」

　以上に述べた2つの記述様式に対して，書簡体小説に相当する第3の道 ── 「インターローカルな記述形式」をとる「書簡体論文」── が，心理学に関連する研究，特にアクションリサーチにおいても成立しうると考えられる。すなわち，複数の「ローカルな記述形式」が言語的多様性を呈したまま，インターローカルに接続され「独特な統一」を見せているような記述様式，が存在すると考えられる。

　もっとも正確に表現するならば，この第3の道こそが本流であると称すべきかもしれない。すなわち，杉万（2006）が言う「人間科学」においては，研究者が研究対象（者）に対して純粋に超越的第三者の位置を占めて ── 言いかえれば，近代的な小説の作者の位置に立って ── ，「ユニヴァーサルな記述」をなすことは，極限形としてはありえても実際には困難である。他方，研究者である以上，いかに特定の現場に深く関与しようとも，そこに完全に内閉して ── 言いかえれば，詩の作者のように，「その外には何ものも存在せず，その外に何ものも必要としない唯一無二のプトレマイオス的世界」（バフチン，1996, p.55）に生きて ── 純粋に「ローカルな記述」をなすことも，極限形としてはありえても実際には困難である。すなわち，現実には，アクションリサーチャーに限らず，多くの心理学研究者は，ここで言う第3の道，すなわち，アカデミックな言語をその一部に含む，多様かつ複数の「ローカルな記述」を，「編集者」の立場から，「インターローカルに記述」する営みに従事していると言えるだろう。

　以下，これまでの議論と整合性を保つべく，「インターローカルな記述形式」としての「書簡体論文」についても，その内部空間，および，その読まれ方，この2つの位相に注目して詳しく考察を進めていこう。

　第1に，「書簡体論文」の内部空間について考えよう。まず，その空間が，複数の，人称化された言説から成る多声的な空間として，「意図的に」構成されていることが重要である。「書簡体論文」では，研究にコミットした複数の研究者 ── 場合によっては，それに加えて研究対象者 ── がなした言

説が顕名で人称化されたまま記載されている。これに対して,「ユニヴァーサルな記述形式」をとる通常の論文においては,たとえ,それが共同研究であろうとも,また,たとえ,その著者として複数の氏名が列記されていようとも,最終的には,複数の人称化された言説は統一化され,かつ脱人称化されて,非人称の言説として提示される。この点では,「書簡体論文」は,「ローカルな記述形式」に類似していると言える。

　しかし,「書簡体論文」は,「ローカルな記述形式」と同一というわけではない。それは,2人（一般には,複数）の書き手による言葉の応酬（往復書簡）というスタイルを明示的にとっている事実に負うている。ポイントは,言葉の応酬は,多かれ少なかれ,書き手がそれぞれに所属する異なるローカリティ間のインターローカルな関係性を誘発する点にある。再び,バフチンの議論を引こう。「生きた言葉が対象に関係するしかたは,一つとして同じではない。言葉と対象,言葉とそれを語る人格との間には,同じ対象,同一のテーマに関する異なる,他者の言葉の,弾力的,しばしば見通すことの困難な媒体がひそかに介在している」（バフチン，1996, p.39）。先に3節で触れた「内的対話性」という用語に見られる通り,バフチンの考えによれば,ここで提起されている他者の性質は,他者が明示的にあらわれないようなケースでも消失することはない。しかし,他者と具体的に言葉をやりとりする状況 —— たとえば,対面的な会話や,書簡をやりとりするような状況 —— においては,それはいっそう明確な形であらわれる。すなわち,「聞き手への話者の志向は,聞き手の固有な視野,固有な世界への志向であり,そのような志向は話者の言葉の中に全く新しい諸契機を持ち込む。というのも,このことによって異なるコンテキスト,異なる視点,異なる視野 …… （中略） …… 異なる社会的〈言語〉のコンテキストの相互作用が生まれるからである」（同, p.49）。

　以上の議論は,バフチンが「異なる社会的〈言語〉のコンテキスト」と呼んでいるものが,本章で「ローカルな記述形式」と称してきたものに相当すると考えれば,その内容をよく理解することができる。つまり,往復書簡という媒体を介して対峙しているのは,もちろん,物理的な意味での個人（書き手）ではない。それぞれの内部に,態度や意見といった概念で称される心的な属性を保持した個人でもない。そうではなく,両者が,それに依拠して態度や意見を構築している「ローカルな記述形式」,さらにさかのぼっては,

「ローカルな記述形式」自体を成立せしめているローカルな〈意味のシステム〉——それぞれのローカリティにおいて、諸々の対象の同一性（それが何であるか）を指示するための差異のシステム——の総体が、往復書簡の上で交錯していると考えなくてはならない。バフチンの次の言明は、このことの反映である。「二声性は自らのエネルギーを、自らの対話化された両義性を個人間の意見の不一致や食い違い、衝突などから吸収するのではない。……（中略）……この二声性は社会・言語的な本質的矛盾、あるいは多言語性に深く根ざしている。……（中略）……・個・人・間・の・矛・盾・は、この場合には、社会的諸言語間の矛盾の諸力、吹き荒れ、否応なく彼らの間に矛盾を生じさせ、その本質的な言語的矛盾によって彼らの意識と言葉とをみたす諸力の・氷・山・の・一・角・に・過・ぎ・な・い」（バフチン、1996, pp.129-130; 傍点引用者）。

ただし、往復書簡をやりとりする2人は、まさに書簡のやりとりという社会的行為を、有意味に、かつ滞りなく成立せしめている限りで、2人に共通する（第3の）ローカリティに共帰属しているとも言えることには注意を要する。次項で後述するように、このことは重要な意味をもつのだが、さしあたって、ここでは、往復書簡を交換する2人が互いに他に対して、「全く新しい諸契機」を持ち込む、相互に異なる〈意味のシステム〉を基盤とする異なるローカリティへと分属しているという事実の方を強調しておこう。

以上の論点は、杉万（2006）が提唱する「人間科学」と関係づけておくことができる（矢守（2009）も併せて参照されたい）。杉万は、「人間科学においては、現状認識にせよ、理論にせよ、いかなる言説も、すでに自らの否定を潜在的に携えている。それは、言説が意味という区別のシステムであることに起因する宿命である」（杉万、2006, p.39）と指摘する。ここで、往復書簡を交わす書き手たち——正確には、〈意味のシステム〉たち——が、潜在的に保持していた自らの否定を顕在化させる導火線の役割を相互に果たす、と考えることができないだろうか。すなわち、一方の書き手の言説を支えるローカルな〈意味のシステム〉に定位したとき、それによって規定される認識の限界線を越えた言説（自らの否定）は、当該の〈意味のシステム〉の内部からは出てこない。

しかし、そうした言説——たとえば、「想像を超えた洞察」や「予想もしなかった解決案」をもたらす言説——は、実は、自らのすぐそばに潜在的に控えている。その在処が、自らの〈意味のシステム〉にとっての外部とな

る他者の〈意味のシステム〉なのである。とりわけ，書簡を交わす程度の中間的な関係，すなわち，書簡を交わす必要がないほどに親密で直接的な関係でもなく，逆に，書簡のやりとりがそもそも成立しないほどに疎遠な関係でもない —— そのような関係性にある2人（正確には，2つの〈意味のシステム〉）の間には，このような関係，すなわち，互いが互いの「否定」であることに気づくための起爆剤となりうるような関係，が成立しやすいと考えられる。

特に，アクションリサーチでは，研究者と研究対象者，同じ現場で問題解決にあたる異分野の研究者間，異なる現場で類似の課題解決にとり組む当事者間など，ここで議論しているタイプの関係性が生じうるケースが少なくない。たとえば，防災ゲーム「クロスロード」というメディアを通じて地域防災における「成解」の共同生成にとり組む研究者，および，異なる地域に暮らす住民や自治体の担当者らがとり結んでいる関係（第1章4節）も，その一例と考えられる。すなわち，「クロスロード」を通じて結びついている当事者たちは，ローカルな〈意味のシステム〉に規定されて成立するほかない「成解」が抱える死角や想定外に，相互に気づきを与える「パートナー」として結びついていると位置づけることができる。その意味で，「クロスロード」を通した〈防災ナラティヴ〉（第2章3-3項）のやりとり，つまり，「クロスロード」をプレーしたりユーザーが地域間交流したりすること（第2章2-4項）は，「書簡体論文」執筆の機能的等価物だと見なすこともできる。したがって，ゲーム参加者たちを書き手とする「書簡体論文」も，—— しかるべき「編集者」の助力を得ることで —— むろん十分成立可能だとも思われる。

4-3　連鎖する「インターローカルな記述形式」

議論を，「書簡体論文」の読まれ方の位相に移行させよう。「書簡体論文」は，どのような読者を想定して書かれるべきなのだろうか。ここでも，書簡体小説に関する議論が参考になる。2節で述べたように，書簡体小説は，近代的な小説のようにではなく，実際の書簡のようにそれを読む読者を想定していた。これと同型的に，「書簡体論文」も，「ユニヴァーサルな記述形式」をもった通常の学術論文のようにではなく，実際の書簡のようにそれを読む

読者を念頭に置いてみてはどうだろうか。

　書簡のように「書簡体論文」を読む読者とは，広い意味で，応答する読者，のことである。現在の学界慣行を前提とする限り，「書簡体論文」の最初の読者は，論文の査読者となるはずで，現実に，査読者と論文著者との間には，論文審査という形の応答が交わされる。さらに，—— 幸いにして審査をパスすれば ——「書簡体論文」は，学術誌上で，より広範な読者の目にさらされることになる。ここでもまた，読者と論文著者との間で応答が交わされる場が，「書簡体論文」に限らず，実際に設定される場合がある。たとえば，コメント論文とリプライ論文のやりとり（特定の，顕名の読者との間で），あるいは，「読者の声」と「著者からのリプライ」といったやりとり（不特定の，あるいは，匿名の読者との間で），である。

　したがって，「書簡体論文」を書簡のように読むプロセスを素直に実現しようとすれば，以上のような既存のシステムを拡大・発展する方策を考えることができる。紙媒体による制約の数々（たとえば，即応性など）が気にかかるようであれば，Web 媒体の有効活用を考えてもいいだろう。Web 媒体を利用すれば，「書簡体論文」をめぐる応答の連鎖を積み重ねるための仕組みを構築することは容易である。もっとも，ここで重要なことは，Web 媒体の仕様，デザインといった些末なことでは，もちろんない。大切なのは，いかにして，「書簡体論文」が有する「インターローカルな記述形式」としての性能を最大化するか，である。

　この点で，書簡体小説の原点に，「盗まれた手紙」という形式が存在したこと（遠藤，1997）は，きわめて示唆的である。書簡体小説は，交わされる書簡を「たまたま」入手した者（つまりは，その小説の作者なのだが）が，「編集者」として編集したという形式を，しばしばとるのである。2節で指摘したように，これは，書簡体小説に，その全体を鳥瞰する超越的な視点が欠落している（不十分である）ことの反映であった。そうだとすれば，「書簡体論文」をめぐるやりとりについても，それが応答の連鎖を拡大させていくとしても，その帰趨を超越的な位置から俯瞰するような絶対的視点，言いかえれば，すべてをモニターしコントロールする視点が存在しないこと，が重要となるのではないだろうか。実際，先に挙示したやまだ・南（2001）も「毎回どこに行くのか予期できないこの往復書簡」（同，p.197）と記している。

　このことは，「いかにインターローカリティが空間的，時間的に拡大しよ

うとも，あくまでも（拡大した）ローカリティであり，けっしてユニヴァーサリティではない」（杉万，2006, p.41）ということでもある。もっとも，ちょうど，バフチンの言う「小説の言葉」が，「独特な統一」を示していたように，一連のやりとりを，まったく無関連の言説群としてではなく，互いにやりとりされるひとまとまりの書簡群として了解可能な程度の包括性を，それに与えるようなコントロールは必要だろう。しかし，これは，まさに「編集者」の機能であり，「作者」の役割ではない。

　だから，「書簡体論文」が書簡のように読まれていく過程では，反発，無視，無理解，誤読，意図せざる敷衍といったことが，当然にも生じる。そうなると，各言説のオーサーシップやクレジットに対する不安が生じるかもしれない。しかし，言語的多様性によって特徴づけられる「インターローカルな記述形式」における言葉は，バフチンが言うように，そもそも最初から「半ば自己の，半ば他者の言葉」なのである。それは，また，「新しい素材，新しい状況に適用され，新しいコンテキストと相互に照らし合う……（中略）……そればかりでなく，他の内的説得力のある言葉と緊張した相互関係を開始，闘争関係に入る」（バフチン，1996, p.165）ことが宿命づけられている。そして，繰り返し強調してきたように，この闘争関係を第三者的に調停可能な超越的な視点が，最終的に予定されているわけではなく，まして最初から準備されているわけではない。

　だから，「書簡体論文」をめぐるやりとりを，たとえば，その初発となった「書簡体論文」の著者から眺めた場合，18世紀の手紙のやりとりについて遠藤（1997）が紹介する事例に見られるように，自分が書いた書簡（論文）の内容が，直接の受け手ではない遠方の意外な人にまで伝わっているのを知って驚いたり，思わぬ方向に発展を遂げていることを知って感銘を受けたりする可能性が十分にあるということである。このとき，起点となった「書簡体論文」は，言ってみれば，「盗まれた論文」と化しているのである。

　「盗まれた手紙」とは，「略奪」された手紙であり，そこに「交換」の意識が欠落している点に留意しつつ，視点を反対側に移行させれば，それは，「贈与」された手紙でもある。〈意味のシステム〉のインターローカルな伝達が，等価あるいは不等価な「交換」ではなく，「贈与と略奪」の形式をとることの重要性と必然性については，大澤（1990; 特に pp.183-207 の記述）に緻密な理論的論考があり，また，この論考を受けた明快な解題が杉万

(2006；特に pp.44-66 の記述）によって提供されている。また，バフチンが，同じコンテキストで，「収奪」（appropriation）という独特の用語を用いるのも，同じ理由によるものと思われる。appropriation の語義については，ワーチ（1995/1991）にも，詳しい解説がある。なお，ここで論じているインターローカルなプロセスの初発点は，その後の「贈与と略奪」とは対照的に，往復書簡，すなわち，書簡が何度も「交換」されるスタイルをとっていた。このことも，大澤（1990）や杉万（2006）の理論的観点からは興味深い事実なのであるが，ここでは詳細に立ち入らない。

　さて，「盗まれた論文」などという事態は，「ユニヴァーサルな記述形式」とそれに依拠する伝統的な論文スタイルを墨守する限り，必ずしも肯定的な評価を受けないであろう。しかし，心理学研究の間口をさらに拡大する意味で，また特に，本質的にインターローカルな営みであるアクションリサーチ（第1章4節参照）を支える新たな記述形式を模索する意味でも，「書簡体論文」をはじめとする「インターローカルな記述形式」の可能性を真剣に探るべき時期に来ていることだけは，たしかだと思われる。実際，いわゆる「羅生門テクニック」など複数の人の語りを重層的に提示する手法（たとえば，ルイス（1969/1961））や，ライフヒストリー研究で指摘されている「2人のオーサー」の問題（たとえば，小林（2000））も，論文の最終的な書き手自身が，語る当事者の一員として考察の範囲に組み込まれる限りで，「インターローカルな記述形式」を模索する動きと考えてよいと思われる。

第2部　震災体験の語り継ぎに関する　アクションリサーチ

■語り部 KOBE1995 と神戸学院大学の大学生との共同防災授業
（姫路市立豊富小学校での活動にて。2010年1月著者撮影）

第4章 「語り直す」
── 4人の震災被災者が語る現在

1 5つの基本的視点

　本章と次章では，阪神・淡路大震災の体験を語り継ぐための語り部活動において筆者が展開してきたアクションリサーチについて述べる。本章（第4章）でとりあげるのは，「語り部グループ117」（以下，G117）」であり，次章（第5章）の舞台は，G117からの派生団体である「語り部KOBE1995」（以下，K1995）である。この一連の研究では，筆者自身がG117およびK1995のメンバーとして活動に参与している。そのため，観察・分析対象となる語り部活動そのものに対して，── 少なくとも部分的には ── 筆者（研究者）自身が実質的な影響を及ぼす形式で活動が展開されてきた。第1部を通して述べてきたように，これはアクションリサーチ一般がもつ特徴であり，この傾向は次章（K1995）において，より明確になる。

　本章の主たる目的は，アクションリサーチの一環として実施したG117に属する4人の震災被災者がその活動で語った語り（ナラティヴ）の分析結果について報告することである。語りの分析にあたっては，以下に列挙する5点を基本的な視座とした。これら5点は，本章における分析と考察において，常に援用しながら論述を進めるものではないが，順次紹介する個別的分析・考察において，一貫して，その理論的・方法論的基盤となる視座である。

　第1は，「語る現在」という視点である。本章の副題が示す通り，本研究は，語りの対象となっていると考えられる「過去」よりも，むしろ，語りが展開されている「現在」に焦点をあてる。別の言い方をすれば，本研究では，語りの「内容」よりも，むしろ，語りの「様式」に注目した分析が試みられている（大橋・森・高木・松島，2002）。なお，G117における語りの「内容」については，矢守（Yamori, 2005），矢守（2001a）において，いくつかの分

析結果が報告されている。

第2は,「ライフストーリーの再構築」,言いかえれば,「語り直し」(re-storying) という視点である。本研究では,震災被災者による語りを,当事者によるライフストーリーの再構築作業の一環として位置づける（やまだ,2000a）。さらに限定すれば,家族や身近な友人の喪失,あるいは,自宅の破壊という,人生（個人史）における危機的境界線上を移行（南, 1995）しつつある語り手らが展開するライフストーリーの再構築作業について,短期的視点（たとえば,心的外傷の回復過程という視点）からではなく,長期的視点（たとえば,南（1995）が言う「生活世界の再構造化」という視点）から分析・考察を試みる。

第3は,語りをめぐる集合的動態性という視点である。本研究では,語り手個人の心理的特性ではなく,語りをめぐる集合性 —— 語り手のみならず,語りの対象となる人物や事物,さらには,聞き手,語りの現場（空間）やそれらを設定した人びとなど —— の総体的な動態に焦点をあてる。言いかえれば,本研究の分析対象は,基本的に一人の語り手による単独,かつ一方向的な語り（発話）ではあるが,そうした語りの表面的形態とは反対に,そこに,「展開され拡張された対話関係を内に含み込んだ言葉」（茂呂, 1991, p.204）を読みとり,同時に,語り手を「状況の中の人」（南, 1995）として定位する。

第4は,「活動現場の社会的構成」という視点である。第3の視点と関連して,数人の被災者が結成した語り部グループが提供する活動の現場が,震災という過去の出来事を知るための妥当な手段,リソース（上野, 1999）として,社会一般に受容されている事実自体に着目する。すなわち,過去と出会うための「儀式化されたフォーム」（佐々木, 1991）としての語り部活動に着目する。この点は,震災の語り部という活動そのものが置かれた集合的動態性を変化させようとする試み（詳しくは,第5章を参照）へとつながる点でも重要である。

第5は,定量的・定性的分析の併用という視点である。語りの分析にあたって,本研究では,定量的分析と定性的分析が併用される。正確に記せば,第三者による再検証が相対的に容易なデータ（主として,定量的なもの）が語りから抽出される一方で,G117の参与者である筆者だけが,長期（5年近く）にわたるメンバーとの共同的な実践活動を通して知りえた情報,または

推定しえた事項（主として，定性的なもの）も，── 当然，第三者から見たその信頼性に留意した上で ── 考察に供される。

2　「震災語り部グループ117」

　まず，本アクションリサーチの舞台となる団体G117について述べよう。後述するように（第5章），筆者は，現時点（本書執筆時点）では，G117から派生した団体「語り部KOBE1995」に所属しており，G117に在籍したのは，その発足（1999年）から2004年までの約5年間である。

　6400人を超える人びとの命を奪った阪神・淡路大震災（1995年1月17日）から5年近くが経過した1999年12月，神戸市内で，「震災語り部グループ117（G117）」が発足した。G117は，神戸市内で被災したCさん（4節で後述，発足当時56歳）が呼びかけ人となって，震災体験を語り継ごうと結成された市民グループであった。G117は，被災者有志による任意団体であり，財政的な基盤もまったくない。それでも，「震災を忘れて欲しくない。地震を体験していない人にも，自分の経験を語り継ぎたい」という思いをもったメンバーは，精力的な活動を続けてきた。メンバーは全員が被災者であり，うち何人かは，地震によって住まいを失い，また家族を亡くしている。先述の通り，筆者自身も，発足時からのメンバー（副代表）であり，活動方針・内容に関する相談に乗ること，季刊で発行していたニュースレター（図4-1）の編集などが主な役割であった。

　G117は，月1回，勉強会を開きながら，語り部の活動を行っていた。勉強会は，活動計画の策定，語りの内容に関する相互検討のための場である。語り部活動の対象は，主に小中学生であり，総合学習，あるいは，関西への修学旅行の一環として組み込まれることが多い。また，活動の様子が新聞，テレビで頻繁にとりあげられたこともあり，2年目からは，要請に応じて，先方に出向いての活動も行った。これは「出前語り部」と称され，大阪府，奈良県，東京都，宮城県，愛媛県などで実施された。実施校はのべ100校にのぼり，語り部の話を聞いた児童・生徒の数も5000人を超えた。数年続けてG117による語り部活動を修学旅行にとり入れた小学校も存在する。もっとも，教育現場とは異なる場面で活動が実施されたケースもある。たとえば，

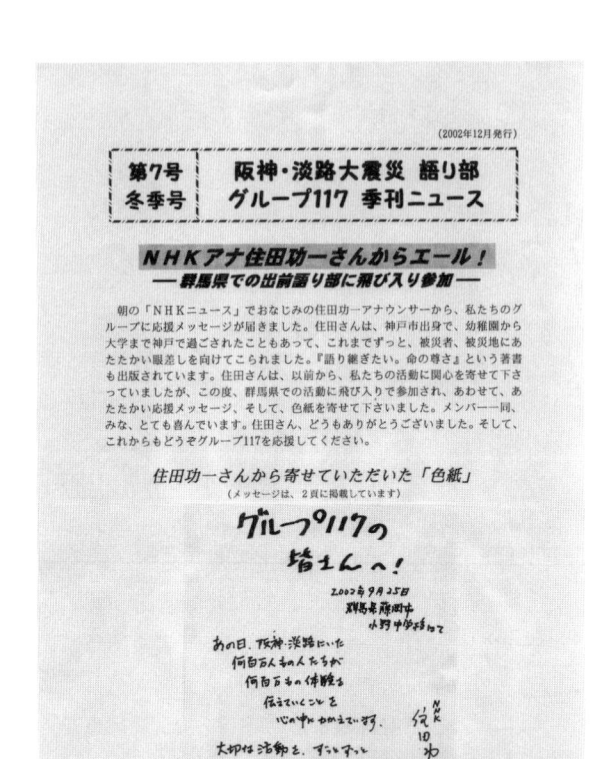

図4-1　語り部グループ117が刊行した「季刊ニュース」

地震直後の食糧供給について調査中の研究者グループ，耐震建築に対する関心から神戸を訪れた建築業者，あるいは，訪日中のトルコ人大学生（1999年トルコ・イズミット地震の体験者）などを対象とした活動である。

　ここで，活動の多くを占める小中学校教育における活動について，より詳細に，その内容を記しておこう。それは，一つには，本論文でとりあげる4つの語りも教育現場で収録したからである。もう一つには ── こちらがより重要であるが ──，1節で先述の通り，本章では，語り部という体験の記憶・継承形式が成立すること自体を考察の対象としており，ひいては，このことが，個々の語りの「様式」にも影響を及ぼしていると考えているためである。

学校現場での活動のほとんどは，先方からの要請による。学校側は，マスメディア報道，口コミなどを通じて，G117の存在を知る。その後，実施日時・場所，形態に関する事務折衝を経て，語り部活動の当日を迎えるという段取りになる。また，G117は，語り部活動実施後，すべての児童・生徒から感想文を収集して，事後の活動の参考としていた。なお，感想文の内容分析をはじめ聞き手の反応に関する検討も，もちろんアクションリサーチの重要な部分をなすと考えられるが，この点は本章ではとりあげず，次章（第5章4-1項）でその意味の一端に触れる。

　語り部活動当日の具体的な活動内容は，以下の通りである（詳細は，Yamori, 2005）。まず，被災地での活動の場合，G117は，活動場所，すなわち，どこで語り部活動を実施するかを重視していた。具体的には，修復されずに放置された建物（現時点では皆無となった），大破した埠頭を保存した「神戸港震災記念公園」（図4-2），「慰霊と復興のモニュメント」がある「神戸市東遊園地」（次章の図5-3），および，震災に関する学習施設「震災フェニックスプラザ」（2002年3月で閉館）などが，主たる活動場所であった。他方，「出前語り部」では，先方の学校施設が活動場所となった。この場合には，当時の資料，写真などを語りとともに利用することが多い。また，震災に関する市販の報道記録ビデオを視聴するなどの「事前学習」（この意味については，第5章4-1項も参照）が教員によって実施されることも多かっ

図4-2　「神戸港震災記念公園」での活動風景
（手前に震災で大破した埠頭跡が見られる）

た。

　以上に集約した語り部活動の内容，形式に関して，もっとも重要なことは以下の点だと思われる。すなわち，多くの場合，「震災学習」という標題のもとで展開される語り部活動が，「命の大切さ」（家族を亡くした遺族の思い），「助け合いの大切さ」（被災後の相互扶助，あるいは，ボランティア活動）という2つの事項を実感的に学ぶべき場として位置づけられる点である。この2点が強調される点に関しては，例外はほとんど存在しなかった。すべての実施校において，これら2点を学ばせたいという希望が教員からG117側に繰り返し提示され，かつ，児童・生徒に対して学ぶべきものとして強調される。そして，結果的にも，児童・生徒による感想文の多くがこの2点に言及する。以上の点は，G117における語りについて，それが聞かれる際の主要なコンテキストを成しており，語る側の「様式」にも少なからぬ影響を与えていた。

3　語りの「様式」からのアプローチ

　本章で分析対象とする4人の語りは，いずれも阪神・淡路大震災について，それぞれの切実な体験をもとに語られたものであり，その限りでは多くの共通点が認められる。しかし，個々の語りには固有の特徴も多数存在する。特に注目したいのは，語りの「内容」に見られる固有性ではなく，語りの「様式」に見られる固有性である。言いかえれば，語りの対象となっている「過去」に見られる個人差ではなく，語り部という活動が展開されている「現在」の時点における想起の様式に見られる個人差に注目したい。
　なぜ，ここで，語りの様式に焦点をあてるのか。分析に先立って，その理由を明確にすることによって，本章における分析の基本視点 ── 語りの「様式」からのアプローチ ── の妥当性を正当化しておきたい。このアプローチの背景には，主として6つの理論的潮流がある。いずれも，広い意味で，語り（ナラティヴ），および，記憶と想起に関わる研究領域 ── ライフストーリー研究，ライフヒストリー研究，ナラティヴ・セラピー研究，共同想起研究，語りのポリティクス研究，供述分析研究 ── における最近の研究動向に由来するものである。
　まず第1に，やまだ（2000a）が，ライフストーリー研究一般を視野に入

れた包括的なレビュー論考の冒頭部分で，人生の物語を，その静態的構造においてではなく，物語の語り手と聞き手によって共同生成される動態的プロセスとしてとらえることの重要性を強調している。この指摘は，直ちに語りの「様式」への注目につながるわけではない。しかし，語りの「内容」と比較してこれまで等閑視されてきた語り手と聞き手から成る語りの現場の重要性，さらに特定化すれば，その現場において生身の語り手が生身の聞き手を目の前にしていかに語るかという語りの「様式」の重要性を強調した主張ととらえることが可能だろう。

　第2に，主として，文化人類学，社会学の領域で展開されてきたライフヒストリー研究においても，語りの「様式」を重視する傾向が強まっている。たとえば，桜井（2002）は，ライフヒストリー研究には，実証主義，解釈的客観主義，対話的構築主義の3つの主要アプローチが存在するとした上で，対話的構築主義の立場を重視している。この際，対話的構築主義は，「語り手が『何を語ったのか』という語りの内容にややもすると関心が集中するが，その一方で，『いかに語ったのか』と，語りの様式にも注意をはらうアプローチ」（桜井，2002, p.28）と位置づけられている。

　第3に，ナラティヴ・セラピー，特に，脱構築アプローチをとるナラティヴセラピーにおいて重視される「ユニークな結果」（ホワイトとエプストン，1992/1990）も，語りの「様式」に大きく関わる。「ユニークな結果」とは，端的に言えば，セラピーにおける（自己）物語の構成の失敗 ── 語りえないものの暴露・発見 ── である。しかし，それは，語りの外側に語り尽くせないものとして実体的に残存しているというよりも，「語りの内側に（しかもときにその中核部分に），あるいは現実が今まさに構成されつつあるそのただ中に，その構成をつまずかせるようにして，姿を見せている」（浅野，2001, p.109）。つまり，「ユニークな結果」は，語りの「内容」を検討することによって，その外部に語り尽くせなかったものとして見いだされるべきものではない。そうではなく，語りの現場に内在し，浅野（2001, p.229）の言う「身体の症状」，「語りの変調」，あるいは，ワロン（1983/1956, 訳書 p.218）の言う「自己塑形的活動」の揺らぎ，つまりは，語りの「様式」を探ることによって抽出されねばならないとされる。

　第4に，記憶研究における「記憶から想起へ」の流れも，本研究で語りの「様式」をクローズアップする重要な背景の一つである。この流れは，直接

的には,「共同想起(joint remembering, または, collective remembering)」の概念を提起したミドルトンとエドワーズ(Middleton & Edwards, 1990)に由来する。共同想起論は,その後,わが国においても,さまざまな領域で多くの研究成果をあげているが(佐々木, 1991, 1996; 大橋ら, 2002),その基本姿勢は以下のようなものである。「われわれが過去について対話する場は,単に個人の過去についての知識が寄せ集められ,集団的に継ぎ合わされる場ではない。……(中略)……彼ら[ミドルトンとエドワーズ(引用者)]はまずこの過去を現在に呼び起こすための社会的儀式の記述からはじめる」(佐々木, 1991, p.106)。ここで知識と称されているものが語りの「内容」に,社会的儀式と称されているものが語りの「様式」に,それぞれ対応することは容易に見てとれよう。

　第5に,第4の論点とも関連して,「語りのポリティクス」に関わる諸研究も重要である(プラマー, 1998/1995; 小林, 1997など)。つまり,さまざまな個人的な経験の語り(自伝や自分史)が生産され,流通し,消費される社会的文脈に関する研究である。本研究に即して言えば,被災体験について人前で語ることを中核とする震災語り部という活動が社会的に受容されている事実そのことを問う立場である。こうした視点に立つ研究も,当然,語りの「内容」のみならず「様式」を重視することになる。なぜなら,自己の体験を公的に語る(公刊する)という活動が有する政治・社会・文化的意味づけについて検討するためには,当該の語りがそれぞれの現場においてどのような形式のもとで提供されているかという,語りの「様式」に配視することが避けられないからである。

　本章で,語りの「様式」に焦点をあてる最後の理由は,大橋ら(2002)が精力的に展開してきた供述分析研究の成果と関連する。語り口(「語り方」,「身構え」,「語りの文体」といった用語で呼称されることもある)を重視する彼らの研究アプローチは,上述の共同想起(共同構成)論を踏まえつつも,それが究極的には免れえない「相対主義」──(共同)想起の数だけ過去の現実が存在するのか──の桎梏を超克するための方向性として提示されている。彼らの供述分析は,犯罪捜査,刑事裁判というフィールドにおいて直面せざるをえない「たしかな過去」への遡行の困難を背景としている(高木, 2001; 森, 1995)。その上で,「相対主義」の立場を認める限りけっして一つには特定化できない「たしかな過去」との比較照合を通して現在における想起

を検討する途が断たれたとき，彼らは，その隘路を共同想起論によって相対論的に迂回する方途を忌避する。むしろ，現在における想起の現場をそれ自体として把握すること，具体的には，想起に伴う語りの「様式」に焦点をあてることによって新たな地平を拓こうとする。

以上の6つの理論的背景を踏まえて，4人の震災被災者が被災体験を語る現在，すなわち，語りの「様式」へとアプローチしていくことにしよう。

4　4人の被災者の語り

4-1　語りの現場

本章で検討対象とするのは，G117の当時のメンバー4人（Aさん，Bさん，Cさん，Dさん）の語りである。AさんとBさんの語りは，2001年12月7日，奈良県大和郡山市立郡山中学校における活動で収録，CさんとDさんの語りは，2002年1月17日，大阪府高槻市立桜台小学校における活動で収録したものである。以下，多くの活動（録音・録画データ）から，これら4つの語りをとりあげた理由をいくつか列挙し，あわせて，語りの収録状況の概略説明としたい。

第1に，この4人は，当時，メンバーの中でもっともアクティヴなメンバーであり，4人が提供する語りがG117を代表する語りだった。ここで分析対象とした語り部活動，すなわち，2002年1月までに行われた語り部活動に登場した，のべ76人の語り手の中で，この4人が55人分（約72％）を占めていた。

第2に，これら4つの語りが，ほぼ同じ時期（震災発生から約7年の時期）に収録されたことも重要である。同じ語り手であっても時間経過に伴って，語りの内容は少しずつではあるが変化するからである。もっとも，この点は，語り部たちは，基本的には「同じ」体験について繰り返し想起し語るのだから —— 正確に言えば，同じ語りを繰り返すことが体験の同一性を継続的に構築していると見るべきだが ——，「語り直し」による語り手の長期にわたる自己変容過程（たとえば，Gergen, 1985），ライフストーリーの再構築過程（たとえば，やまだ, 2000a），生活世界の再構造化過程（たとえば，南, 1995）

の観点に立ったとき，非常に重要なテーマである．

　第3に，いずれの語りとも，ほぼ同じ形式で提供された．まず，4つの語りとも，被災地内での活動ではなく，「出前語り部」，つまり，先方の学校施設における1対多形式の語りである．聞き手は，中学2年生の生徒約240人，教員数人（郡山中学校），小学4年生の児童約80人，教員数人（桜台小学校）であった．次に，いずれの場合も，当日は，教員による挨拶・導入，語り手と司会者（筆者）の自己紹介，語り本体，質疑応答，教員の挨拶，以上の順で活動が進行した．さらに，両校において，語り部活動に先立って，児童・生徒が震災の報道記録ビデオ（同じもの）を「事前学習」として視聴している．この点も，4つの語りに共通している．

　最後に，語り部活動の舞台となった郡山中学校，桜台小学校における個別的な背景について，後続の分析に関連する範囲内で簡単に記しておこう．郡山中学校については，活動の約1年前，聞き手と同学年の生徒が校舎から転落して亡くなるという事故があったことに触れておかねばならない．この不幸な事故を一つの契機として，同校では「命の大切さ」を考えるためのさまざまなとり組みが展開され，G117もその一環として招かれた．次に，桜台小学校については，震災直後，Cさんの避難先に，同校のG教諭（当時，現在は退職）が，5年生の担任クラスの児童が書いた寄せ書きを持参したことが背景にある．Cさんは，その後，この寄せ書きを大切に保管し，語り部当日（あの日からちょうど7年目の1月17日），それを持参の上，語りに臨んだ．また，活動当日は，G教諭も語りの場に招かれ同席している．

4-2　4人の語り部

　Aさん（67歳（以下，年齢は，本章でとりあげた活動時点），女性）は，神戸市東灘区で被災．全壊した自宅の下敷きとなったが14時間後に救出された．しかし，重傷を負い入院，幸い命に別状はなかったものの，長期間のリハビリ生活を余儀なくされ，右脚には今も痺れが残る．そして，隣室で寝ていた長男のYさん（当時29歳）は，亡くなった．現在は，同じ場所に再建した自宅に一人暮らしであり，近くに住む長女やお孫さんとの時間を大切にしている．G117には，グループが作成した語り部募集のチラシを見て，2000年4月から参加．その後，仕事の合間をぬって活動に参加，常にグル

ープの中心メンバーの一人として活躍した。

　Bさん（47歳，女性）は，神戸市東灘区で被災。全壊した自宅の下敷きとなったが，数時間後に救出された。ご主人と2人の息子さんは無事だったが，一人娘のZさん（当時10歳）は，全身圧迫によるクラッシュ症候群に陥り，震災から24日後に亡くなった。Zさんへの思いを綴った文章は，その後，震災教育のための冊子にも掲載され，通っていた小学校の近くにはモニュメントも建てられた。現在は，東灘区外に転居している。G117には，Aさんと同じく，語り部募集のチラシを見て，2001年3月から参加。仕事のかたわら，中心メンバーの一人として活躍した。

　Cさん（57歳，男性）は，神戸市中央区で被災。住まいのマンションは全壊した。幸い，大きな怪我はなかったが，近くの避難所で，約半年間，不自由な生活を余儀なくされた。この間，避難所のリーダーとなり，地元行政機関やボランティア団体との窓口を務めた。その後，仮設住宅での生活を経て，現在は，震災復興住宅で一人暮らし。1999年，「震災の風化に危機感を覚え」，仮設住宅時代の仲間とともにG117を発足させた。その後，一貫して，体験を語り継ぐほか，小中学校，地元行政機関，マスコミとのパイプ役にもなってきた。

　Dさん（59歳，女性）も，神戸市東灘区で被災。自宅は全壊した。幸い，自身と家族に大きな人的被害はなかったが，多くの知人が亡くなった。その後，避難先での暮らしを余儀なくされ，その間，PTSDと診断され病院通いを続けた。「大好きな」神戸に戻ってきたのは，震災後1年を経た1995年12月末。現在は，再建した自宅で暮らす。数年後，被災した遺族が各所のモニュメントをめぐり歩く交流イベントに参加し，「自分よりはるかに辛い立場の人たちが前向きに生きるのを見て，吹っ切れた」。G117には，親しくしていたAさんの誘いに応じて，2000年9月から参加。仕事や地域活動のかたわら，グループの中心メンバーの一人として活躍した。

4-3　語りの概要

　表4-1は，4人の語りのアウトラインを集約して示したものである。紙幅の制約もあり，語りのすべてを採録することはできず，ほんの一部を抽出したに過ぎない。重要と思われる発話は，この後，個々の分析・考察において

必要に応じて具体的に紹介することにする。また，表4-1で，4人の語りは，いくつかのセクション（Sと表記）に分割されている。これは，語りの内容，および，発話の間を手がかりに，筆者が整理用に設けたものに過ぎない。セクションの表題も，筆者が付したものである。なお，すべての発話内容，および，発声上の特徴，語り手の表情・動作，聞き手の反応などの付加情報を盛り込んだトランスクリプトは，矢守（2003）に提供されている。

表4-1 4人の語りの内容要約

[Aさん]
(1) [0:00]（導入・挨拶）
　では，まず，私が地震の時，どんな状況であったかをお話ししたいと思います。
(2) [0:50]（神戸に地震はない）
　神戸はもう地震はないものという感覚でいたんですね。ところが，あに図らんやです。
(3) [2:02]（最初の一瞬）
　あん，なんて言うのかな，最初にちょっと揺れたんですね……（略）……気がついたら，そしたら，あの……どう言うんですか。体がぜんぜん動かない。
(4) [2:59]（瓦礫に埋まって）
　右足がね，冷たくなってきて，硬くなってくるのがわかるんですね。で，ああ，これは，おかしいなと思ったけど，どうにも動けない。1センチも動けない。
(5) [5:35]（娘の声）
　ほっと，耳をすましてみると，娘が，「お母さん，お母さん」って，きく，あの小さい声で聞こえるんです。
(6) [6:02]（死ぬことを考えて）
　これは，死ぬにも死ねない。どうしようと思って，ほんとにそればっかり一時期真剣に考えてたんですね。
(7) [7:24]（飼い犬が身代わりに）
　そしたら，あの，なんか，かすかにね，私が飼ってた犬の鳴き声がするんです。……（略）……それでまあ。あの子が知らせてくれたおかげで，あの，私は，今の私があるんですけど。
(8) [9:00]（わからなかった息子の様子）
　その，息子が，その時は，まだ，亡くなったいうこともわからなくって。
(9) [9:58]（レスキュー隊）
　で，あの翌日，……（略）……息子は，あの，レスキュー隊が来てくれて，あの，引っ張り出してもらって。
(10) [11:00]（遺体安置所）
　その時に，1階に100人，2階に100人，亡くなった人が，ずうっと並べてあったんで

す。
⑪ [12:09]（火葬）
そんな状態の中で，あの，やっと，2週間目に，あの，火葬にまわしていただけた。
⑫ [12:52]（最初の病院へ）
病院行ったら，そしたら，あの，傷してても，消毒の薬もありません。
⑬ [14:04]（別の病院へ）
やっと，あの，尼崎っていうところの病院まで，連れていっていただいたんですけど。
⑭ [14:49]（リハビリで回復へ）
一生懸命リハビリをして，そして，今では，こうして，まあ，なんとか，歩けるようにはなってます。まだ，右足は，痺れは残ってます。
⑮ [16:01]（枕元の衣服）
でも，あたしが，今，あの，思うのに，……（略）……枕元には，さっと揺れた時に，パッと着れる一通りのものは，あの，きっちり重ねて。
⑯ [17:37]（机の下にもぐり込も）
這いながらでも行って，頭を突っ込んでたら，もう，後の祭りですけど，助かったじゃないかなあと思うから……（略）……命さえあったら，どうにでもなるんです。
⑰ [19:54]（語り部の動機）
一つしかない命をね，無残にね，その，なくすようなことは，あってはならないと思って，その亡くなった人の，たくさんの人の供養のためにと思って，私は語り部をしようという気持ちになったんです。
⑱ [21:08]（いじめ）
というのは，あの，皆さんが，周囲で，誰かが，その，2,3人が1人の人をいじめる，いじめてるとしましょ。
⑲ [23:09]（再び，最初の病院で）
お母さんなんかね，声も出ないのに，と思ってたんですって。そしたら，1時間ののちに，そのおばあちゃんが，もう息を引き取った。
⑳ [24:32]（意識朦朧のなかで）
自分は寝たままなんですけど，そういう意識になってしまうんです。で，やあ，ちょっと気持ち悪いなあと思いながら。あの……
㉑ [25:48]（息子のことを娘に尋ねる）
私は，娘と，その時に，いろんな話をした，ぜんぜん覚えがないんですけど，うわごとみたいに……（略）……娘から聞かされてますけど……。
㉒ [27:12]（息子の死を知らされる）
「お母さん，Y，ダメだったのよお」って。一言，それは，あの，聞かされたのは，あの，いまだに，その言葉も，雰囲気も頭に残ってますけど。……（略）……気持ちのもって行き場がなくって，もう，布団をパッと頭から被って，しばらく泣いてましたね。
㉓ [29:20]（お父さん，お母さんの愛情）

あの ……，我が子を亡くした悲しみっていうのは，みなさんが，大人になって，特に女の子は，あの，お母さんになって，子ども生んで，子どもを育てる段階になって初めて ……。
(24) [31:27] (ボランティア)
小さなボランティアになるわけですよね。声をかけることが。
(25) [32:47] (息子は卓球部を選んだ)
で，あの ……，私が，あの，ほんとにね，こうして，あの，中学生の方なんかとお話しできるのがうれしいのはね，あの，娘や息子が，中学時代のことを ……。
(26) [34:10] (先輩・後輩・言葉遣い)
「目上の人に対する言葉遣いができてるからね，いい子だね」って言うていただいた ……（略）…… それが，あの，後になって，自分たちのすごくプラスになると，思います。
(27) [36:19] (マンションでの備え)
で，こないだも，ある人が，……（略）…… マンションは，その，あの，大変だったんですよって，言うておられました。
(28) [37:28] (履き物)
それと，あの，履き物。……（略）…… 語り部のおばあちゃんがこんな話しとったいうこと，頭の中に入れといてもらったら，なんかの時に，役にたつと思いますので。
(29) [38:02] (深江駅のサラリーマンの話)
あの，私の家（いえ）の近くにね，あの，うーん，深江駅って……（略）…… これは，エライことやって，あの，家へ飛んで帰ったという話なんかをね，聞いてます。
(30) [39:18] (稲光の話)
だから，あの，あの地震だけは，ほんとに，あの，なんか，ちょうど，稲光が何千も集まったみたいな光が，……（略）…… 最近になってね，よくね，「地震の時はこうだった」，「ああだった」っていうて，出てくるんです。
(31) [40:13] (息子と対面しなかったから)
ほいで，もう，亡くなった方は，いまだに，その，私なんか，息子の顔を見てません。……（略）…… 子どもを亡くして，その子どもの姿や顔を見てる人は，おそらく，何年たっても，心開いて，ああだこうだと，話をあまりできないと思うんです。
(32) [41:02] (命を大切にして欲しい)
だから，もう，ただ，私が申し上げたいのは ……（略）…… だから，自分の命をほんとに大切にして欲しいと思います。
(33) [41:52] (終わりの挨拶)
では，一応，この辺で，私の話は，おわ，終わらせていただきます。ありがとうございました。

[Bさん]

(1) [0:00] (挨拶・導入)

その時点の家族はですね，夫，私，大学生，高校生の男の子が2人と，亡くした小5の娘でした。
⑵ [0:33]（古い家で娘を死なせてしまった）
　でも，その家（うち）で私は，むす……，娘を，殺されたというか，自分で，まあ……，死なしてしまったと，今，すごく後悔しています……。
⑶ [1:38]（地震直前）
　横に寝ている娘を起こしまして，抱きかかえて，「地震だから起きなさい」と，言ったところまでは覚えてるんですけれども，それ以後は，もう，全然，もう，記憶というか，もう，気を失ってわかりません。
⑷ [2:37]（瓦礫の下で）
　娘の手がありまして，「大丈夫？」って言うと，「痛い！　痛い！」って言うんです。……（略）……　私は，「寝たらダメ，ダメ」って，必死に励ましました，娘のことを。
⑸ [4:51]（「あー，助かった！」）
　第一声がそうだったので，「あー，助かった！　ご飯は食べたいし，喉も渇いてるし，はっきり意識がある」と思ったので，すごく，私はホッとしました。
⑹ [6:29]（病院へ）
　いたる所にケガ人，死人，そういう人がたくさん寝てます。
⑺ [8:02]（別の病院へ）
　その中で，娘が，「背中が痛い，背中が痛い」と訴えます。……（略）……　私の妹の主人が，家が古いということを知ってますので，見に来ました。この病院にいたら，絶対，Z（Bさんの長女の名前）は死んでしまう。
⑻ [9:48]（クラッシュ・シンドロームという診断）
　その時についた病名が，クラッシュ・シンドロームという診断と，呼ばれました。……（略）……　口からは酸素吸入，点滴……　いろいろな管をつけられながら，娘は頑張りました……。
⑼ [11:08]（娘を亡くす）
　なかなか，そういう状態になりますと，会えた時も，ありましたけど，だんだんと病原菌が入るということで，会える機会も少なくなります。だから，窓の外から様子を見るだけ。でも，どんだけ頑張っても，やはり……ダメで，した。
⑽ [12:21]（皆に可愛がられた娘）
　娘は，私の親族の中では初めての女の子でしたので，父親に可愛がられ，……（略）……　身体も大きいので，5年生でしたけれども，6せん……，6年の男の子にも負けないぐらい，おてんばでした。
⑾ [13:28]（「お母さん，泣いたらあかん」）
　人として，最後に人間として喋れた言葉で，手術に入る前に，「お母さん，泣いたらあかん。私，大丈夫やから」って，はっきり言いました。
⑿ [15:28]（命を大事に！）
　命は，誰からももらうことができません。命は自分のものです。だから，そして，2

度と私のように子どもに先立たれて，悲しい思いをする親をつくらないでください。そして，血を，肉を，分けて生んでくれたお母さんを嘆かせないようにしてください。
(13) [15:58]（終わりの挨拶）
どうも，今日はありがとうございました。

[Cさん]

(1) [0:00]（挨拶・導入）
ちょっと，ちょっとごめんな。今から準備するから。それまで待ってなぁ。ごめんにゃー。
(2) [0:32]（避難所時代の帽子とセーター）
……ほな，今から，お話しをさせていただきます。……この帽子を被らんことには，今日の話が進まへんの。
(3) [1:51]（避難所時代の千羽鶴）
大切な，あの，千羽鶴。だから，これも大切に残しておきたいな。
(4) [3:16]（ニューヨークからの寄せ書き）
それからな，もう1つ。……（略）…… ニューヨークから，こういう寄せ書きが来てるわけ。
(5) [4:28]（1人ぼっちになったら……）
ほな，自分たち，お父ちゃん，お母ちゃんがなくなったらどう思う？
(6) [5:05]（言葉で勇気づけられる）
被害を受けて，心も，こない，小さく小さくなってる折に，こういうものがほんとうに勇気づけられるいうことなんです。
(7) [5:42]（桜台小学校からの寄せ書き）
今から登場するのんが，これが，7年前，小学……，あの，ここの小学校2年生，G先生のクラスの，あの，子たち，あの，これ，寄せ書きを……。
(8) [6:50]（心の贈り物）
せやけに，われわれとしては，この一，ひ，あの一，寄せ書きというのんは，どんな救援物資，……（略）……もーのすごい，すばらしい贈り物。われわれにしたら，心の贈り物。
(9) [7:56]（「おおきによ，と言うといて」）
で，その時に，……（略）……お兄ちゃん，お姉ちゃんたち，こないに書いてくれたわけよ。……（略）……ジジイが，あの，「おおきによ」と言うといてな。頼むでー。そやけに，お兄ちゃん，お姉ちゃんたちには，これはもう，直接言えないから。よろしゅうお願いしまーす。
(10) [9:38]（地震直前）
7年前の今日，5時46分……（略）……起きて，自分の布団に，さあ，横になろう，横になって，少ししたら，ドーンと，思いっきり揺れたわけ。
(11) [10:55]（その瞬間）

こんな立っておられへん。座ってな、あぐらかいて座ったまま、身体をどないして、両手で支えていんや。そんな状況。

⑿ ［13:04］（外へ出ようとする）
何せ、外へ出よう。……（略）…… その階段が30センチほど、ガターンと外れて、落ちてるわけ。……（略）…… こういう感じで歩いて。

⒀ ［14:42］（揺れ戻しが怖かった）
ほんで、そなしよ、あの、近所の人たちが、「わー、大きな地震や、次に揺れ戻しがあるから、恐いから、安全なとこに行こ」言うて。

⒁ ［15:37］（タバコ吸いたかったけど）
ガスの臭いするから、絶対にみんなここではタバコ吸うな言うて ……（略）…… ずーっと町内会を歩きまわってたら、家が、2階建ての家が、ペッシャンコになってしまった。

⒂ ［16:55］（大工道具）
みんな大工道具、家を壊すような道具いうのが1つもないわけよ。ほとんど、い、もう家では持ってないわけ。自分たちの家でのこぎりやかなづちのある家、あるかな？あるー？

⒃ ［17:35］（救い出す）
手で一つ一つのけながら、それで、あの、「どこや、どこや」言うて、……（略）……一人出られるぐらいの穴があけばな、そっから、元気なお兄ちゃんは、何とか自分で這い出してくれたんや。

⒄ ［18:59］（近所のおばあちゃん）
そいで、その隣の部屋に、おばあちゃんが ……（略）…… 助け出した折には、もう遅かった。おばあちゃんにしてもな、そないして、みんな、夢があったの。

⒅ ［20:05］（命を守る）
でも、ほんとに、あー、われわれは、命を1人で絶対に守れない。……（略）…… みんなで楽しく、元気に、あの、頑張っていってほしい。

⒆ ［20:55］（ボランティアのお兄ちゃん、お姉ちゃん）
で、あのー、あ、も、もうちょっと簡単に言わして ……（略）…… ボランティアのお兄ちゃん、お姉ちゃんたちいうたら、もーのすごいすばらしい人。

⒇ ［22:35］（避難所の学校に迷惑かけた）
何とかおらして、頑張らしてという感じでおらしてもうて。あのー、その、地震の年の、8月20日に避難所が、神戸、あの、被災地の避難所はみんな解消されていった。

㉑ ［24:08］（終わりの挨拶）
簡単になってしまったけどな。でも、このー、こ、簡単に、してしまった、あとは、Dのおばちゃんから、じっくりお話し聞いてな。いやー、おおきに。

「Dさん」

⑴ ［0:00］（導入・予想もしなかった地震）

7年前の今日，1月17日，あんな大きな地震があるなんて，神戸に住んでる私たち誰1人考えてもいませんでした。
(2) [0:57]（神戸が大好き）
　私も，神戸が大好きで……（略）……ずーと神戸に住んでるんですけれども。高槻に2年間住んだことがあります。
(3) [1:33]（その瞬間）
　で，7年前の，あの朝，さっきの話にもありましたけれども，ドーンというすっごい音とともに，……（略）……とにかくもう死んでしまうんだ。そう思いました。
(4) [2:28]（2階が1階に）
　二三歩で地面に着いたんです。何と，2階が1階になってたんですね。でも，空，外は，まだ，まだ外は真っ暗でした。
(5) [3:49]（火災……変わり果てた街と）
　で，まわりを見まわすと，西の方にも，北の方にも，東の方にも，もう，すっごい勢いで家が燃えてるんです。
(6) [5:07]（電柱にやられた自宅）
　ふっと，自分の家を見たんです。そうすると，家の前の電柱が，このへんのくらい……から折れ曲がって，折れて，屋根の上に乗っかってるんです。
(7) [5:44]（家の中へ）
　斜めになった家の中にいると，気持ちが悪くなるんです。初めて知りました。乗り物に酔ったような，あんな感じで，気持ちが悪ーくなって，外に出て，また外に出て行きました。
(8) [6:45]（ヘリコプター）
　そして声の方に，こう行って，助け出すんですけれども，そのうち，空にヘリコプター……（略）……建物の下になっている人の声が全く聞こえなくなってしまうんです。
(9) [7:51]（亡くなった赤ちゃん）
　うちの裏に住んでた赤ちゃんは，5ヶ月だった……（略）……お父さんがお布団にくるんで，……（略）……クルクルクルクル，何度も何度も歩いていたのが，今でも目に浮かびます。
(10) [8:29]（近くのマンション）
　また，近くのマンションは，マンションなんてすごい頑丈ですから，大丈夫だと思いますよね。だけれども，……（略）……全員亡くなっていました。毎日のように新聞に，たくさんの人の名前が，亡くなった人の名前が出てくるんです。
(11) [9:23]（実家へ）
　で，私は，家が全部つぶれてしまって，その日の夜に，神戸の，須磨の，少し向こうですけれども，垂水という所に……（略）……着くと，テレビもついてるんです。電気が明々とついてる。……（略）……嘘のような，どうして，って，はじめて，ワンワンワンワン泣けて，悲しかったのかどうかよくわからないんですけども。もう，涙が止まらなくなった，そんな状態でした。

⑿ [10:38]（知り合いの男の子）
エーッ，あの人もこの人も，っていうぐらいに，名前が載っていくんです。その中で，ある男の子の名前を見つけたんです。

⒀ [11:56]（野球選手になる夢）
その男の子は，中学1年生だったんです。でも，男の子は小学校の時から少年野球を，その少年野球のチームに入って，頑張っていました。……（略）……　たくさんの人たちが死にたくないのに，死ななければならなかったということを，皆さんにも知っていただきたい。

⒁ [13:30]（レインボーハウス）
そして，私の家の近くにレインボーハウス，……（略）……　お父さんやお母さんを亡くした子どもたち，その子どもたちを，なんとか1日でも早く元気に……。

⒂ [14:30]（元気を取り戻してきた神戸）
いろんな方たちがボランティアでかけつけてくれました。そして，神戸のみんなに元気を出してって励ましてくれました。

⒃ [15:34]（心が病気になる）
でも，地震の時って，みんな心が，すごく病気になっていました。……（略）……　自分が自分が，っていう気持ちが起こってくるんです。大人たちが結構モメゴトをしていました。

⒄ [16:25]（子どもたちが頑張った）
ある時，子どもたちは自分たちから率先して，食べ物をみんなに……（略）……　このように神戸のみんなが頑張って……。ねぇ，すごい心を取り戻しました。

⒅ [17:30]（何かできることがある）
私たちができること，必ずあります。……（略）……　私は語り部をしてるんです。そして，今，生きてる私たちは，命をとっても大事にしていっていただきたい。あの地震の日に，死にたくないのに，死ななくてはならなかった人たちがたくさんいて，夢も希望も全部なくなってしまった……。

⒆ [18:44]（神戸に戻ってきた）
私は神戸が好きで，また神戸に戻ってきました。……（略）……　ほんとに帰りたいのに帰れない，その人たちが日本中のいろんなところに，まだ，頑張って，います。

⒇ [19:37]（優しい人に・終わりの挨拶）
どうぞ，みなさんも自分たちのできることで，何か人のために役立つことがある，っていうことを，いつも心に留めて，そういうふうな優しい心を持った，大人になっていただきたい。……（略）……　ありがとうございました。

5 語りの分析

5-1 アウトライン —— 〈バイ・プレーヤー〉の概念

　本節では，4人の語りの特徴について順に分析する。分析にあたっては，語りが有する特徴を，語りが展開された具体的な場（先述の通り，筆者自身も同席）を踏まえ，録画された個々の語りを反復視聴しそこに内在することの中から，それぞれの語りの「様式」をよく表現する特徴を抽出するよう心がけた（大橋ら，2002）。すなわち，以下の分析では，複数の語りを横断的に位置づける分類次元があらかじめ設定されているわけではない。そのようなものが想定されるとすれば，それは，分析の結果として，その存在が示唆されるべきものである —— 実際，本分析では，結果として，そのような可能性の一端を示すことになる。とは言え，こうした漸進式の分析プロセスを逐一後づけていく，この後の 5-2 項から 5-5 項の記述は見通しが悪いことを恐れる。そこで，具体的な分析に先立って，その概要を先どりして略述しておきたい。

　語りの「様式」を規定する要因として，語りの〈バイ・プレーヤー〉なる概念が提起される。〈バイ・プレーヤー〉とは，語りの「内容」に登場する（重要）人物という意味ではなく，語りの「様式」そのものを規定している存在（特定の人物とは限らない）のことである。この点に関して，語りの内部に登場する特定の個人が〈バイ・プレーヤー〉の位置を占めるAさんとBさんが一つのグループをなし，語りの内側に特定の〈バイ・プレーヤー〉が登場しないCさんとDさんがもう一つのグループをなす。なお，〈バイ・プレーヤー〉は，次章にも引き継がれる重要な概念である。

　さらに，他者との視点の〈互換〉なる概念が提起される。〈互換〉について詳しくは，後述する（5-2 項の(2)）。また，その身体論的基盤について詳しくは，大澤（1990; 特に，pp.1-50），楽学舎（2000; 特に，pp.76-80）を参照されたい。重要な点は，Aさん，Bさんが，—— それぞれ様式は異なるが —— 本人の視点と〈バイ・プレーヤー〉（特定の他者）の視点とを並立させ，かつ，両者を独特の様式で〈互換〉させることによって語りを成立させてい

る点である．もっとも，その後，この視点の〈互換〉は，本人と〈バイ・プレーヤー〉間のみならず，聞き手も巻き込んで拡大される．これとは対照的に，Cさん，Dさんの語りでは，〈バイ・プレーヤー〉の位置を特定の個人が占めることはなく，このために，視点の〈互換〉も，Aさん，Bさんとは異なった形式で生じることになる．

　さて，Aさんの〈バイ・プレーヤー〉は，具体的には，その長女であり，Aさんの語りには，語り手本人と〈バイ・プレーヤー〉の視点の〈互換〉が明示的にあらわれる．Bさんの〈バイ・プレーヤー〉は，亡くなった長女である．ただし，Bさんの場合，語りにおける明示的な視点は，徹底して語り手本人にあり，当の長女は，受動的に語られる位置にある．ところが，語りの終結部で，両者の立場は劇的に反転し，実は，Bさんの語り全体が，ある意味でこの長女自身の発話であったと見なせること，すなわち，それが亡くなった者が語る物語だと見なせることが判明する．言いかえれば，Bさんの場合，視点の〈互換〉は一見あらわれないが，実は，Aさん以上に徹底した形式でそれが生じている —— バフチン流に言えば，「他者（長女；引用者）の言葉の引用者（Bさん；引用者）の文脈が逆に他者の言葉によって解体される」（茂呂，1991, p.196）のである．このとき，Bさんは，言わば，亡くなった長女そのものである．

　さらに，Aさん，Bさんに見られる視点の〈互換〉は，単に語りの内部に閉塞するのではなく，「仮定法の語り」（ブルーナー，1999/1990；やまだ，2000b）によって，語りの外部にも展開され，聞き手をも巻き込む視点の〈互換〉が生じる．Aさんとその長女の間の視点の〈互換〉，あるいは，Bさんと長女との間の視点の〈互換〉は，聞き手である児童・生徒と他者（たとえば，その両親）との間の視点の〈互換〉を誘発するのである．2人の語りが有する，日常用語に言う迫力，あるいは，他者を動かす力は，分析的には，この聞き手へと展開された〈互換〉関係に起因することが示される．

　他方，先述の通り，Cさん，Dさんの場合，語りの内部に特定の〈バイ・プレーヤー〉は登場せず，それぞれ，聞き手（Cさん），「神戸の街」という集合体全体（Dさん）が，〈バイ・プレーヤー〉の位置を占める．もっとも，Cさんの語りには，「G先生」，「お兄ちゃん，お姉ちゃん」という重要人物が登場する．さらに，Cさんの語りは，聞き手である児童，および，語りの場に臨席したG先生を前に，自らを「爺（ジジイ）」と位置づけることによ

って，眼前の聞き手とインタラクティヴに語りを進める点で，他の3人とは異なる特徴を有している。このことは，Cさんの語りが，G先生を基点に，先生とともにCさんに寄せ書きを送った当時の桜台小学校の児童ら（「お兄ちゃん，お姉ちゃん」）と，眼前の聞き手としての児童らとが重ね合わされて構成されていることを示唆している。言いかえれば，Cさんの語りは，当時の児童と聞き手としての児童との間で視点の〈互換〉を生起させる構成となっている。この意味では，Cさんの語りの〈バイ・プレーヤー〉は，それを，体験語りを駆動させるエージェントとして見る限り，G先生，もしくは，「お兄ちゃん，お姉ちゃん」であると考えることも可能である。しかし，語りという営為を全体として基礎づけている〈バイ・プレーヤー〉は，先述の通り，むしろ，聞き手であると言うことができる。

最後に，Dさんの語りは，「神戸の街」に対する独特のこだわりによって特徴づけられる。Dさんは，大好きな「神戸の街」と，そこに住む，あるいは住んでいた人びと（「その男の子」，「その赤ちゃん」など）について，「神戸」という用語を何度も使用しながら語る。さらに，Dさんは，自分が住む大切な街に関する物語を，聞き手である児童にも共有してもらおうと図る。このとき，語りの冒頭で，Dさん自身がかつて高槻（聞き手が暮らす土地）に住んでいたことが明言され，そのことが，Dさんが神戸の街を見る視点と，児童らが高槻の街を見る視点との〈互換〉を喚起する伏線となっている。これらの点を踏まえて，Dさんの語りの〈バイ・プレーヤー〉は，（特定の）人物であるというよりも，むしろ，「神戸の街」という集合体全体であることが示される。

5-2　Aさんの語り

(1)「娘から聞かされてますけど……」

Aさんの語りを聞いて直ちに気づくことは，Aさんがその長女を指示する言葉（「娘」）が，非常に多数回登場することである。「娘」は，合計28回登場する。この回数は，Bさんの語りに登場する「娘」（27回）を上まわって，語り手以外の特定の人物を指示する言葉としては，4つの語りの中でもっとも多い（なお，同じAさんが亡くなった長男に言及する用語（「息子」，「長男」，「Y」（Aさんの長男の名前））の登場回数は，20回である）。

しかも，注目すべきは，「娘」の登場回数と語りの様式との関係である。表4-1から明らかなように，Aさんの語りは，途中で大きく，そのスタイルを変える。すなわち，前半部分（1～26セクション（以下，Sと略記））では，ほぼ一貫して，自らの直接体験，もしくは，「娘」の直接体験を語るスタイルが継続する。しかし，27S以降，それ以前の様式が一変し，他者から伝え聞いたエピソードが断片的に紹介されるスタイルに変わる ── 「言いたいことがいっぱいあり過ぎて，まとまらなくなってしまう」は，語りを終えた直後のAさんの口癖でもある。そして，計28回の「娘」は，すべて，この前半部分（約34分まで）に登場する。別言すれば，前半部分では，Aさんは，約70秒に1回，「娘」という言葉を口にしているのに対し，後半部分では約8分間，一度も「娘」を使用していないことになる。

　以上のことは，Aさんにおける基本的な語りの様式は，語りの前半部分（1～26S）にあらわれており，それは，相当程度，「娘」によって特徴づけられることを意味している。こうした語りの様式の変異が直接体験を語るときと伝聞情報を語るときとの間で生じうることは，大橋ら（2002）が供述分析を通して見いだした知見と合致しており，その点でも興味深い。しかも，この様式上の特徴は，本章で分析対象としている2001年時点での語りから約8年を経た現時点（2009年）でもまったく変わらず（筆者は，今も，AさんとK1995において活動を共にしている），Aさんの語りの様式の一貫した特徴と言える。

　もっとも，より重要なことは，「娘」が登場する際の形式である。「娘」は，単なる登場人物としてあらわれるのではない。Aさんの語りの様式を本質的に規定する存在（〈バイ・プレーヤー〉）としてあらわれる。それは，次のような意味においてである。第1に，「娘」という〈バイ・プレーヤー〉は，Aさんの直接体験・行為を，特殊な事情 ── 瓦礫の下で意識を失っていた，病院で意識朦朧としていた ── から語りえないAさんに代わって語る者としてあらわれる。たとえば，21Sは，ほぼ全編が，この形態の発話になっている。

　　私は，娘と，その時に，いろんな話をした，ぜんぜん覚えがないんですけど，うわごとみたいに，奇妙なことを言うてたらしいんです。それは，後で聞かされたんですけど。あの，やっぱり，頭のどこかで，息子のことが気になっ

てたかして，あの，娘に，あの，お母さん，ああ，あの，娘に，「Y，どうしてるの？」って言うたら，娘が，「うん，寝てるよ」って言うたらしいんです。そしたら，私がまたね，あの，「何言ってるの，のんきなこと言うとらんと，早く行って起こしてきてよっ」と私がね，その，すごく，今まで何にも言わなかったのに，急にね，怖い顔してね，「早く起こしてきてよ」って言うたもんで，娘がね，「お母さん，ごめんねって，もう車ねえ，お父ちゃん帰ってしまってないから，この暗い中，あの，真っ暗闇の中ね，歩いて家まで帰れないのよ。明日まで待ってね」って言うて，もうその時，死んでんのはわかってましたけど。その話を，私に出来なかったもんですから，もう，それで，なんか，あの，その後の，やっぱり普段心に思ってることを，いろんなことを，5つ6つ，矢継ぎ早に言ったっていうのは，娘から聞かされてますけど……。(21S)

　第2に，「娘」という〈バイ・プレーヤー〉は，Aさんにとって他者である長女（「娘」）の体験・行為を聞き手に伝達する役割を果たす。この種の発話には，それが，Aさん自身の体験・行為ではないことが明示される場合（たとえば，「娘が言ってましたけど」（下記10S）のような発話）と，そのことが明示されず，あたかも，Aさん自身が長女であるかのように発話される場合（たとえば，下記13S）の2通りがある。

　無念な気持ちで，あの，赤ちゃんから年寄りまでいますからね。だから，特に若い人なんか，残念だった。その想いが，充満してるわけなんですよね。で，あの，「到底おれなかったのよ」っと，「おってやりたかったっ」って，それは，何回も，娘が言ってましたけど。(10S)

　……病院側が，ここは透析の部屋ですから，空けてください，15分以内に空けてくださいって，言われたのには，娘がびっくりしてしまって，この状況で，電話かけるのにも，1時間，それに，15分で，どうして動けるんですかって，せめて半日間待って下さいって頼んで，そして，方々，あの，電話をして，やっと，あの，尼崎っていうところの病院まで，連れていっていただいたんですけど。(13S)

(2) Aさんと「娘」との〈互換〉

　問題は，上記のような語りの「様式」——Aさん自身の視点と〈バイ・プレーヤー〉たる「娘」の視点が輻輳する様式——がとられる根拠・理由，そして，それがもたらす効果・影響である。ここでは，まず，前者について考察したい。語りの中で，Aさんと長女との間で生じる視点の〈互換〉は，直接的には，Aさんと長女とが，震災後交わした無数の会話に由来すると言える。Aさんは，瓦礫に埋まって気を失い意識朦朧としていた間に，自らや長女，そして，亡くなった長男に生じたことを，長女から何度も聞かされていた。そして，自分の母親が瓦礫の下に埋まっている様子を目の当たりにした長女の立場（視点）に，何度もわが身を置いたことだろう。あるいは，長男の死を薄々察しているらしい母親に，そのことを切り出すときの娘の思いに何度も思いを馳せたであろう——この推定が事実であることを，筆者は，Aさんとの10年にわたるお付き合いを通して確認している。Aさんの場合，こうした体験が，語りの様式の基調を形づくっていると考えられる。言いかえれば，Aさんの語りは，Aさんによる Aさんについての「自己物語」なのではなく，Aさんと「娘」との「対話」（バフチン，1988/1986）なのである。

　ここで注意すべきことは，こうした濃密な〈互換〉の作業自体が必要とされた理由である。それは，さしあたって，Aさんが瓦礫に埋まり気を失っていたために，Aさん自身に対して，その間の出来事が欠落したからだと答えることができる。しかし，この回答は，以下に述べる一般論における特殊事例として理解しておく必要がある。すなわち，一般に，すべての体験は，ある身体に対して生じる。特定の時間に，特定の空間を占めることのできる身体は唯一無二であるから，すべての体験は，その身体に固有のものである。たとえば，喫茶店のテーブルを挟んで談笑する2人の人間の体験は，厳密には異なるもの（たとえば，うち一人から見えている外の風景は，もう一人からは見えない）である。つまり，この2人——もちろん，いずれか一方が気を失っているわけではないが——の体験は，厳密には，それぞれに固有（交換不可能）のものである。しかし，通常は，会話をはじめとする現実的な相互作用における視点の〈互換〉によって，たとえば，あのとき喫茶店で喋った，といった形で，2人にとっての〈共通の経験〉（楽学舎，2000：特に，pp.80-83）が存在したと理解（実際は，誤解）され，体験（経験）の唯一無二

性は隠蔽される。

　ところが，地震をはじめとする自然災害は，通常は隠蔽されている体験の唯一無二性を人びとに否応なく突きつける性質をもっている。それは，戦場体験を分析した冨山（2006）が指摘するように，災害や戦争の現場においては，特定の時間，場所に特定の身体があったこと —— 浜田（2002）の言う「身体の臨場性」，矢守（2009）の言う〈場所〉—— の意味が極大化するからである。Aさんが瓦礫の下に埋まっていたとき，Aさんと「娘」は，ほんの10数センチの空間的相違 —— テーブルを挟んでいたあの2人と何ら変わらない —— をどんなにか遠く感じたことであろう。また，隣室で寝ていた息子の死を知ったAさんにとって，ほんの数メートルの空間的相違が，長男との現実的な〈共通の経験〉を永遠に封殺する距離として感受されたであろう。あるいは，Aさんは，「あと，数分早く起きていれば……」という言葉を，いったい何度筆者に語ってくれたことだろう。Aさんと「娘」が，〈共通の経験〉をとり戻すのに，何年間にもわたる会話，つまり，視点の〈互換〉を必要としたのは，そして，今もAさんの語りが〈バイ・プレーヤー〉たる「娘」との〈互換〉を基調としているのは，このためだと考察される。

（3）仮定法の語り —— 聞き手へと拡大する〈互換〉

　Aさんの語りは，非常に大きなインパクトを聞き手に与えるものである。すなわち，その語りは，語りの内部に登場する「娘」という非常に強力な〈バイ・プレーヤー〉に支えられているが，けっして，語りの内部に閉塞することなく外部へも開かれているように見える。何が，それを担保しているのだろうか。その鍵を握るのが，「お父さん（お父ちゃんを含む）」（9回登場），「お母さん（母親を含む）」（21回登場），「お父さん，お母さん（両親，または，親を含む）」（8回登場）というキーワードであると思われる。これらの用語は，「娘」から見たAさんを指示する場合と，聞き手である生徒から見た親を指示する場合に大別される。前者の例は，先に全編引用した21Sに多数見られる。また，後者の例としては，以下のような発話がある。

　　あの［涙声に］……，我が子を亡くした悲しみっていうのは，みなさんが，
　　大人になって，特に女の子は，あの，お母さんになって，子ども生んで，子

どもを育てる段階になって初めて，その，自分が親にこういう形で，こういう愛情をかけて育てていただいたっていう気持ちがね，[ほぼ通常の声に戻って]絶対わかる時が来るんです。母親っていうのは……(23S)

だから，もう，ただ，私が申し上げたいのは，あの……，まあ，せっかく，お父さんやお母さん，みなで，あの，育んでいただいた大事な命ですから，あの，できるだけ，あの，お父さんやお母さんに迷惑かけないように……(32S)

ここで試みられていることは，「娘」とAさんとの間の〈互換〉，あるいは，「息子」とAさんとの間の〈互換〉を，聞き手である生徒自身とその両親との間の〈互換〉，あるいは，親になった生徒自身と，その将来の子どもたちとの間の〈互換〉へと重ね合わせることであろう。〈互換〉を聞き手の生活世界へと展開させることを（無意識に）意図した発話は，他にもある。

そしたら，やっぱり，あの，皆さんも，わかってると思います。今ちょうど中間ですね，先輩がいて，後輩がいて。だから，あの，先輩と後輩との間に挟まれてます。私もね，息子からいろいろ聞いててわかるんですけど，……（略）……「後輩いじめたるぞ」っていう気持ちじゃなくって，自分が置かれた立場をもう一遍反省してみて，後輩をかわいがってやる。そしたら，「あ，あの先輩は」というて尊敬される先輩になる。（笑い声で）うふっ。と思いません？　ふふ。これはね，私が勝手にね，思ってるんですけど。(26S)

よく，あの，子どもが，あの，キレたからやったんやとか，その，おじいさん，おばあさんを殺したり，親を殺したり，そして，お友達をいじめて，あの，どう言うんですか，あの，死に追いやったりとか，いろんな，あの，事件が，一時期ものすご，ありました。その時に，私は，自分で，ああ，あないして，あの無念な思いで，あの，たくさんの人が亡くなってる。だから，あの，せっかく，あの，持ってる大事な命，一つしかない命をね，無残にね，その，なくすようなことは，あってはならないと思って，その亡くなった人の，たくさんの人の供養のためにと思って，私は語り部をしようという気持

ちになったんです。(17S)

　前者は，一方向的な語りを続けてきた A さんが，語りの中でただ一度，語調を変化させ，聞き手に対してあからさまに反応を求めている（ことが聞き手にはっきりとわかる）箇所でもある。ここでも，A さんは，亡くなった「息子」と聞き手である生徒とを重ね合わせ，「息子」に対する A さん（親）の思いを，生徒に対する親の思いへと展開させることを（無意識に）意図していると言える。また，後者でも，いじめによる死と震災による死とが対応づけられている。先に触れたように，聞き手の生徒らが，語りの約 1 年前，校内の事故で友人を亡くしていることも，この種の〈互換〉を促進したに違いない。

　別の見方をすれば，A さんの語りは，聞き手である生徒に対して，「もし，あなた方が親になったら」，「いじめで他人を傷つけたら」と，仮定法による語りかけ（ブルーナー，1999/1990）をなしていることになる。この仮定法の語りは，むろん，一方では，聞き手である生徒らに語りの内容を効果的に伝達するための手段として用いられているわけである。が，他方では，やまだ（2000b）が指摘するように，語り手本人に対しても，時間軸の過去から未来への転換を通して，すなわち，「（自分が）あのとき，こうしていれば……」から，「（自分，あるいは，他者たちが）今後，こうすれば……」という転換を通して，過去の辛い体験をポジティヴな方向に転化させるための手段として機能していると言えるだろう。こうして，A さんの語りを支える〈バイ・プレーヤー〉との〈互換〉は，単に語りの内部に閉塞することなく聞き手へと拡大され，それが，A さんの語りに，聞き手に対する訴求力を生んでいたのである。

5-3　B さんの語り

(1) 淡々と語られる「私」が見た世界

　B さんの語りも，特定の〈バイ・プレーヤー〉，すなわち，地震で亡くなった長女（「娘」）を伴った語りである。先述の通り，「娘」は，計 27 回登場する。ただし，B さんにとっての「娘」と，上で見た A さんにとっての「娘」とは，その様相を異にしている。B さんの語りは，一貫して，B さん

自身の視点に立ってBさんから見た世界を描き出す。Bさんが，自身を指示する目的で用いた「私（わたくし，わたし）」は，約15分の語りの中に31回も登場する。「娘」は，その中に，「私」から見た世界の中に姿をあらわす。むろん，「娘」が動作主体の位置を占める場合もあるが，その際は，そのことが明示される。たとえば，

> 時間はわからないけど，娘は痛がる，私も痛い，苦しい。でも，だーれも何にもしてくれないので……，お互いに私が気を失う時には娘が「お母さん」と呼び，娘が返事をしない時には，真っ暗な中で「Z，Z」って呼びかけました。（ZはBさんの長女の名前，4S）

などである。

Bさんの語りが有するもう一つの特徴は，その非常に整然とした時間配列である。この特徴は，Aさんと比較すると明らかである。Bさんの場合，挨拶・導入（1S）の後，震災直前（2S），地震直前（3S），揺れの直後（4S），救出直後（5S），最初の病院（6S），2つ目の病院（7S），診察結果（8S），「娘」の死（9S）まで，事実経過のみが，すべて時間順序に従って話される。他方，Aさんの場合，救出直後（7S）までは発生時間順であるが，「息子」の死（8S）〜火葬（11S）で，一度，話が先に飛び，再び，最初の病院（12S）へと戻る。さらに，15〜18Sで事実経過とは異なる内容（無時間的な一般論）が挟まり，再度，最初の病院（19S）に回帰する。

ただし，ここで指摘したいことは，いずれの語りが聞きやすいかといったことではない。Bさん自身や「娘」の心的状相の描写を極力抑制し，事実経過のみを，しかも，非常に整然とした順序で語っていくBさんの語りは，ある意味で，非常に落ち着いた淡々としたものに聞こえるということである。もう少し理論的に表現するならば，Bさんにとって，語る自己（「私」）は非常に安定的に成立しており，その安定した視点に立脚して語りが展開されるように聞こえるということである。この点は，「娘」との頻繁な〈互換〉によって特徴づけられていたAさんと好対照である。

(2) 私が見た「娘」＝「娘」が見た私

では，いかなる意味で，Bさんの語りにおいて，「娘」が単なる重要人物

を越えた〈バイ・プレーヤー〉だと言えるのか。ポイントとなるのは，上で見た9Sまでの語りの様式が，「娘」に関する背景情報を述べる10Sを挟んで，11Sに至って大きく転換する点である。11Sの全文を下に記す。

　　でも，その甘えん坊であって，私にとっては，私がいなければ何もできないと思っていた娘に，命の最後の戦いで，人間はどんなに頑張れるものか，命を生きることがどんなに大切なことか，ということを，私に，目の前で教えていきました。そして，人として，最後に人間として喋れた言葉で，手術に入る前に，「お母さん，泣いたらあかん。私，大丈夫やから」［非常に大きな声で］って，はっきり［非常に大きな声で］言いました。その言葉は，私が2人で病院で会えなくても，た，命の戦いをしている間，窓越しで会えずに，娘の管だらけの，管だらけの姿を見ている間も，私の心の支えでした。その言葉を頼りに，今まで，私は，ずっと自分を支えてきました。毎日，泣きたい，辛い時には，あれだけ苦しい思いをさした娘のために，自分が泣くのは卑怯だと思いました。同じ瓦礫に埋まり，同じ症状を持ち，それでも私は生き残りました。そして，娘は，人間が生きるために努力することの大切さ，私が手助けをしなければ，人に頼らなければ生きていないと思っていたむす……，おさ……，幼い娘の……，命の大切さということを皆様にお伝えしたくて，いつもこういう風にお話しさせていただいてます……。(11S)

　トランスクリプトに示したように，Bさんが現実に聞くことのできた「娘」の最後の言葉，「お母さん，泣いたらあかん。私，大丈夫やから」は，語りの現場でも，際だって大きな声で発声された。筆者の考えでは，この「娘」の発話（の引用）は，語りの構造そのものに一大転換をもたらしている。一言で言えば，この一言は，Bさんの語りの主体が，──この時点まで終始揺らぐことがなかったにもかかわらず──実は，Bさん自身ではなく，むしろ，この時点まで，語りの対象となるだけの受動的な存在でしかなった「娘」の側にあったことを示唆している。明確に強勢された上記の一言は，Bさんを見る「娘」の眼差し，しかも，この世で最後の眼差しに，Bさん自身が完全に同化し，この時点までの発話が，その表層的なあらわれとは異なって，実は，「娘」の視点から見たBさん自身を描き出していたことを示している。

亡くなった長男や全壊した自宅をめぐって，Aさんが「娘」と何度も視点の〈互換〉を体験したように，あるいは，それ以上に，Bさんは，入院中の「娘」，亡くなってしまった「娘」へと思いを馳せたであろう。数限りない回数，視点を〈互換〉させ，Bさんは「娘」になったに違いない。

　　同じ瓦礫に埋まり，同じ症状を持ち，それでも私は生き残りました。(11S, 11Sの全文は上記を参照)

　Aさんの場合と同様，Bさんとの足かけ10年近くにわたるお付き合いを通じて（Bさんも，この後現在筆者が所属するK1995に参加し現在に至っている），筆者はこのことが事実であること確かめている。たとえば，近年（2009年），K1995の例会（後述するように，G117と同様，K1995でも2ヶ月に1回程度定期会合をもっている）で，Bさんは筆者に次のように語ってくれた。「語り部をするとき，娘の悲しみでなく，わたしの悲しみに浸っていただけかもしれない」，「娘を亡くした口惜しさじゃなく，娘のいのちを伝えたい」。こうした言葉は，Bさんが，文字通り「娘」になることを志向していることを示しているだろう。

　この種の濃密な〈互換〉の作業を，相互に比較することに意味があるとは思われないが，あえて，AさんとBさんとの相違点を指摘すれば，Aさんの〈互換〉は生きた「娘」とのそれであったのに対して，Bさんのそれは，今や，この世にはいない「娘」との〈互換〉だという点である。Aさんの場合，先述のように，震災によって一時断絶したものの，その後共に生きてきた「娘」との現実的な対話（視点の〈互換〉）によって，〈共通の経験〉を現実的に再構築してきたと言えるだろう。他方で，「娘」を亡くしたBさんにとって，その作業は，現実的には非常に困難である。しかし，この現実的困難は，Bさんの〈互換〉に独特の効果を生み出した可能性がある。つまり，「娘」と現実的な対話をなしえないがゆえに，逆説的に，Bさんは，生きる者同士がなしうる〈互換〉よりも強力な〈互換〉を亡くなった「娘」との間で実現しうるのである。

　このことの意味は，この世に生きる2つの身体（人間）は，究極的には，同じ体験をなしえない一方で ── 同じ時間に同じ空間を2つの身体が占めることはできないのだから ── ，亡くなった者はそうした制約を免れてい

ることを想起すれば了解されるであろう。Ａさんは,「娘」とともに生きている以上,「娘」そのものにはなれない。よって,２人が構成する〈共通の経験〉は仮初めのものであり,２人は,究極的には異なる世界を生きていることになる。他方,Ｂさんは,上記の意味で,「娘」と完全に〈共通の経験〉を構成しうるのである。要するに,Ｂさんの語りは,実は,むしろ,〈バイ・プレーヤー〉たる「娘」による語りなのである。正確に言えば,Ｂさんの語りは,娘との数限りない〈互換〉によって「娘」と融合したＢさん ――「Ｂさん＝娘」という主体 ―― が,「Ｂさん＝娘」という主体にとっての〈共通の経験〉を,Ｂさんという身体から発することによって成立している。

(3) 仮定法の語り――過去から未来へ

　Ｂさんの語りも,非常に大きな衝撃を聞き手に与えるものである。その主因は,これまでの分析で尽きていると思われる。ただし,それに加えて,Ａさんと同様,Ｂさんと「娘」との間の〈互換〉も,仮定法の語りを通して,聞き手である生徒自身と他者(「娘」,生徒の両親,生徒の友人など)との間の〈互換〉へと展開されており,このことも,Ｂさんの語りが聞き手に強い影響を及ぼす要因となっていると思われる。

　議論の骨格は,Ａさんについて論じた5-2項(3)で提示したので,ここでは,二,三の具体例のみを提示するにとどめよう。たとえば,9Sのくだり,

> みんな子どもはマンションがいいって申してましたけれども,私はそこが自慢でした。でも,その家(うち)で私は,むす……,娘を,殺されたというか,自分で,まあ……,死なしてしまったと,今,すごく後悔しています……(9S)

は,「マンションに引っ越していれば死なせずにすんだかもしれない」,「あの時娘が死ななければ,今ごろは目の前の子どもたちのように……」という悔恨を仮定法過去の形式で提起するものである。この思いは,「一生消えない」(Ｂさん自身の言葉)ものであろう。しかし,他方で,この種の仮定法は,別の仮定法の語りと共存する兆しも見せている。つまり,以下のような

発話である。

> 心が健康，だったら，身体も健康です。身体が健康だったら，心も健康になります。だから，皆さんも，心も身体も鍛えて，元気に生きてください。そして，何よりも，どんなことよりも，命を大切にしてください。(12S)

> 命は自分のものです。だから，そして，二度と私のように子どもに先立たれて，悲しい思いをする親をつくらないでください。(12S)

これらの表現は，「今（から）……すれば，……だろう」という仮定法未来の形式をとって，自らの過去を他者（聞き手）の未来へと転回させ，もって，自身の生活世界にも未来への志向性を導入するものと言える。

5-4　Ｃさんの語り

(1)「ジジイ」──インタラクティヴな語り

一見してわかるＣさんの語りの特徴は，「ジジイ」を１人称代名詞として使用している点である（計13回登場）。他の活動場面で，「ジジイ」が，「オッチャン」，「オッサン」等に変化することはあっても，Ｃさんの語りに，「私（わたし）」，「俺」，「僕」といった種類の１人称代名詞が用いられることは，ほとんどない。実際，ここで対象としている語りでも，「儂（わし）」が１回登場するのみである。この点は，「私（わたし，または，わたくし）」が，それぞれ40回以上用いられたＡさん，Ｂさん，あるいは，Ｄさん（24回）と好対照をなしている。なお，１人称代名詞の欠落を補うように，Ｃさんの場合，「われわれ」が計８回用いられているが，この点については後述する。

重要なことは，「ジジイ」という自称が，Ｃさんの語りの様式を，──少なくとも，Ａさん，Ｂさんと比較して──聞き手との間でインタラクティヴ（対話的）にしている点だと思われる。実は，「ジジイ」は，分析対象とした語りの直前，２人の語り部（Ｃさん，Ｄさん）が自己紹介する際に，「神戸から来たジジイです」という形でＣさんの第一声として発せられ，多くの児童から，笑い声というリアクションを得ている。Ｃさんの語りは，こうした導入部とともに開始されることが多く，「ジジイ」，「オッチャン」とい

った聞き手側から見た世俗的な呼称が，語りの様式そのものをインタラクティヴ（対話的）なものとして提示する機能を有している。実際，Cさんの場合，聞き手に対する問いかけが，語りの中に計17回も含まれる。しかも，そのすべてに対して，聞き手から応答（言語，非言語を含め）があったことをビデオ記録から確認できる。この数字は，他の語り手たちのそれ（Aさん（1回），Bさん（0回），Dさん（5回））と比べても群を抜いている。具体的には，たとえば，以下のようなケースである。

　　7年前の今日，5時46分，自分たち起きてる？［「起きてる」（数名の児童の返事）］（10S）

　　ほな，自分たち，お父ちゃん，お母ちゃんがなくなったらどう思う？［悲しい（児童数名の返答）］（5S）

以上のことは，Cさんの語りを，その様式においてとらえたとき，聞き手である児童たちが，〈バイ・プレーヤー〉の役割を果たしていることを示唆しているのではないだろうか。すなわち，Aさん，Bさんの場合，語りの内部に，特定の〈バイ・プレーヤー〉が存在し，その〈バイ・プレーヤー〉と語り手との〈互換〉が聞き手へと展開・拡大することによって，聞き手が語りの内部へと編入されていったと考えられる。それに対して，Cさんの場合，最初から，聞き手が語りという行為を構成する重要な一角（〈バイ・プレーヤー〉）を担っていると言える。もっとも，この結論を妥当なものとして主張するためには，Cさんの語りに含まれる他のキーワード群に注目しなければならない。以下，この点について（2）で検討しよう。

(2)「お兄ちゃん，お姉ちゃん」と「G先生」――7年前と今をつなぐ人びと

5-1項で述べたように，「お兄ちゃん，お姉ちゃん（たち）」は，聞き手である児童にとっての先輩，つまり，震災後，Cさんが避難していた避難所に寄せ書きを送った，桜台小学校の当時の2年生児童（語りの時点で，中学3年生）を指示する用語である。また，「G先生」は，それを仲介した当時の担任教師（語りの現場にも参加）を指示する用語である。Cさんの語りには，

前者は9回,後者も9回,登場する.

重要なことは,「お兄ちゃん,お姉ちゃん」が,語りの現場に持ち込まれた当時のままの寄せ書きという事物の存在,および,G先生という身体の存在の効果もあいまって,7年前の出来事と現在とを接続する役割を果たしている点である.すなわち,Cさんの語りは,G先生を基点に,G先生とともにCさんに寄せ書きを送った当時の桜台小学校の児童(「お兄ちゃん,お姉ちゃん」)と,眼前の聞き手としての児童らとを重ね合わせることによって構成されているのである.言いかえれば,Cさんの語りは,当時の児童と聞き手としての児童との間で視点の〈互換〉を誘発させる構成となっている.この点が,もっとも典型的にあらわれているのが,次に示す9Sの対話的語りである.少し長くなるが,全編引用しておこう.

で,その時に,今,G先生がお話しされたように,その,な,あの,G先生が見て,あの,感じたことを,自分たち,あの,みんなにお話しして,それを,あの,自分たちのお兄ちゃん,お姉ちゃんたち,こないに書いてくれたわけよ.だからな,ものすごい嬉しかったよ.それで,こう,G先生,自分,あのー,7年前のことやけども,これ受けとった折,わし,泣いたと思うんですけども.[「ああ,それねえ,顔がね」(G先生発言)] あー.[「すごく,まあ,喜んでおられるなあ,ゆうの,わかったけど」] うーん.[「まあ,何か,ほんとに,よく持って来て,よかったなあ,いう感じは受けて帰りましたけど……」(G先生発言)] そやけに,あの折,自分は,その折,うっと,支援物資はいろいろいただくけども,でも,こういう心のこもった,些細なものであっても,自分としては,もう,ほんとに心の御馳走として,あの,ありがたく,涙がでる,今,思い出すんやけども,そのような感じして,してるんです.だから,ほんとに,あの,G先生に苦労かけたなぁ,ほんとにお世話になったなぁ.ほいで,その当時の小学校2年生,今の中学2年生かな.[「2年生,3年生です」(G先生発言)] 3年生,[「3年生」(G先生発言)]の,お兄ちゃん,お姉ちゃんたちに,ほんとに,この,「おおきに」とお礼を言いたいの.だから,今度は,あのー,家の近くで,中学3年生のお兄ちゃん,お姉ちゃんたちに会ったら,この,神戸のジジイが,あの,「おおきによ」と言うといてな.頼むでー.[数名の子どもたちから頷くなどの反応] そやけに,お兄ちゃん,お姉ちゃんたちには,これはもう,直接言え

ないから。よろしゅうお願いしまーす。

　Cさんの語りも生々しいものである。ただし、少なくとも、Aさん、Bさんと比較すると、特定の人物に対する関心を基軸とする傾向は弱い。むしろ、「お兄ちゃん、お姉ちゃん」にも、その一端があらわれているように、より包括的な集合体 —— 被災者、ボランティアなどの身体（人間）たち、それらの身体たちがその中で活動する空間（被災地）、そして、身体たちの間でとり交わされたモノ（寄せ書き）を含む —— を基盤とした語りが基本である。先述の「われわれ」も、こうした脈絡で理解されるべきである。つまり、「われわれ」は、多くの場合、「われわれ被災者」の謂いで用いられ、本ケースでも、この言いまわしが2回登場する。これには、家族に犠牲者がなかったというCさんの個人的事情も影響していよう。さらに、Cさんは、避難所リーダー、仮設住宅の役員、そして、語り部活動と、常に被災者一般を意識した活動を展開してきた人物でもある。こうした個人的背景が、Cさんの語りの様式を規定していると見ることができる。

　要するに、Cさんの語りは、寄せ書きや「G先生」を触媒として、「お兄ちゃん、お姉ちゃん」と児童（聞き手）との〈互換〉を喚起し、震災当時の、「われわれ被災者」と「お兄ちゃん、お姉ちゃん」（ボランティア、助けに来てくれた人たち）との関係性を、「われわれ被災者（語り部）」と聞き手たる児童との関係性に重ね合わせ、今に蘇らせようとする営みであると解釈することができる。先に、Cさんの場合、「G先生」や「お兄ちゃん、お姉ちゃん」が体験語りを駆動する重要なエージェントとして、〈バイ・プレーヤー〉に準じる役割を果たしつつも、最終的には、聞き手そのものが語りの〈バイ・プレーヤー〉であると主張したのは、この意味においてだったのである。

5-5　Dさんの語り

(1)「ドーンというすっごい音とともに……」 —— 擬態語の頻用

　Dさんの語りを特徴づけるのは、「私（わたし）」（24回登場）の世界に生じた未曾有の体験を描写する擬態語の数々である。擬態語の使用回数は計22回にのぼる。これは、Aさん（14回）、Bさん（5回）、Cさん（15回）を上まわり、しかも、そのすべてが、12Sまで（約12分間）に集中してあらわ

れる。つまり，この間，聞き手は，30秒に1回，下記のような表現を耳にしたことになる。

　　で，7年前の，あの朝，さっきの話にもありましたけれども，ドーンというすっごい音とともに。私もお布団の中から，ボーンと後ろに放り出されていました。(3S)

　　天井から，なんかバラバラバラバラ落ちてきますし，壁の匂い，土の匂い，何ともわからない匂いがブーンとしてきました。(4S)

　　電柱にやられたんです。もう，屋根がボコッって，こうやって。で，そのために，ペタッと，こう，2階が1階になって……(6S)

　擬態語表現の使用は，当事者が，直面する出来事，体験を適切に表現・伝達する言葉を，本人の日常言語体系の中に見いだすことができず，感受した感覚情報をダイレクトに言葉に置き換えていること，つまり，それが言語化困難な体験であることを意味している（矢守，2001b）。喜多（2002）も，「主体性というものを客観的に語りえない『無主体的な観点』から，その瞬間における事象を「生のままの印象」としてとらえられたものが擬音語・擬態語なのである」（p.74）と述べている。実際に，Dさんの語りには，他の3人には見られない豊富な感覚表現（「生のままの印象」）が多数の擬態語とともに盛り込まれている。

　　「ドーンというすっごい音」（3S，聴覚），「フライパンの中で，ウインナーソーセージ，こうやってやりますよね［フライパンを扱う動作］，お母さんがお弁当なんかに入れるときに。あの状態で，バーッと振りまわされていました」（3S，体性感覚），「何ともわからない匂いがブーンとしてきました」（4S，嗅覚），「崩れて屋根が，もう，バターっと地面までついてる家」（5S，視覚），「その水槽も倒れて足もビシャビシャでした」（7S，触覚）

　これらの発話に，本ケースでは言及されていないが，語りの現場でDさんがしばしば口にする味覚に関わるエピソード（「家のまわりで茫然としてい

ると，近所の人がミカンをくれたんです。そのミカンを食べたときの冷たさ，美味しさは，今でも忘れることができません。」（神戸市立大沢小学校での語り（2001年1月15日）など，類例多数）を加えれば，Dさんにとって，地震が，まさに五感の総体を揺るがす体験であったことが見てとれるであろう。

では，擬態語を中心に，五感に対する総体的衝撃を表現・伝達するDさんの語りの様式は，何を志向していると考えられるだろうか。まず，通常の言葉を用いた表現・伝達と比較して，擬態語表現は，既存の意味体系への依存度が相対的に弱い表現・伝達だと考えておいてよい。なぜなら，通常の言葉こそが意味体系の中核だからである。ここで，通常の言葉という表現媒体と意味されるものとの関係がシンボル（規約）的であるのに対して，身体の生理機構により密着した擬態語表現は，少なくとも，それと比べてシンボル（規約）性が弱いことが重要である。つまり，「ドーンというすっごい音」は，語り手であるDさんと聞き手である児童，それぞれが有する既存の意味体系の壁を越えてユニヴァーサルに伝播・共有される性質をもつのである。

要約しよう。以上のことは，Dさんの語りが，擬態語の頻用という（無意識的）方略にもとづいて，以下のことを志向していると解釈することができる。つまり，自らの視点（意味体系），聞き手たる児童の視点（意味体系），そのいずれでもない『無主体的な観点』（喜多，2002）── いずれでもない視点とは，逆説的に，いずれの視点にもなりうるという点が重要である ── から描かれるような衝撃的世界，すなわち，震災直後，眼前に開けた世界を，そのまま，今ここに ── 自らと聞き手の前に ── に再生することをDさんの語りは志向しているのである。

(2) 大好きな「神戸の街」

ここで，もう一つ注目されるのが，Dさんの神戸へのこだわり，である。Dさんの語りには，「神戸」という言葉が，合計20回も登場する。これは，他の3人に比べても際だって多い（Aさん（6回），Bさん（2回），Cさん（9回））。しかも，「神戸」は，単なる地名ではなく，Dさんにとって，そこがかけがえのない土地であることが繰り返し表明される。

　　　神戸の街，行ったことありますか？　［ある……（複数の児童の声）］行ったことある人？　［はーい（複数の児童の声）］はあ，たくさん，神戸の街，

来てくれてるんですねー。神戸の街は，すごい綺麗でしょー。(1S)

　私も，神戸が大好きで，神戸って，すぐ北っかわに山があります。で，南は海。で，街はすっごくおしゃれなんです。それでもう，ずーと神戸に住んでるんですけれども。(2S)

　そして，私は神戸が好きで，また神戸に戻ってきました。(19S)

　「神戸」に注目して語りの全体を見渡すと，たしかに，「神戸」を軸に，次のような時系列的展開を見せていることがわかる。つまり，神戸に地震なし(1S)，地震前の美しい街神戸(2S)，地震で破壊された神戸(3〜10S)，神戸を離れる(11S)，神戸に戻る(12S)，亡くなった神戸の人々(13〜14S)，元気になった神戸の街(15S)，心が病気だった神戸の人々(16S)，元気になった神戸の街(17S以降)，という配列である。16Sの挿入を例外として，残りはすべて，「神戸」の変容を現実の時間系列に則って描写している。

　「神戸」へのこだわりは，ここでの語りでは言及されていない個人的背景からも推察される。まず，ここでは，わずか1分あまりの発話(11S)に縮約されているが，4-2項で述べた通り，Dさんにとって，「神戸」を離れた1年弱の期間は，自宅の全壊と再建へ向けての労苦，多くの知人の死，援助してくれる人びとへの気遣いなど，非常に辛い日々であった。PTSDと診断され病院通いをしたのも，この時期であった。Dさんにとって，「神戸（自宅）」は，「わけもなく，とにかく早く帰りたい」場所だったのである。また，Dさんが，「前向きに生きるきっかけになった」としてあげるモニュメント交流ウォークという活動を推進している被災者グループが，「神戸を元気に」，「がんばろう神戸」などをスローガンに「神戸」の復興を目指していたことも，Dさんに少なからぬ影響を与えたと思われる。

　要するに，前項での議論をも踏まえれば，Dさんが五感全体で感受した世界の衝撃は，「大好きな神戸」という空間とそこにあったモノ，そこに住んでいた人びとという集合体の総体 ── Dさん自身がこれを指示する言葉が，「神戸の街（まち）」である ── に対する衝撃であったわけである。すなわち，Dさんの語りは，Aさん，Bさんのそれとは異なり，特定の人物ではなく，「神戸の街」という集合体全体を〈バイ・プレーヤー〉としていると解

釈しうるのである。

こうした解釈は，本稿における語り分析の結果のみに依存する根拠の薄い推論ではないことを付言しておこう。経験的にも，また，理論的にも，ここでの主張を支持する先行研究は存在する。たとえば，やまだら（1999, 2000）は，本研究と同様，阪神・淡路大震災で親しい友人を亡くした大学生らの語りを時間をおいて2度にわたって収集・分析し，語り手らのライフストーリー（生活世界）に占める「友人の死の経験」の意味の変容について探っている。その中で，やまだらは，Dさんとまったく同様に，「神戸」という場所からの物理的移動，および，そのことに対する意味づけが，ライフストーリー構成の鍵を握っていた若者の事例について報告している。他方，南（1995）は，環境心理学の研究成果のレビューを踏まえて，発達という概念をあてはめる単位として，「状況の中の人」を重視し，生活世界は，空間的・時間的・社会文化的な視野のもとに描かれる必要があると述べている。ここで，南が「状況」という概念で指示していることは，矢守（2009）が〈場所〉の概念でもって示唆しているように，たとえば，「神戸の街」という集合体全体と同値である。集合体が，語りの〈バイ・プレーヤー〉となりうることは，経験的にも理論的にも十分な根拠をもっていると言えよう。

(3) 神戸と高槻

では，Dさんの語りにおいて，聞き手はどのような位置を占めていたと考えられるだろうか。鍵は，語りの冒頭で提示される次の発話だと思われる。

> それでもう，ずーと神戸に住んでるんですけれども。一度だけ，私も旦那さんの転勤で高槻に2年間住んだことがあります。高槻もずいぶん変わったんですけれども。まあ，そういう風な関係で，高槻ってすごくなつかしいなぁーって思って。でも，やっぱり，皆さん，高槻好きでしょう？ ［複数の児童が頷く］ねぇ，ずーっと高槻好きですよね。私も，神戸大っ好きなんです。(2S)

この発話は，Dさんの視点から見た「神戸の街」——繰り返すが，これには，神戸という空間とそこに存在するモノ，人びとが含まれる——と，聞き手である児童の視点から見た「高槻の街」とを並置する働きをもつもの

である。そして，この並置によって，「神戸」に生きる，あるいは，生きた人びとと，児童らが住む高槻に生きる（あるいは，生きた）人びととが対応づけられ，── 前節まで用いてきた用語を使って表現すれば ── 語り手と聞き手を越えて，いくつかの視点の〈互換〉が生じうる。たとえば，亡くなった赤ちゃんを抱いて全壊した自宅のまわりを歩き続ける父親（9S）の視点（または，その様子を見つめるDさんの視点）に立つ児童，あるいは，亡くなった当時中学1年生の少年（13S）になる児童 ── 数多く存在したはずである。この意味で，Dさんの語りも，これまで検討してきた3人の語りと同様，けっして語りの内部に閉塞するものではなく，外部へと開かれ，聞き手とともにある語りなのである。

6 総 括

6-1 「語り直す」── ライフストーリーと生活世界の再構成

　本章に登場した4人の語り手（被災者）はいずれも，震災によって，それまでの平穏な生活を，突如として，しかも理不尽に断ちきられた人びとである。ある日突然，家族を奪われ，多くの知人を亡くし自宅を破壊され，そして，住み慣れた街を去らねばならないとはどういうことか ── 筆者自身を含め，今一度，じっくりと4人の語りに耳を傾けたい。
　4人は，現在もなお，程度の差こそあれ人生における危機的な境界線上（南，1995）にある。それにもかかわらず，否，だからこそ，4人はG117のメンバーとなって自らの体験（人生）を語る作業を始めたのだと言える。たしかに，人は，ふだんでも自己の生を言葉で表現せずにはおれない存在ではある。しかし，やまだ（2000b）が強調するように，「人はいつでも人生の物語を必要とするわけではありません。人生を物語るとき，それは自己と他者（あるいは，もう一人の自己）との亀裂や，前の出来事と後の出来事との間の裂け目が大きくなったとき，それらをつなぎ，意味づけ，納得する心のしくみが必要なとき」（p.85）なのである。
　すなわち，本章で検討してきた4人の語り（ナラティヴ）は，4人の被災者が，震災の体験を自らの生の中に位置づけるべく展開しているライフスト

ーリーの再構築作業における苦闘の軌跡, でもある。したがって, そこに見られる語りの「様式」の違いは, 単なる発話形式の違い, まして, 個人的な記憶内容の違いと見るべきではない。それは, 4人の被災者が被災という不幸な出来事を踏まえて自らの生活世界を,「語り直し」によって再構造化 (Raphael, 1989; 野田, 1992; 南, 1995) しようとする際に依拠する「様式」の違いを反映していると考えねばならない。

よって, たとえば, この4人 —— あるいは, この4人と類似の「様式」をもつ被災者たち —— に対して, 外部者 (たとえば, カウンセラーやボランティアなど, そして他ならぬ筆者自身も含む) が提供する支援活動も, そもそもそれが必要かどうかをも含めて, 個々の被災者が現に展開しつつある生活世界の再構造化作業における「様式」を念頭に, 徹底的に個別的な分析と対応がなされねばならない。具体的に言えば, Cさんには, たとえば, G117 の活動を支援するボランティア (「お兄ちゃん, お姉ちゃん」) が, Dさんには地元コミュニティ (「神戸の街」) の再生を支援するシステムの整備が, それぞれの生活世界の再構造化に資すると思われる。しかし, 他方, 筆者の見るところ, AさんやBさんにとって, そうした外部からの介入は, 少なくとも前2者ほどは重要ではない。少なくとも, 本章でとりあげた語りがなされた時点 (2001年時点) では, 2人にとって,「語り直し」, すなわち, 生活世界の再構造化の鍵は, 2人のごく身近にいる〈バイ・プレーヤー〉だからである。よって, 2人には, 生活世界の外部からの働きかけよりも, むしろ, それぞれの〈バイ・プレーヤー〉との間で, 現実的な, あるいは, 想像上の〈互換〉を反復することによって〈共通の経験〉をとり戻すための, 静かな, しかし着実な時間こそが必要である。

もっとも, そうした作業を進捗させるための触媒的場として, G117のような外部エージェントが役立つことはむろんある。たとえば, 震災遺族たちが支援者たちとともに, 被災地各所に建てられた震災モニュメントを共にめぐり歩く行事 (「震災モニュメント交流ウォーク」, NPO法人阪神淡路大震災1.17希望の灯り・毎日新聞震災取材班, 2004) や, 震災で親を亡くした子どもたちの支援を続けているレインボーハウスの活動 (樽川, 2007) などは, そうした外部エージェントによる活動の代表例である。また, 筆者自身のアクションリサーチにおいても, この後, 震災から10年 (2005年) を経過する頃から生じた語り部活動をめぐる課題を契機に, 筆者らは, 語り部活動に新

たな〈バイ・プレーヤー〉を意識的に導入する方向へと舵を切ることになる。この点については，次章（第5章）で詳しく報告したい。

6-2　固有の集合性へのアプローチ

　本章の分析では，一貫して，4人の語り部それぞれの固有性，とりわけ，語りの「様式」に見いだされる固有性にこだわってきた。結果として，4人の語りを横断的に位置づけるための鍵概念らしきもの ── 〈バイ・プレーヤー〉，および，視点の〈互換〉 ── が提示された恰好にはなっている。しかし，本研究が初めからこれらを念頭に置いて構築されたわけではないことは，これまでの記述から了解いただけたものと思う。語りの分析は，すべて，個々の語りを繰り返し視聴し，4人の語り部たちと数年間にわたって活動を共にすることによって，あくまでもその一端ではあろうが，個々の語り手の生き方を目の当たりにするところから抽出したものである。したがって，筆者は，本研究で提起したある種の枠組みが，そのまま5人目の語り手に適用できるとは考えていないし，いわんや，語り（ナラティヴ）研究一般に該当するなどとも考えていない。とは言うものの，このことは，特定の語りの固有性に注目する研究が，他の諸研究と分断され孤立したケーススタディになることを意味するものでは，けっしてない。同時に，個々の語り手がもつ固有性へのこだわりが，そのまま，個人の心理的特性（内面）への注視につながるわけでも，けっしてない。最後に，この2点を強調して本章を閉じたいと思う。

　第1に，本章冒頭でも指摘し，かつ，分析の中でも何度か示唆したように，その固有性が追究された4者4様の語りは，理論的な意味でも孤立した分析対象となっているわけではない。むしろ，分析にあたって，本研究は，語り（ナラティヴ）に関する種々の研究成果の延長線上に立っている。たとえば，「視点の〈互換〉（特に，Aさん，Bさん）」（大澤，1990; 楽学舎，2000），「直接体験の有無と語りの様式の揺れ（特に，Aさん）」（大橋ら，2002），「仮定法の語り（4人全員）」（やまだ，2000b），「（内的な）対話性・多声性（特に，Aさん，Bさん）」（バフチン，1988/1986; ワーチ，1995/1991），「自己物語のパラドックスとその回避（特に，A，Bさん）」（浅野，2001），「集合体 ── 身体，空間，モノ ── と融即した語り（特に，Dさん）」（南，1995; やまだら，2000a;

矢守, 2001a) などの諸研究の成果に本研究は立脚している。固有性に対する追究は，それが，一般的視座，包括的理論への配視を欠くとき，孤立した知識の断片を生むばかりである。

　第2に，本分析は，それぞれの語りに固有の特徴を抽出することを目指した点で個別的分析ではあったが，けっして，語り手当人に関する個人的分析（心理的分析）に終始したわけではなかった。たしかに，同じ語り部活動を，社会構成主義の視点（本書の第3部の各章，および，ガーゲン，2004/1994a, 1998/1994b, 2004/1999）に立って，「体験語りをデータとしながらも，そこから人びとの共通性」（大橋ら，2002, p.165）を抽出し，「語りの共同体の特性の解明」（同上）を志向した矢守（Yamori, 2005）とは対照的に，本章では，「そうした共同体のなかにあってもなお個性的な運動を見せる供述者［ここでは，もちろん，語り部（引用者）］の動的な個別性」（同上）に焦点をあてた。しかし，個別性の追究ということが，そのまま個人の内面性に関する心理学的分析と等値されるわけではない。実際，本章で試みられたことは，むしろ，〈バイ・プレーヤー〉や〈互換〉を鍵概念として，語り手とそれをとりまく人びと（生きる者，亡くなった者），および，彼らが生きる環境（空間・モノ）のすべてに関する集合性の分析であった。すなわち，それは，各人に固有の集合性の分析，言いかえれば，個々の語り手が有する集合性のもつ固有性の分析だったのである。

　本章の冒頭で述べたように，筆者は，G117のメンバーでもあった。本研究の成果は，次章（第5章）で詳しく紹介するように，G117の後継団体K1995におけるアクションリサーチにおける実践的活動に反映されることになる。また，間接的には，第6章で紹介する3つの世代が関与する語り継ぎ活動の企画と運営のベースともなる。すなわち，〈バイ・プレーヤー〉の概念をベースとして，語り手がもつ既存の集合性と，聞き手が持ち込む別の集合性の双方に配視し，語り手と聞き手とが語りの活動を通じて，語り部の現場で新たに構築する新たな集合的動態性の総体を見据えた上で，語り部活動を再編していこうとする試みである。アクションリサーチの次のステージについては，章を改め検討していくことにしよう。

第5章 「語り合う」
―― 10年目の震災語り部活動

1 はじめに

　本章では，バフチン（1988/1986, 1996/1994）の対話的な発話論の立場から，阪神・淡路大震災（1995年）による被災体験の継承を目的とした語り部活動が震災から約10年を経て直面した現実的な課題を，語り手と聞き手の関係性の質に関わる問題であると位置づけ，そこから導出された具体的な課題解決策を実際の活動現場に適用するまでの一連のアクションリサーチについて報告する。

　まず，2節では，語り部活動が直面していた現実的な課題について，筆者自身（研究者）の語り部活動に対する参与のあり方を含めて述べる。次に，3節では，課題解決のための参照点として筆者が採用したバフチン理論について，そこから何を継承し，逆にバフチン理論の何を問題点として再検討の対象にしたのかについて，主要な論点を2点 ――「能動的社会観」，および「権威的な言葉／内的説得力のある言葉」―― 示す。

　その上で，4節では，2節で述べた現実的課題をバフチンの対話的な発話論の視点から理論的に分析し解釈する。最後に5節では，4節で示した理論的解釈から示唆された課題解決へ向けた方向性について述べ，それを実践に移した成果と残された課題について考察を加える。

2 語り部活動が10年目に直面した課題

2-1 「震災の語り」と「防災の語り」

　2005年1月，被災地神戸は，大震災から10回目の1月17日を迎えていた。10年という時間は，好むと好まざるとにかかわらず，震災について語る行為を誘導する非常に明快な単位として機能した。国や自治体のみならず，筆者を含む研究者もこぞって，10年を区切りとして，震災復興の「総括」や教訓や知見の「検証」について語った。もちろん，社会的に画一化された時間の流れに抗する動きもあった。たとえば，一人ひとりの生活者のライフストーリーに寄り添って震災について語ろうという運動もあった。しかし，10年を区切りとした語りを促す巨大な圧力は，こうした小さな運動を容易に呑み込むだけの圧倒的な強度をもっていた。

　では，10年目の区切りとは，何と何に対する区切りなのか。それは，一言で要約してしまえば，「震災」と「防災」との間，あるいは，「過去」と「未来」との間の区切りだと言える。すなわち，今日この時点で交わされる人びとの語りが，1995年に起こったあの震災から今日へと至る多くの出来事の連鎖に関わるもの（「震災の語り」）から，今日を起点として未来のある時点において起こることが想定される大きな災害へと接続されていくもの（「防災の語り」）へと転換されたのである。言いかえれば，「震災の語り」とは，基本的に，回顧的な語り（retrospective narrative）であり，それは，「阪神・淡路大震災」，「被災」，「生活復興」などのキーワードで特徴づけることができる。他方，「防災の語り」とは，基本的に，予見的な語り（prospective narrative）であり，それは，「東海・東南海・南海地震」，「被害想定」，「防災と減災」といったキーワードで特徴づけることができる。10年という時間の流れに加え，折から専門家によって指摘された「東海・東南海・南海地震」，「首都直下型地震」などの切迫性が未来の災害に具体的なイメージを与え，この転換を強力に後押しした。

2-2 「語り部 KOBE1995」

(1) 語り部活動の概要

　本項では，本章でとりあげる「語り部 KOBE1995」（以下，K1995）について記す。K1995 の運営には，その前身となった団体（第 4 章で述べた G117）を含めれば，10 年以上にわたって，筆者自身が当事者として関与している。そのため，本章の記述の中で，特に，筆者の K1995 との関わりについて記述する本項，および，最終の 5-2 項 (3) の記述は，外部の観察者の視点のみならず，内部の当事者としての視点を伴っていることを，あらかじめ明記しておきたい。

　K1995 は，大震災の被災者有志が結成したボランティア団体である。2009 年 12 月時点で，メンバーは，筆者を含め 8 人である（平均年齢は 60 歳以上）。筆者を除く主要メンバーは全員被災者であり，震災で，家族，自宅，あるいは，職場を失っている。メンバーは，その思いや体験を，震災を体験していない人びと，特に，子どもたちに伝えたいという願いをもって，語り部の活動に参加している。同団体は，前身となった G117（第 4 章を参照）をベースに，2005 年に結成された。

　筆者は，前団体では副代表，現団体 K1995 では顧問の役職を担っている。筆者が研究者であって団体内で研究活動を実施すること，しかし同時に，当事者として団体を支えていきたいとの意向をもつことをメンバー全員が十分に認識しているとの確信が，──10 年間にわたる共同的実践の上にたって──筆者にはある。筆者の役割は，定例の勉強会での助言，団体の広報媒体の作成などである。なお，勉強会は，活動計画の作成，語りの内容に関する相互検討などを目的として，現時点（2009 年）では，1 ヶ月ないし 2 ヶ月に 1 回（2 時間程度）開催されている。筆者は，1999 年から現時点まで，体調不良などやむを得ない事情の場合を除く，ほぼすべての会合（計約 100 回）に出席した。

　語り部の活動は，口コミを通じた依頼によって実施されることが多い。活動場所・場面は，関西圏内の小中学校，および，地域の自主防災組織，防災関係の民間組織（災害 NGO など），地方自治体などが企画した防災講演会である。ただし，近年の防災への関心の高まりを受けて，宿泊を必要とする地

域（関東，中四国地方など）に出張することもある。また，小中学校での活動では，聞き手は児童・生徒が中心となり，主として，「命（いのち）」，「助け合い」などをテーマとした特別授業（「総合的な学習の時間」など）の形態をとることが多い。一方，防災講演会では，防災意識の向上を目指したプログラムの一環として，防災訓練や自治体職員による講義と語り部による講演がセットされているケースが目立つ。

(2) 直面した2つの課題

震災から10年を経て顕在化した「震災の語り」から「防災の語り」への転換は，筆者が関与してきた語り部活動にも大きな影響を及ぼした。たとえば，以前は，語りの内容を指定されることはほとんどなかった。ところが，震災から10年を機に，「震災体験だけではなく，今後の防災対策について話して欲しい」，「阪神・淡路大震災だけでなく，これから起こる災害についての意見を聞きたい」という趣旨の要望を多く聞くようになった。同時に，聴衆からの質問にも，「どのような物資を備蓄すべきか」，「自主防災組織の活性化策は何か」など，家庭や地域社会における防災上のノウハウを尋ねるものが多数を占めるようになってきた。

自分自身が体験したありのままの出来事を自分たちの言葉で語りたいという語り部たちの思いと社会的な語り部ニーズとの間にギャップが生じはじめたことによって，語り部グループは，集約すれば，以下の2つの課題につきあたっていたと言える。

① 過去の震災そのもの，および，そこからの歩みについて話したいという自分たちの思いと，将来の災害に備えるための防災実践について話すことを求める社会（聴衆）とのギャップにどのように対応するか。
② 自らの体験，気持ちを伝えたいという強い思いがある一方で，被災者（あるいは，自分）の気持ちは被災者（あるいは，自分）にしかわからないのではないかという疑念をどのように払拭するか。

このうち2つ目の課題は，以前から存在していた課題ではあった。しかし，時の経過とともにより顕在化してきたものである。特に，小中学生など，マスメディアを通した間接的な形すら震災を体験していない聴衆への対応に

は苦慮する場面も目立つようになっていた。たとえば、被災都市、被害程度など単純な知識においてすら、語り部グループのメンバーと小中学生との間には相当に大きな開きが生じていた。これらの課題にどのように対応するかをめぐって、筆者を含めてメンバーたちは大いに悩むことになった。特に、筆者には、同団体でアクションリサーチを展開してきた立場もあり、こうし

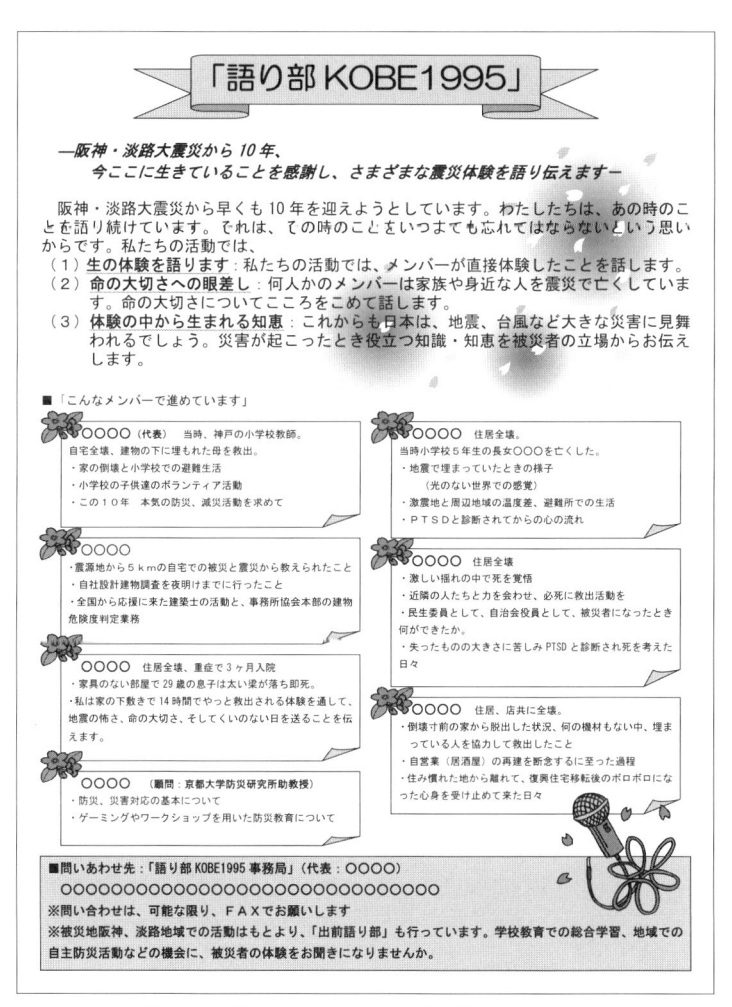

図5-1 「語り部KOBE1995」が掲げたねらい
（2005年当時のチラシ（一部改変））

第5章 「語り合う」—10年目の震災語り部活動

た課題を分析し，適切な打開策を提示することがメンバーから期待されていた。しかし，筆者を含めてメンバーは，必ずしも有効な対応策を見いだすことができず，そのことも影響して，2005年，「語り部グループ117」（G117）は，もとのグループと現在筆者らが所属する新しいグループ「語り部 KOBE 1995」（K1995）とに二分されることになった。

新たに発足したK1995が打ち出した活動方針は，当時グループが作成した活動案内のチラシの冒頭に掲げられた文言によくあらわれている（図5-1を参照）。筆者を含めメンバーが，「震災の語り」と「防災の語り」との間で揺れ動いていることがわかる。最初の2項にあらわれる「生の体験」，「命の大切さ」は，「震災の語り」の線上にある用語と解釈できる。他方で，第3項に登場する「役立つ知識・知恵」は，「被災者の立場から」という断り書きを入れながらも，活動に対する現実的なニーズ，つまり，「防災の語り」を意識したものであることは明らかである。語り部グループは，2つの種類の語りを統合できず，両論併記するにとどまっていた。

グループが置かれたこうした状況に，震災10年の節目を越えて一気に進んだ震災に対する関心の低下という社会的背景が加わって，語り部グループの活動は停滞状態に陥る。これは，メンバーであればだれでも感じることのできた実感であったし，実際，それは数字としてもあらわれた。たとえば，1999年から3年間（G117）は，年間の活動回数（「月例勉強会」を除く）が平均15回を越えていたのに対して，K1995が2005年度に実施した活動は，年間わずか4回であった。

3　バフチンの対話的発話論

本節では，震災の語り部活動を舞台に継続してきたアクションリサーチにおいて，語り部のメンバー，そして筆者自身が直面した現実的課題に対して，筆者が解題解決の糸口を見いだしたバフチン（1988/1986, 1996/1994）の対話的な発話理論について集約する。特に，筆者が，バフチン理論から何を継承しようとしたのかに焦点をあてる。

3-1 「能動的社会観」── アクションリサーチとの接点

　第1の論点は，バフチンの理論が独自の「能動的社会観」（桑野，2002）に立脚している点である。「能動的社会観」は，「対話性」や「多声性」といった著名な概念と比較すると（茂呂，2002），これまで，バフチンの理論体系の中で大きな注目を集めてきたとは言えない。しかし，バフチンが，抽象的な「言語」（ラング）ではなく，「発話」という具体的状況のコンテキストの中でとらえた言葉に注目し，かつ，発話が有する対話性（dialogicality），応答性（responsibility），多声性（multi-voicedness）などの鍵概念にたどりついたのは，その「能動的社会観」にもとづく「出来事への参与」の強調のためであることを忘れてはなるまい。

　バフチンは，その初期の論考で次のように述べている。「理論的な認識も，美的な直感も，出来事という唯一の現実的存在へのアプローチを欠いている。というのも，意味づけたり見たりする際に参与者としての自身を原則的に捨象しているために，意味内容 ── 所産 ── と，行動 ── 現実的，歴史的な遂行 ── との間に，統一性や相互浸透がないからである」（バフチン，1994; 訳文は，桑野，2002, p.9 による）。ここでバフチンが参与者として念頭に置いているのは，出来事に当事者の一人として参与する研究者である。その上で，「参与者としての自身」（研究者）が捨象されれば，研究者が出来事に見いだす意味内容と，研究者を含む当事者たちが実践現場でなした行動，これからなそうとする行動，すなわち，「現実的，歴史的な遂行」との間に統一性や相互浸透が欠如すると指摘している。研究者の参与性の欠落は，研究者から「出来事のなかでの私の責任」（桑野，2002, p.8），すなわち，出来事に対する研究者の応答性を奪うのである。バフチンにおいては，出来事を見たり意味づけたり記述したりする研究者が，「『責任』をもって『現実的・歴史的に』能動的に『行為する』方向が探られていた」（桑野，2002, p.10）と言える。

　このことを踏まえれば，研究者自身が，「出来事のなかでの私の責任」を果たしつつ研究を展開するプロセスを重視するバフチン理論と，本書のテーマであるアクションリサーチとの距離は，想像以上に近いと言わねばならない。第1章で述べたように，アクションリサーチとは，第1に，目標とする社会的状態の実現へ向けた変化を志向した広義の工学的・価値懐胎的な研究

であり，第2に，上記に言う目標状態を共有する研究対象者と研究者（双方合わせて研究当事者）による共同実践的な研究である。したがって，研究者には，第三者として出来事の現状を分析することに加え，目標状態の実現へ向けた変化を促すべく当事者の一員として出来事に介入することが求められる。現場に介入すること（あえて介入しないという選択肢も含む），かつ，介入がもたらした変化に対して責任を負うこと——バフチンの議論と踏まえれば，この両者が，アクションリサーチにおいて研究者が果たすべき「出来事のなかでの私の責任」だと言うことができよう。

　本項の最後に，以上の議論と関連して，本章で，バフチンの「発話論」という表現を用いていることについて補足しておきたい。バフチン理論の根幹を表現する用語としては，上記の通り，「対話性」，「多声性」といった用語が著名である。しかし，彼が，これらの概念を提起したとき，そのベースには，「言語論」ならざる「発話論」の構築へ向けた揺るぎない姿勢があったことを見逃してはならない。バフチンは，「言語学の思考の方法論上のかなめとなる問題で，このように用語の定義の曖昧さや混乱が生じているのは，言語コミュニケーションの実際の単位である発話を無視した結果なのである。じっさい，言葉が現に存在するためには，言葉は必ずその主体である個々の話者の，具体的な発話の形をとらなければならない」（バフチン，1988/1986, 訳書p.136）と指摘する。つまり，バフチン理論において，発話への着目は，——言葉が有する本源的な対話性という前提にさらに先立つ——言わば，第ゼロ次の前提である。この大前提の上にたって，言語ならざる発話があまねく有する性質として，対話性，応答性，多声性といった鍵概念が提起され，さらに，そこから，本稿で焦点をあてる「権威的な言葉／内的説得力のある言葉」，「言葉のジャンル」といった概念も派生してくるのである。

3-2 「権威的な言葉／内的説得力のある言葉」

（1）バフチンによる定義

　本アクションリサーチに対してバフチンの発話論が有する第2の重要な論点は，バフチン理論の中核概念の一つである「権威的な言葉／内的説得力のある言葉」に関わる。本章で両概念に注目するのは，本研究で検討する語り部活動とは，その根幹を抽象化してとらえれば，出来事の言葉による伝達と

その理解ということに尽きるからである。バフチンが，これら両概念を提起したのは，まさにこのテーマ —— 他者の言葉の理解 —— について論じる中であった。すなわち，「他者の発話，他者の言葉の伝達とそれについての論議は，人間の言葉における最も普遍的で本質的なテーマの一つ」（バフチン，1996/1994, 訳書 p.152, 以下頁同様）なのである。

「権威的な言葉／内的説得力のある言葉」は，「言葉」という用語を内に含むことが影響して，また，バフチン自身のミスリーディングな例示（(2)で後述）も災いして，言語そのものがもつ性質とされたり，話者の社会的立場と関連づけられたりすることがある。しかし，結論を先に述べれば，両者は，当該の発話をめぐって関係する複数の「言葉のジャンル」（以下，「ジャンル」）が互いに他の「ジャンル」とどのような関係にあるかを示す概念として，言いかえれば，複数の「ジャンル」の間に張られるグループ・ダイナミックスのありようを記述する概念として理論的にとらえかえすことが必要だと思われる。特に，前章から検討対象としている震災の語り部活動については，すでに，第4章で，何が語られるかではなく，いかなる集合的動態性（グループ・ダイナミックス）のもとで語り手が語っているのかという視点が重要だと指摘した（特に，第4章6節）。

考察の出発点として，まず，両概念についてバフチン自身が提供する説明に目を向けよう。両概念が提起された根底には，発話における言葉に対するバフチンの次のような基本理解がある。「言語の中の言葉は，半ば他者の言葉である。それが〈自分の〉言葉となるのは，話者がその言葉の中に自分の志向とアクセントを住まわせ，言葉を支配し，言葉を自己の意味と表現の志向性に吸収した時である」（バフチン，1996/1994, p.67）。この前提に立って，彼は，他者の言葉の摂取への志向性として，2つの異なった様式を区別する。

まず，「権威的な言葉（宗教，政治，道徳上の言葉，父親や大人や教師の言葉）は，意識にとっては内的説得力を失っている。これに対して内的説得力のある言葉は，権威性を失っており，いかなる権威によっても支えられず，しばしば（世論や公式的学問，批評などによる）公認性やさらに合法性をさえ欠くことがある。……（中略）……権威的な言葉が我々に要求するのは，承認と受容である。それは，我々に対するその内的説得力の程度にかかわらず，我々に自己を強制する」（バフチン，1996/1994, p.160）。つまり，権威的な言葉とは，その言葉に触れた者が，その言葉の中に，自分の志向とアクセ

ントを住まわせ，言葉を支配し，言葉を自己の意味と表現の志向性に吸収しえないまま，語り手と聞き手との間に存在している言葉だと言えるだろう。両者の間に，その言葉をめぐる対話的相関関係が生じることはない。したがって，次のように言われる。「権威的な言葉が我々に要求するのは，無条件の承認であり，自由な適用や，自分自身の言葉との同化などでは全くない。……（中略）……自由で創造的な様式化を行ういかなる変奏をも許さない。権威的な言葉は，我々の言語意識の中に，密集した分かちがたい統一体として侵入してくるのであって，それに対する態度は無条件の是認か，無条件の拒否のどちらかでなければならない」（バフチン，1996/1994, pp.161-162）。

　他方，バフチンによれば，「内的説得力のある言葉」は，「それが肯定的に摂取される過程において，〈自己の言葉〉と緊密に絡みあう。我々の意識の日常において，内的説得力を持つ言葉は，半ば自己の，半ば他者の言葉」（バフチン，1996/1994, p.165）である。「権威的な言葉」との重要な違いは，「内的説得力のある言葉」において，自己の言葉と他者の言葉とが対話的相関関係をもつという点である。ここで，バフチン自身によって「緊密に絡みあう」と記述されたこの対話的相関関係が，けっして平穏で予定調和的なものではないと認識されている点，そして，「内的説得力のある言葉」に付随する，この緊張に満ち，かつ闘争的な関係こそが，他者の発話理解の鍵だと洞察されている点 ── この2点が決定的に重要である。すなわち，「内的説得力のある言葉は，他の内的説得力のある言葉と緊張した相互作用を開始し，闘争関係に入る。……（中略）……異なる言語・イデオロギー的視点，アプローチ，傾向，評価などが支配権を求めて繰り広げるこのような緊張した闘争なのである。……（中略）……内的説得力のある言葉は，自己を対話化する新しいコンテキストの中に置かれるたびに，新しい意味の可能性を余すところなく開示することができる」（バフチン，1996/1994, p.165）。

　以上に概観した「権威的な言葉／内的説得力のある言葉」の関係性は，具体的には，カムベレリス（Kamberelis, 2001）や田島（2006）が例示するように，教育現場（教室）において教師と生徒の間で交わされる対話実践を参照すると理解しやすい。たとえば，カムベレリス（2001）は，理科の授業における生徒の言葉を分析し，生徒が，教師によって導入された科学的概念を，テレビや映画などの言葉を使って再解釈し説明を行い，理解を深めていることを見いだした。ただし，教師が導入した科学的概念と「権威的な言葉」と

を，生徒たちが動員した言葉と「内的説得力のある言葉」とを性急に結びつけて，そこに1対1の対応関係を見てはならない。本項の冒頭で結論づけたように，両概念は，言語そのものに付随する性質や話者の社会的立場（権威）ではなく，「ジャンル」間の関係性に関わる概念だと見る方が生産的だからである。次の(2)で詳しく説明しよう。

(2)「ジャンル」間のグループ・ダイナミックス

まず初めに，「ジャンル」を，バフチンの言葉を借りて定義しておけば，「発話のテーマ・構成・スタイルの，相対的に安定した一定の類型」（バフチン，1988/1986 pp.122-123）となる。「ジャンル」は，「〔発話の〕全体を組み立て，完結させる一定のタイプ，話者と言語コミュニケーションの他の参加者たち（聞き手もしくは読み手，パートナー，他者の言葉，その他）との関係の一定のタイプと，不可分に結びついている」（バフチン，1988/1986, p.123）。以上を，田島（2006）によってさらに敷衍すれば，「ジャンル」とは，特定の言葉の意味や使用法を参加者相互が共有していると想定しうる集合体が出現し，このような集合体において特有の意味と用法のネットワークを構成した発話の体系，と定義できよう。

さて，教師が教室に導入した科学的概念は，たしかに，はじめ，生徒たちにとって，「権威的な言葉」の性質を帯びていたであろう。しかし，他方で，その同じ言葉は，この教師やこの概念に通じている人びとから成る集合体に

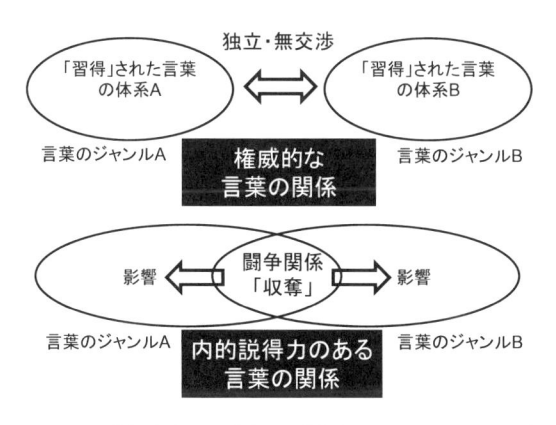

図 5-2 「権威的な言葉」と「内的説得力のある言葉」

対しては，むしろ，その「意味や使用法を参加者相互が共有している」言葉だったはずである。つまり，その言葉に関する慣例的な使用法が関係者によって十分に「習得（mastery）」（ワーチ，1995/1991）された言葉だったはずである。よって，その言葉が権威的であったのは，当の言葉そのものがもつ性質によるのではなく，当該の発話をめぐって，語り手（教師）がその影響下にある「ジャンル」（たとえば，理科教育の「ジャンル」や学習指導の「ジャンル」）と，聞き手（生徒）がその影響下にある「ジャンル」（たとえば，テレビ談義の「ジャンル」や仲間内の会話の「ジャンル」）とが独特の関係性をもっていたからである。

すなわち，発話にあたって，語り手が依拠する（主要な）「ジャンル」と，聞き手が理解のために繰り出す（主要な）「ジャンル」とが，「無条件の是認か，無条件の拒否のどちらか」（バフチン，1996, p.162）を要求するような関係にあれば，当該の言葉は，両者の間で「権威的な言葉」として定位される。すなわち，これら2つの「ジャンル」は，それぞれの内部においては，言葉に関する慣例的使用法が「習得（mastery）」（ワーチ，1995/1991）された様相を保持しながらも，相互には，互いに他を排斥するような「権威的な言葉」の関係に立っている（図5-2上）。他方，後述するように，これら2つの「ジャンル」が，「対話的相関関係」に入れば，当該の発話をめぐって，2つの「ジャンル」は，互いに他から意味を「収奪（appropriation）」（ワーチ，1995/1991）する関係，すなわち，「内的説得力のある言葉」の関係を樹立すると見ることができる（図5-2下）。

「ジャンル」の概念と関連づけることによって，「権威的な言葉／内的説得力のある言葉」が，発話をめぐる集合的動態性を記述していることは，いっそう明確になる。たとえば，次のようなことを考えてみるとよい。先の事例で，生徒たちが持ち出したテレビや映画の「ジャンル」が，教師に対して，権威的な関係性をとるということも十分にありうる。生徒が仲間内で語る言葉に触れた教師が，それらの言葉に対して「無条件の是認か，無条件の拒否のどちらか」しかありえないと感受することは，大いにありえるからである（この点で，バフチン自身が，権威的な言葉の事例として，父親や大人や教師の言葉などを引いたことは，例示としては誤解を招きやすい。「権威的な言葉」は，特定の言葉や話者の立場・役割と ── 大いに連動することはあっても ── けっして同じものではないからである）。

さて，教師と生徒との間に，科学的概念の「ジャンル」をめぐる権威的関係とは別に，テレビや映画の「ジャンル」をめぐる権威的な関係性が成立していたとすれば，生徒たちが持ち込んだテレビや映画に依拠した科学的概念の（再）解釈が，両者の間で宙に浮いてしまったと想像される。この場合，生徒たちのせっかくの工夫も，結果として，当の科学的概念の理解にプラスの影響をもたらすことはなかったであろう。しかし，実際には，この教師は，テレビや映画の「ジャンル」に少なくとも部分的に精通していたと想像される。そのことに負うて，生徒たちの言葉を，半ば他者（生徒たち）の，半ば自己の言葉として内的説得力のあるものに変容させえたはずであり，ひいては，それが，生徒たちをして，科学的概念を，半ば他者（教師）の，半ば自己の言葉として摂取させる緊張感のある過程へと誘ったと推定されるからである。こうして，教師の「ジャンル」と生徒の「ジャンル」とが，問題の科学的概念，および，テレビや映画の言葉を媒体として接触し，互いが他に対して，それを収奪し，「自己の志向とアクセントに服従させ」（バフチン，1996, p.68）ようとする緊張感に満ちた関係性をとることができる。この意味での「ジャンル」の交錯関係において，初めて他者（教師）の言葉に対する（生徒の）真の理解が生まれたのである。以上のように，「権威的な言葉／内的説得力のある言葉」の関係性は，複数の「ジャンル」が相互に影響しつつ変動する集合的動態性だと見なければならない。
　では，上に集約したバフチンの対話的な発話論を踏まえて，筆者らは語り部グループの活動をどのような方向に展開しようとしたのか。節を新たにして詳しく述べることにしよう。

4　語り部という「ジャンル」の再編

4-1　「権威的な言葉」に支配された語り部活動

（1）「権威的な言葉」の由来
　結論を先に述べれば，2節で集約した2つの大きな課題に直面していた当時，語り部グループは，話し手が依拠する「震災語りのジャンル」と聞き手の多くが依拠する「防災語りのジャンル」，この2つの「ジャンル」が「権

図5-3　語り手と聞き手が1対多で対峙する構造

威的な言葉」の関係を結ぶ地点に，自らの「語り部のジャンル」を構築してしまっていたと言える。このことは，まず，活動現場の空間的構図として明瞭にあらわれている。すなわち，多くの場合，一人の被災者が語り手となって，多くの聞き手と1対多の構図で対峙するという構図である（図5-3参照）。しかも，このとき，語り手と聞き手との間には，簡単な質疑応答のやりとり，および，聞き手による感想文を例外として，いっさい対話的な交渉は存在しない。こうした「権威的な言葉」の関係性のもとでは，発話をめぐって，両者の間で，質問と応答，賛意と反意の応酬，言いかえ，補足といったやりとりが交わされることもほとんどない。「震災語りのジャンル」と「防災語りのジャンル」は，すれ違うばかりである。

　ここで大切なことは，「語り部のジャンル」が，「震災語りのジャンル」と「防災語りのジャンル」との間の権威的な関係性に立脚する「ジャンル」として成立してしまった背景とその由来を理解しておくことである。まず，語り手の側に，自らの語りをできるだけそのままの形で聞き手に受容してもらうことを目標としてきたという要因がある。たしかに，語り部たちは，質疑応答の場を確保し，感想文の収集も行ってきた（第4章の記述も参照）。しかし，一見，語り手と聞き手との間に対話的相関関係を生むかに見えるこれらの機会も，実際はそうならず，むしろ，語りの内容が聞き手の側に正しくコピーされたかをチェックする機能を果たすことが多かった。事実，筆者も語

り部たちも，質疑応答を通じて聞き手が実は「防災の語り」を求めていたことを知って落胆したり，感想文に「みなさんの気持ちがよくわかりました」というフレーズを見いだして安堵したりしていたのだ。

　他方で，聞き手の側にも，「語り部のジャンル」を「権威的な言葉」の関係へと誘導した一因はある。学校現場を例にとれば，通常，語り部活動の機会は1回限りであり，しかも，多くの場合，時間にして1時間足らずである。語り部たちは，学校にとっては失礼があってはならない〈特別なお客様〉であり，その講話は〈ふだんの授業とは異なる特別な機会〉であるため，その内容にクレームを申し立てることなど言語道断であると位置づけられている。実際，語り部の講話を〈スムーズに聞く〉ための「事前学習」が行われたり，場合によっては，〈適切な質問〉が教師によって事前に準備されたりすることもある（〈括弧〉で引いたフレーズは，教師の発言から引用）。すなわち，被災者の「ジャンル」と児童や生徒たちの「ジャンル」との間に摩擦や葛藤が生じないように，つまり，両者が「内的説得力のある言葉」の関係性を構成しないように，その場（「語り部のジャンル」）があらかじめ構成されているのである。

　たしかに，被災者たちが切々と語る体験談は，「権威的な言葉」から遠いように感じられるかもしれない。しかし，3-2項で強調したように，「権威的な言葉」とは，権威的な内容をもった言葉ではないし，通俗的な意味で社会的権威をもつ人が発話した言葉のことでもない。それは，「ジャンル」間に結ばれる権威的な対話的定位のもとで発せられる言葉のことである。したがって，語り部の言葉が，〈被災者の方の貴重な体験談〉として一方向的に，かつ一度きり語られるとき，それは，侵しがたい「権威的な言葉」と化していた可能性が十分にある。だから，それは，無条件の是認（「みなさんの気持ちがよくわかりました」という感想）か，無条件の拒否（「私たちが求めていたのはそういう種類の話（「震災の語り」）ではないのです」という反応）のいずれかを招来していたのだ。

(2)「認知的・表象的理解／関係的・応答的理解」

　以上と同じ趣旨のことを，言葉の「理解」に関するバフチンの理説に立って別様に位置づけておくこともできる。バフチンは，言語コミュニケーションに関する伝統的な図式，すなわち，「話者の側の能動的な言葉のプロセス

と，これに対応する聞き手の側の受動的な言葉の知覚と理解のプロセス」（バフチン，1988/1986, p.130）を棄却しつつ，次のように述べる。「生きた言葉，生きた発話の理解はどれも，能動的な返答の性格をもつ（なるほど，能動性の度合いはじつにさまざまだが）。どのような理解も返答をはらみ，なんらかの形で必ず返答を生み出す。つまり，聴き手が話者になる。聞きとられる言葉の意義の受動的な理解というのは，現実の全一的な，能動的に返答する理解 ―― それにつづく実際に声にされた返答で現実化される ―― の，単なる抽象的要因に過ぎない」（バフチン，1988/1986, p.131）。バフチン理論を談話心理学（discourse psychology）の領域で継承しようとするショッターとビリッグ（Shotter & Billig, 1998）に従えば，上記の考えは，言葉の理解とは，すべからく「関係的・応答的理解」（relational-responsive understanding）であるべきで，狭義の理解，すなわち，「認知的・表象的理解」（cognitive, representational-referential understanding）は，その一部を抽象化した産物に過ぎない，ということになろう。

　このことを踏まえれば，「権威的な言葉」の関係に支配された「語り部のジャンル」において，語り手たちは，聞き手の理解を，無意識のうちに，「認知的・表象的理解」へと限定していたと解釈することができる。すなわち，「防災語りのジャンル」の下にある聞き手が，「権威的な言葉」の関係性のもとで，「震災語りのジャンル」の下で発せられた語り手の言葉を，その字義だけを抽象化して ―― 「ジャンル」間の対話的相関関係を経ることなく ―― 受容する態勢が生じていたのである。しかし，上記の通り，「認知的・表象的理解」は，本来，共感，同意，反対，言いかえ，補足，（言葉に指示された行為の）遂行など，大きな可能性と多様性をもつ「関係的・応答的理解」のレパートリーのほんの一部に過ぎない。上掲のような種々の言葉の応酬を反復した末に，語り手と聞き手が，それぞれ，他者の「言葉を支配し，言葉を自己の意味と表現の志向性に吸収」（バフチン，1996, p.67）する関係を樹立すること，すなわち，「関係的・応答的理解」は，そこでは十分に実現されていなかったと言えよう。

　さらに，「関係的・応答的理解」は，「遅延した行動によって返答する理解」（バフチン，1988, p.132）を含む。「複雑な文化的コミュニケーションの諸ジャンルは多くの場合，まさにこの，遅延した行動によって能動的に応える理解を計算に入れている」（バフチン，1988, p.132）。体験者がその生きざまを

自らの言葉で語ろうとする活動，すなわち，「語り部のジャンル」とは，本来，まさに，ここで言われているような「遅延した応答」を含んだ文化的コミュニケーションの「ジャンル」の一つのはずである。実際，第4章で引いた語り手の一人（Aさん）は，「我が子を亡くした悲しみっていうのは，みなさんが，大人になって，特に女の子とは，あの，お母さんになって，子ども生んで，子どもを育てる段階になって初めて ……（中略）…… 絶対わかる時が来るんです」と述べている。しかし，2つの課題を抱えていた当時，語り部グループの活動は，語り手と聞き手とが質疑応答や感想文という限定された媒体を通じて，即時的かつ単発的に，当該の言葉に関する「認知的・表象的理解」のみを問題にするような「ジャンル」と化していたと考えられる。

4-2　課題解決へ向けた方向性

(1)「内的説得力のある言葉」へ

前項（4-1項）での分析が適切なものであるとすれば，課題解消へ向けた鍵 ―― 少なくとも鍵の一つ ―― は，「震災語りのジャンル」（語り手）と「防災語りのジャンル」（聞き手）との権威的な対立構造が支配する「語り部のジャンル」を，「内的説得力のある言葉」が支配する「語り部のジャンル」へと変革すること，別の言い方をすれば，「語り部のジャンル」を，「認知的・表象的理解」に限定されることなく，「関係的・応答的理解」の全般を活用した「ジャンル」として再編成することにあると言える。

このことを，2-2項で提示した2つの課題に即して表現すれば，以下のように整理できよう。まず，第1の課題，すなわち，「震災の語り」を志向する語り手と「防災の語り」を期待する聞き手とのギャップに対しては，2つの種類の語りが相互に独立した「ジャンル」として「権威的な言葉」の関係で対峙しているとの理解に立って，「内的説得力のある言葉」を産出する関係へと向けて対話構造を変換するためのアプローチが求められる。言いかえれば，語りの内容を「震災の語り」から「防災の語り」へと転換する，あるいは両者を混在させる，さらには，聴衆のニーズに応じて語りの内容を変えるといった，語りの内容を変更するアプローチではなく，震災の語り部という言説活動の「ジャンル」そのものを再編成・再構築するためのアプローチ

が要請される。

　次に，第2の課題，すなわち，自らの気持ちを伝えたいという強い思いが語り手にある一方で，被災者の気持ちは被災者にしかわからないのではないかという疑念については，「認知的・表象的理解」と「関係的・応答的理解」との関係性を十分に認識したアプローチをとることが肝要である。具体的には，語り手が「わかってもらえないのではないか」との疑念を抱きつつも，「伝えたい，語りたい」という意欲を失わないことの理由を見極めることである。それは，少なくとも将来的には，聞き手から応答が返ってくる可能性，さらにその応答に対して自分たちが応答を返す可能性（「関係的・応答的理解」）を，語り手たちが展望しているからであると思われる。すなわち，「遅延した行動によって返答する理解」が最終的に獲得される可能性を語り部たちが実践的に信じているからであろう。したがって，この可能性を最大化するような活動場面を設定することが，2つ目の課題解消策の根幹として据えられるべきである。

(2) 〈バイ・プレーヤー〉が示唆するもの

　本項の最後に，以上に指摘した課題解決へ向けた方向性が，第4章で展開した語りの分析の中で，すでにある程度示唆されていたことについて追記しておきたい。すなわち，被災者の語りは，それらがモノローグであるにもかかわらず，形式の差こそあれすべて，語り手にとって重要な他者（〈バイ・プレーヤー〉）との間で交わされる対話（ダイアローグ）の形式をとっていたという事実である。たとえば，第4章で登場したBさんの語りは，終始一貫，亡くなった長女との対話という構造をもっていた。その語りは，現実的な話者である本人と長女との間で交わされる想像上の，そして，持続的な対話として解釈可能だった。他方，別の語り手であるDさんの語りは，何度も反復される「神戸の人たち」という言葉で指示される不特定多数の人びとへと向けられていた。すなわち，Dさんの語りは，「神戸（の人たち）」を〈バイ・プレーヤー〉とする対話的定位の中にあった。

　ここから，さらに，語り手と〈バイ・プレーヤー〉との対話は，「未完」に終わっているのではないかとの仮説を提示することもできるだろう（詳しくは，矢守，2003）。すなわち，語り手たちは，〈バイ・プレーヤー〉からの問いかけに自分が十分応答していると実感できていない。同時に，語り手か

ら〈バイ・プレーヤー〉へと向けられた問いかけに〈バイ・プレーヤー〉から十分な応答があると感じることができない。たとえば，第4章（5-3項）で紹介したように，Bさんが「娘の悲しみでなく，わたしの悲しみに浸っていただけかもしれない」と筆者に語ってくれたとき，Bさんは，Bさんの長女からの問いかけに十二分に応答できていないことを表現しているのではないだろうか。だからこそ，Bさんを含め語り手たちは，応答を求めて語り部の活動に従事しているのではないか。よって，筆者を含めた聞き手には，語り手と〈バイ・プレーヤー〉との間の未完の対話に参入し，それに応答することが求められているのではないか。このように考えることが許されるだろう。

　以上の仮説は，要するに，語り手たちの語りは，すでに，半ば自己の，半ば〈バイ・プレーヤー〉の言葉だったことを示している。その限りでは，「語り部のジャンル」は内閉されたものではなく，「内的説得力のある言葉」の関係性を他の「ジャンル」との間で構築するポテンシャルを有していると考えることができる。つまり，〈バイ・プレーヤー〉との間に，（不十分ながらも）生じていたと想定しうる「内的説得力のある言葉」の関係性を，直接の聞き手との間でも生成するためのポテンシャルを，それ自身のうちに保有していると考えられるのである。ところが，実際には，3-2項で分析したプロセスによって生じた「権威的な言葉」の構造が，そのポテンシャルの十分な発揮を阻んでいたと分析される。したがって，ここでなすべきことは，語りがもつこのポテンシャルを引き出し，活性化させるためのアクションを起こすこと，すなわち，語りの中に組み込まれた未完の対話に，筆者自身を含む聞き手が新たな〈バイ・プレーヤー〉となって参与することを促し，語り手たちの言葉を，「自己を対話化する新しいコンテキストの中」（バフチン，1996/1994, p.165）に置くことである。

　以下，このアクションについて，節を改め記すことにしよう。

5 地元大学生との共同的実践

5-1 共同的実践の概要

2006年10月，K1995のメンバー6人は，神戸学院大学（神戸市）を訪れた。語り部グループを受け入れてくれたのは，神戸学院大学学際教育機構・防災社会貢献ユニットの大学生（10人）である。これは，同ユニットで防災について専門的に学ぶ大学生（10人）とメンバーが継続的に交流するための訪問（その第1回）であった。この交流は，メンバーとの相談の上であることはむろんだが，筆者自身が企画し実現させたものであった。

同ユニットは，防災を中心とする社会貢献活動について学ぶために設置された。同ユニットでは国内外のフィールドにおける実践活動が重視されており，特に注目すべきは，メンバーが交流した大学生たちが，自作の教材を開発したり，防災機関での体験学習に共に出向いたりするなど，小中学校における防災教育に継続的に関与していたことである。具体的には，大学生たちは，当時，国語，算数など，通常の教科カリキュラムの枠内で防災教育を展開するための教材を開発するプロジェクトを進めていた。その成果は，その後（2007年3月），防災教育に関する優れた試みを顕彰する「防災教育チャレンジプラン」においてグランプリを受賞するに至る（舩木，2007）。

語り部グループが同ユニットを訪問した目的は，それまでのように，メンバーが語り手となって聞き手（大学生たち）に体験を語るためだけではなかった。むしろ，以下の2つのことを目的としていた。第1に，大学生に体験を語るとき，直接の聞き手である大学生に体験を伝えるだけではなく，先述した小中学校での防災教育で活用する素材を提供することを念頭において活動を行った。第2に，メンバーの震災体験そのものではなく，震災体験について語るという活動の意味や目的，活動上の工夫や課題について議論することを目的とした。なぜなら，交流した大学生たちも，メンバーと同じこと，つまり，震災体験の語り部活動を実施していたからである。すなわち，大学生のうち数人は大震災の被災者であり（当時は小学校高学年），当時の避難所生活など自らの体験を，前述した防災教育の現場で小中学生に語っていたの

図5-4 語り部と大学生のやりとり

である。

　以上の共同的実践は，さしあたって，次の2つの目に見える効果を生んだ。第1に，語り部のメンバーと大学生は，1対多の構図のもと，語り部メンバーだけが一方向的に語るという構図から解放され，相互に自由に「語り合う」ことになった。それに伴って，活動場面の空間的な配置も先に図5-3に示した状況から，図5-4のように，少人数で対面する構図となった。第2に，筆者は当初から，交流を単発的な活動に終わらせることなく長期間継続させることについて，メンバー全員から合意を得ていた。この結果，両者の交流は繰り返し実現した。すなわち，2006年度の交流会は，第1回（2006年10月5日），第2回（同年11月21日），第3回（同年12月12日），地元小学校で共同して防災学習を担当（2007年1月18日），第4回（同年3月20日）と続き，現在（2010年度）も，最初にこの共同作業に参加した大学生の後輩たちとともに，交流は継続中である。

　さらに，上述のように，一連の交流活動のハイライトとして，メンバーと大学生とが共同で教育プログラムを作成し，大学生たちがそれまで数回にわたって体験学習や授業を担当してきた地元小学校に共に出向いて半日の防災教育を共同担当するプロジェクトも生まれた（詳しくは，舩木，2007を参照）。このプロジェクトでは，たとえば，1時間目は，大学生が開発した防災教材を用いた算数の授業，2時間目は語り部メンバーの話の聴講など，両者の活

第5章 「語り合う」―10年目の震災語り部活動

動が組み合わされていた。

　特に注目すべきは国語の授業で，その教材には，交流を通じて語り部メンバーの避難先での体験について聞きとった大学生が独自にアレンジした物語が利用された（詳しくは，神戸学院大学学際教育機構防災社会貢献ユニット，2007 を参照）。教材となった物語にはいくつかの設問が付されており，この授業でも，物語の中に登場する人物（当時の避難者）の気持ちを問う設問について，教師役の大学生が小学生に問いかけ，それに対して小学生からさまざまな意見が提起される場面が観察された。同時に，そのやりとりを，物語を提供した語り手本人も，教室の後方で観察することができた。さらに，その観察結果を，交流会（第 4 回）で語り部メンバーが大学生にフィードバックするといったやりとりも生じた。

5-2　共同的実践の成果と課題

　前項での記述から，この共同的実践のねらいが，語り部活動をめぐって語り手と聞き手との間に形成されていた「権威的な言葉」の関係を，「内的説得力のある言葉」を産出する関係へと転換することにあったことは明確であると思われる。以下，この点について，より詳細に考察していこう。特に，注意すべき点は 3 つあると思われる。第 1 に，直接の聞き手からの応答性に関わる問題，第 2 に，「予期される応答の言葉の深い影響」（バフチン，1996/1994, p.45）に関する問題，最後に，アクションリサーチの中で研究者自身が果たすべき「出来事のなかでの私の責任」の問題である。

（1）直接の聞き手からの応答性 ── 「語り合う」こと

　第 1 のポイントは，直接の聞き手（大学生）から語り手たちにもたらされる応答性が，語り部活動に与えた影響に関わる。4-1 項で述べたように，従来の活動では，語り手たちが直接の聞き手から受ける応答は，簡略な質疑応答や感想文に限定されていた。しかし，本実践では，語り手と大学生との間に双方向かつ継続的なやりとり，すなわち，「語り合う」ことが成立した。

　表 5-1 に，両者の交流におけるやりとりの一部を例示した。会話 1 では，語りにおける「脚色」の是非が話題となっている。また，会話 2 と 3 では，それぞれ，起震車体験とバケツリレーというおなじみの訓練のあり方につい

表 5-1　語り部メンバーと大学生のやりとり

会話 1：
(S_1) 私は，語り部さんとの，こう伝えていったり，また広めていったりするための教材として，絵本とか小説という形を考えているんですよ。……（中略）……　やっぱりそういうのって脚色じゃないんですけど，入ったりする面もあるんですね。
(N_1) ぼくは，それは別に嫌とか……ないですね。やっぱり話をする，ぼくは30何年間小学校の先生をしてきたからね，……（中略）……　小学校1～3年生までと，大きい子らっていうのは違ってくるからね，そのへんでは。それとこれからぼくらとこうして話しする機会が多くなっていくと思うんだけど，そこから，おもしろいところをいっぱい見つけたらいいと思うわ。

会話 2：
(N_1) 起震車に乗ったらテーブルといすがあるんやけどね，ぼくはあれがだめやと思うわ。あなたが経験したときにやってほしいのが，立つねん。立っておく。……（中略）……　あのときに立っておれなかった，そこを原点にするために立って乗ってほしい。
(S_1) その起震車に，私，高校のときに乗って，11月に防災コミュニティの子どもたちと一緒に神戸の消防学校に行って，……（中略）……　子どもたちには，コンロとかを消しに行こうとするけど消しに行けない，というような感じにするのかなと思ってたんですけど，でも実際はコンロとかも切ってある状態で，初めから。それで揺れてたんですけど，子どもたちも「揺れてすごい」で終わってしまうんですよね。

会話 3：
(N_1) たとえば，防災の話で，バケツリレー，やってるやん。あれ，どない思う？
(S_1) バケツリレーみたいなのは，したんですよ。この前行ったときに［地元小学校での防災教育活動のこと：引用者注］。バケツじゃないんですけど，布団を，避難所に模した体育館に運ぶというのを。子どもたちはけっこう協力するのは大変やなというのを分かってくれたみたいですけど。
(N_1) それで，そのとき企画して子どもや大人にさせる人の意図というのが大切になってくる。ぼくは，××小学校に去年1月か2月に行ったときに，子どもらがバケツリレーして，……（中略）……　ぼくが見てたら，おじいちゃん，おばあちゃんが見て，「あほー」と言って。なんでかっていうと，「あのとき水があったか，あほー」と言って。「そーや，バケツがそんなようけ，いっぱいあったか」というわけで。

会話 4：
(S_1) やっぱり私たちはこういう実践的な授業というのは少なくて，他は行政の方が来るってのが多いんですよ。私は，もっと実践的なもの，子どもたちと触れ合うような授業だったり，もっと語り部さんの話を聞いたりするような授業をもっとやりたいと思って

るんですけど……。
(N₁) さっき××先生とも話してたんですけど，ぼくらはこんなことがあるとね，やっぱり10年以上経ったからニーズが変わってきてることで語り部はけっこうつらい部分があって，何でも防災につながってる語りを聞きたいと。そんなん，あれへんよ，実際は。……（中略）……結局，プロの防災の人がいろんなことを話をしたり，なんでそれだけのことをふだんから心がけたりしなければいけないかという動機を人間もたなければアホらしくてできひんから。そんな動機をひきつけられるようなものが初めにあればいいんちゃうかなぁ。
(S₂) たとえばなんですけど，その動機をひきつけるための考えはありますか。
(N₁) ……（前略）……小学校をうろうろしてて，はっと気付いて，落とし物のとこに何かあると思って行ったら，それ［ジャンパー：引用者注］があってね。悪いけど，これ，もらおうかって。寒いときお腹に巻いて，座布団にしたり，上が怖いときにそれを被るということで，1回は尋ねたんだけど，持ち主がいないということで。それで，これ，何か分かるかなって子どもに見せたら，子どもは一生懸命考えて。あのじいさんは何を一人で遊んでるんやと思われてたかもしれんけど……。で，実は……って，しゃべって。いちばん子どもにとってインパクトがあるだろうなぁというような。

会話 5：

(S₃) ぼくは，やっぱし震災というのを体験してないので，……（中略）……やっぱし想像っていうのは自分の中でしかできないんですけど，そういうところは映像を使うのは難しいんですかね？　体験された N₂ さんから見て，やっぱし映像っていうのは見にくいっていうか
(N₂) いや，一度も見たことがない。流れる視覚にはあると思うんですけど，頭脳には到達してないと思う。確かに X さん［他の語り部メンバーの名前：引用者注］が仰ったように，ビデオを流す講演の時もありますよね。まずこういう感じでしたということ，阪神大震災を知らすためには，こうだった，と。だけど，その音もしてるし，映像も流れているけれど，私の脳裏ではそれはシャットしている，止めているというか。だから，もう見てるんだけど，本当には見てない。映像的に流れてるだけで，あとこうやって下向いてたりという感じですね。意識的に遮断してる感じですか。
(S₃) たぶんその，N₂ さんとか X さんとかがやられるときは，やっぱし映像を使うのがそういうのが出てくると思うんで，難しいと思うんですよね。……（中略）……やっぱし N₂ さんに比べたらぼく，ぼくは，やっぱし伝える側としては，今の若い小学生とか中学生には，やっぱし，ぼくがするには，その映像とかがないと，やっぱし。ぼくは体験してないから，言葉足らずになっていくんで，やっぱし映像を使ってとか，音を使ってっていう形が，やっぱし，その方が伝わるのかなと思っているんですけど。
(N₂) それは，やはり皆さんが伝える場合は，やはり目，視覚的に伝える方が，よりいっそう地震というものが分かると思うんですけど。まず，私たちが，語り部としてやっているのは，その後ろにある出来事。起こったことは地震であるけれども，その後ど

うなったかということを経験者として伝えてるので。そして，映像って言うのは，むごい所だけですよね。まあ言ったら，阪神高速が倒れた，ビルが落ちた。でもそれ以外に，個々に地区的にこんなことがあったということを，住んでいる場所が違うので，それぞれが話していくという。

会話6:
(N₃) S₄さんみたいに，教材づくりをしてるの？　そんなことはないの，まだ？
(S₅) まだって言うか，どういうのをしていこうかなぁっていう感じですね。
(S₄) 実は，この3人もみんな行ったんですよ。[地元小学校での防災教育活動のこと：引用者注]
(N₃) これは，みなさんの合同作成というものなんですか。この資料の作成はみんなでやったんですか？
(S₄) 資料の作成もみんなでやりました。
(N₄) でも，すごいなあ，若い人は。すぐにぱっと取り入れてされるというのはすごいと思った。……（中略）……　すぐにとり入れて，すごいよねえ。こういうものを作るなんてすごいよね。……（中略）……　初めはこれでもかこれでもかと映像で見てもらったんですけどね。なんか，自分が，それだけの事実に遭遇していないから，いくら映像見せつけてもピンとこない。だから途中でやめちゃった。だから話だけにしている。
(S₅) そうなんですか。[明らかに意表を突かれた声色で：引用者]
(N₃) お話だけだと，小学生の場合は，20分もたないね。だから，やっぱり皆さんの若い力を借りて何かやっぱり，何とか，こう，わかってもらえるような，何だろうな，道具というか，教材を作りたい。……（中略）……　私たちが活動に行くとき，そのときに時間がゆるしたら，一緒に行って助けていっていただくような，そんな日が来たらと思っていんですけどね。

(注：Nは語り部グループのメンバー，Sは大学生，異なる数字はそれぞれ別人をあらわす。)

て話し合われている。会話4では，語り部活動が防災教育に果たす役割が議論の焦点になっている。さらに，会話5と6では，いずれも，震災体験を伝える活動に映像資料が果たす役割がテーマになっている。

　ときに大学生が問いかけ語り部グループのメンバーがそれに応え，またときにはメンバーが問いを発し，それに大学生が応えていることがわかる。このような応答，すなわち，自分たちが語ったことに対して，目の前の聞き手からすぐに応答を受けるという体験を通して，また，こうした応答の成果が，防災教育の教材や防災教育プログラムとして結実することを通して，メンバーたちは，自らの活動が確実に他者（大学生や小学生）を動かしているとの実感をとり戻していった。また，反対に，小学生に対する大学生の巧みな授

業を目の当たりにして，メンバーが自分たちの活動のあり方について内省を深めたことも事実である．

さらに，会話2～4に見られるように，こうした語り合いを通じて，「震災の語り」と「防災の語り」との対立が，個人的葛藤という形式で潜在化するのではなく，応答の中で明示的に表現されていることも重要である．たしかに，両者の対立が簡単に解消されるわけではない．しかし，「震災の語り」を志向する人びとと「防災の語り」を志向する人びとがそれぞれの「ジャンル」に内閉するのではなく，両者の語りが一つの応答の中で互いに応酬する（「語り合う」）ことが重要である．そうした応酬こそが，複数の「ジャンル」が接触し，相互の闘争関係の中で「内的説得力のある言葉」が産出されるプロセスに外ならないからである．具体的には，会話2と3では，典型的な防災訓練をめぐって，「防災の語り」の中に震災の渦中にあった語り手による「震災の語り」が介入している．また，会話4では，「動機をひきつけられるようなもの」という用語で，「防災の語り」の中に「震災の語り」が適切な位置を占める方策が模索されている．

さらに，会話5と6で，震災を体験していない聞き手に対するインパクトが大きいことを理由に，大学生が映像資料を重視する発言を行っているが，それに対する語り部メンバーの反応が興味深い．すなわち，語り部たちは，大学生の見解に対する評価以前の問題として，「震災の語り」においては，震災の映像資料をめぐる言説が適切な位置を見いだしにくい点を指摘しているのである．会話5では，そもそも，被災者はそのような映像を目にしない（目にできない）ことが指摘されている．また，会話6では，映像資料に代表される教材を大学生が独自に作成していることに敬意を表しながらも，すべての被災者が，その種の映像資料（会話5の通り，それらの映像の多くは，ビルや高速道路の倒壊，火災現場など，大規模な物理的破壊の様相を映し出したものである）で描かれる現場には居合わせてはいなかったことが示唆されている．このような，ある意味でぎこちないやりとりは，たしかに，この時点では，両者の「ジャンル」が十分融合されてはいないことを示している．しかし，こうした葛藤と摩擦に満ちた応答関係が「内的説得力のある言葉」の生成へ向けた第一歩であることはたしかだと思われる．

(2)「予期される応答の言葉の深い影響」

第2のポイントとして,「予期される応答の言葉の深い影響」について考えよう。先に述べたように,今回の共同的実践で,メンバーたちは,自分たちの語りが大学生によって聞きとられ,その一部が小学生へと語られるであろうことを意識して大学生たちに語っている(この点は,会話1や会話6に特に明確にあらわれている)。直接の聞き手が第三者へと語ることを十二分に意識して相手に語ること,自分の言葉が他者による変容を被りながら第三者へと伝達される可能性をあからさまに予想した状態で語ること —— このことは,「十二分に意識して」,「あからさまに予想して」というフレーズを除外すれば,バフチンの宛名性(addressivity)の概念が示すように,実は,発話一般に認められる構造である。すなわち,バフチンによれば,「どんな具体的な発話も,一定の領域における言語コミュニケーションの連鎖の一環なのである ……(中略)…… どんな発話も,所与の領域の先行する発話への返答と見なすことが,まずもって必要」(バフチン,1988/1986, p.173)である。しかも,「発話は,言語コミュニケーションの先行の環だけでなく,後続の環ともむすびついている。発話が話者によってつくられるとき,後続の環はもちろんまだ存在していない。けれども発話は最初から,ありうべきさまざまな返答の反応を考慮して構築され ……(中略)…… 発話の本質的な(生来の)特徴は,それが誰かに向けられていること,それが宛名をもつことである」(バフチン,1988/1986, p.180)。この意味で,今回のとり組みは,奇を衒ったことを試みたわけではない。むしろ,発話が本来もつ「宛名性」を通常より少々強調してみせたに過ぎない。

しかし,通常は潜在化されていることも多い,この宛名性を顕在化させたことは,重要な効果をもたらす。その一つのあらわれが,先に触れた「認知的・表象的理解」から「関係的・応答的理解」への移行である。自分の語りが,面前の聞き手(大学生)によって聴取されるのみならず,それが今ここにいない第三者(小学生)へと継承されることを明示的に意識したとき,語り手の関心は,自分自身の考えや心情が第三者に正確にコピーされるか否かということから遠ざかる。直接の聞き手による「認知的・表象的理解」は,容易に検証可能である(ように見える)一方で,自らが直接アクセスできない人びとによる「認知的・表象的理解」の検証は困難だと想定されるからである。むしろ,それよりも,潜在的な語り手(現在の聞き手)である大学生

によって，自らの言葉が，「自己を対話化する新しいコンテキストの中に置かれるたびに，新しい意味の可能性を余すところなく開示する」（バフチン，1996/1994, p.165）プロセスに，語り手の関心は向かうことになる。むろん，これは，言葉を内的説得力のあるものへと変化させるための重要なステップに外ならない。

　語り部のメンバーが以上のような姿勢をもちはじめたことは，表5-1に示した会話のサンプルからも示唆されると思われるが，より直接的な根拠も存在する。それは，会話1などに登場する語り手（N_1）によって定例の勉強会に提示された資料である。この資料は，大学生との共同的実践を開始した直後（2007年10月）の会合で提示され，メンバー全員によって共同的実践へ向けた基本方針として合意されたものである。この資料には，活動のキーワードとして「語りの代行・借用」というフレーズが登場する。これは，大学生が自分たちの語りの内容を積極的に「借用」したり，自らの活動を「代行」して次世代（小学生など）にアプローチしたりする，との脈絡で使われている。つまり，語り部メンバーたちは，自分たちの言葉が，バフチンの言う「新しいコンテキストに置かれ」，他の「ジャンル」との緊張感に満ちた相互作用にさらされて，さまざまな変容を被るであろうことを十分意識していたのである。

　この点で，先述の国語教材として結実した物語は，上に言う「語りの代行・借用」があからさまな形で具体化したものだと言える。たしかに，教材という体裁だけをとりだしてみれば，語り手と大学生との間で形成された「内的説得力のある言葉」の関係が，かえって，教科学習の場面における教師と児童との関係性，すなわち，3-2項で例解したような「権威的な言葉」の関係に回帰してしまったかのように思われるかもしれない。しかし，ひるがえって考えてみると，4-1項で〈特別なお客様〉という用語を引いて述べたように，「語り部のジャンル」は，これまで，「教室言葉のジャンル」に対してすら権威的な関係を張っていたのである。この点を踏まえれば，児童にはより馴染み深い通常の教科教材として再構成され，かつ，授業を担当する大学生（以前から小学生たちと交流をもっていた大学生）によって「借用」され，語り部メンバーの「代行」として物語られた物語は，〈特別なお客様〉の講話を拝聴する場面よりは児童の生活世界に近い「ジャンル」を構成していたと言えるだろう。また，「この部分はどういう意味だと思う？」と，そ

れに対する児童自身の解釈(新たな言葉)を積極的に求める大学生とのやりとりは,児童たちにとって,従来の「語り部のジャンル」とも,あるいは,日常の「教室言葉のジャンル」とも異なる新たな「ジャンル」を生成しはじめていたと解釈することも可能ではないだろうか。

このように次々と応答を誘発し,多くの「ジャンル」の間を言葉がわたり歩く過程を経て,言葉は,「権威的な言葉」を生む関係性から解き放たれ,「内的説得力のある言葉」を生む関係性へと埋め込まれていく。たしかに,この過程を構成するある断面だけをとりだせば,複数の「ジャンル」が形づくる緊張・闘争関係が,語り手や聞き手に「ぎくしゃくしている」,「わかりあえない」といった感覚を生ぜしめる局面もあろう。また,緊張・闘争関係が,両者の溝をむしろ拡大する結果につながることも,むろんある。しかし,バフチンに従えば,これまで述べてきた意味での関係性の変容こそが,語り部のメンバーたちが「わかってもらえた」との実感を得るための有力な道筋であることもまたたしかである。なぜなら,「〔他者の言葉から〕深い生産的な影響を受けた場合にあらわれるのは,その外面的な模倣,単なる再生ではなく,新しいコンテキストと新しい条件のもとでの他者の(正確には半ば他者の)言葉の,更なる創造的な敷衍」(バフチン,1996/1994, pp.167-168)だからである。

(3)「出来事のなかでの私の責任」—— アクションリサーチと研究者

最後に,今一度,本章の冒頭で示した問題意識,すなわち,バフチンが立脚する「能動的社会観」に立ち戻って,研究者自身の応答性について,筆者自身の1人称の視点から触れておこう。第4章,そして,この第5章を通じて述べてきたように,筆者は,語り部グループ(G117およびK1995)の一員として長期間活動を共にしている。したがって,活動が停滞状況に陥ったとき,そこにグループのメンバーかつ研究者として何かをインプットする必要があることを筆者は痛切に感じた。言いかえれば,語り手の言葉が,〈バイ・プレーヤー〉との間で応答を,しかも未完と見える応答を続けていることを見いだし,そこに聞き手をも巻き込んでいくことが必要ではないかと思い立ったとき,筆者自身が能動的な応答を求められている当事者の一人であることを強く自覚したのである。

この自己認識から生まれたのが,本章で述べた大学生との共同的実践とい

う方向性であった。すなわち，語り部メンバーの個々の語りに対して，当事者の一人として何らかの応答をなすのではなく，メンバーの語りに対して，「関係的・応答的理解」を新たに引き出すための仕組みそのものをメンバーとともに共同構築するという「関係的・応答的理解」を，メンバーに対して示そうとしたのであった。もちろん，このアクションが今後どのような肯定，否定両面にわたる結果を生むかについて，現時点ですべて予測することはできない。しかし，いずれにせよ，筆者は，「出来事のなかでの私の責任」を今後も果たそうとするであろうし，こうした種類のアクションリサーチが，バフチン思想の，きわめて良質で重要な要素 ——「能動的社会観」—— を継承することになると信じている。

第6章 「語り継ぐ」
── 生き方で伝える，生き方で応える

1　新たなアクションリサーチへ

　本章では，第4章と第5章と同様，阪神・淡路大震災の体験の語り継ぎに関して，筆者が仲間とともに展開してきたアクションリサーチについて述べる。ただし，本章では，先行の2つの章とは異なり，中高齢者を中心メンバーとする語り部活動ではなく，より若い世代を含む複数の世代にまたがる語り手たちによる活動をとりあげる。

　具体的には，震災から10年あまりを経て，父親とまったく同じ職業（消防士，神戸市消防局勤務）に就いた女性（当時小学生）とその父親（現在も娘と同じ組織に勤務）のペア（消防士ペア），および，震災当時の担任教師（男性）と同じ自治体（芦屋市）で教職に就いた女性（当時小学生）とその担任教師（現在もその女性と同じ自治体で教師として勤務）のペア（教師ペア）が，本アクションリサーチの主役である。この2組のペアは，まず，被災地の小学校で小学生を相手に震災に関する特別授業を実施した。これは「事前授業」と呼ばれ，特に，教師ペアは，女性が実際に担任しているクラスで授業を行った。その後，この2組4人は，授業を聞いた小学生による感想文の発表（朗読会）と，4人をパネリストとするパネルディスカッションの2つを中核とする「メインイベント」（「災害メモリアルKOBE2009：生き方は伝わる ── 震災とわたしの仕事」，図6-1参照，災害メモリアルKOBE実行委員会主催）に参加した。

　筆者は，前身のイベント（「メモリアルコンファレンス・イン・神戸」）を含めれば，阪神・淡路大震災以後15年間にわたって毎年1回，計15回にわたって継続的に開催されてきたこのイベント（「災害メモリアルKOBE」）の実行委員会幹事長をこの5年間務めている。上記の企画を他の実行委員会メン

143

図6-1 「災害メモリアルKOBE」のチラシ

バーとともに主導し，かつ，上記のパネルディスカッションでコーディネータを務めたのも筆者自身である。すなわち，筆者は本イベントを外在者として観察・調査したわけではなく，前2章で触れた「語り部グループ117」，「語り部KOBE1995」と同様，その企画・運営に当事者の一人として深く関与している。

　ここで，上に要約した，一風変わった語りの場の演出，言いかえれば，少々凝った語り手のペアリングは，むろん，単なる思いつきでなされたわけではないことに注意を促しておきたい。こうした語りの場の設定は，筆者自身が別途展開してきた語り部活動で直面した課題，あるいは，それに関する理論的な考察を通して獲得した実践的な見通しをベースにしている（第4章，第5章を参照）。すなわち，このイベントの全体が，前2章で述べてきたアクションリサーチの発展形として位置づけられているわけである。

　以下，まず，2節で，本アクションリサーチの中核となるイベント「災害メモリアルKOBE2009」の概要について述べる。特に，事前授業とパネルディスカッションを中心としたメインイベントについて詳しく紹介する。以下，特に断らない限り，このイベントに関する紹介は，実行委員会が刊行した報告書（災害メモリアルKOBE実行委員会，2009a）にもとづく。語り手の発言や聞き手の感想文の引用（[p.]印で表記）もすべて，この報告書による。引用頁表記がない発言は，事前授業の様子をすべて再録した未公開の映像・音声記録（災害メモリアルKOBE実行委員会，2009b）から筆者が文字に起こしたものである。

　次に，3節では，事前授業およびメインイベントの際に2組4人の語り手たちが語ったこと，授業を聞いた小学生たちが感想文の朗読で語った内容などを具体的に引用しながら，今回のイベントが有する特徴と意義について，ガーゲン（2004/1994）が提唱する「徹底した関係主義にもとづく自己語り」の理論（本書第9章も参照）をベースに理論的に考察する。この際，特に，筆者が，これまで関わってきた語り継ぎの活動について，どこをどのように改訂することを意図して今回のイベントを共同企画・運営したのか，その意図は達成されたのかについて詳しく検証する。最後に，4節で，筆者やその共同者が実践している類似の語り継ぎ活動について簡単に紹介しながら，災害の語り継ぎ活動の今後について展望する。

2 「災害メモリアル KOBE2009」

2-1 イベント全体の概要

　「災害メモリアル KOBE」は，同実行委員会の主催，阪神・淡路大震災記念人と防災未来センター，京都大学防災研究所，兵庫県の3団体の共催により，阪神・淡路大震災から11年を迎えた2006年以降，毎年1回，同震災が起きた1月に，人と防災未来センター（兵庫県神戸市）を中心に開催されているイベントである。本章で報告する2009年1月のイベント（「災害メモリアル KOBE2009」）は，したがって，このイベントとしては，4回目の開催となるものであった。同イベントは，「市民の防災力を高める」をメインミッションとし，「次世代の育成」，「世代間による語り継ぎ」，「被災者学の確立」，「地域間交流」を，被災地神戸から発信・実現していこうというものである。この目標のもと，2010年1月までに，すでに5回のイベントが開催された。その概要を表6-1に示す。

　本章でとりあげる4回目のイベントでは，先に述べたように，消防士ペアと教師ペアが，被災地の小学校で小学生を相手に震災に関する事前授業を実施した。特に，教師ペアは，女性が実際に担任するクラスで授業を行った。その後，この2組4人が，この授業を聞いた小学生による感想文の朗読会と，筆者自身がコーディネータを務めたパネルディスカッションの2つのプログラムを中核とする「メインイベント」（「災害メモリアル KOBE2009」）に参加したわけである。

　他方，前身となるイベント「メモリアルコンファレンス・イン・神戸」は，同組織委員会および同実行委員会の主催により，阪神・淡路大震災の翌年（1996年）から震災10年目となる2005年までの10年間，毎年1回，1月に開催された。その10年の歩みをまとめた書物（メモリアルコンファレンス・イン・神戸実行委員会, 2005）の冒頭には，「阪神・淡路大震災を単なる不幸な経験にとどめてしまってはいけない。［この気持ちは：引用者］メモリアルコンファレンスをもつことにしようと決意した人びとに共通のものでありました」との組織委員長の言葉が引かれている。この趣旨のもと，「メモリ

表 6-1 「災害メモリアル KOBE」の概要

第 1 回（2006 年 1 月：震災 11 年目）
　＊テーマ：「未来へ語ろう！　私たちの体験：中越大地震・新潟豪雨・豊岡水害を経験して」
　＊概　要：2004 年に起きた災害の被災地から子どもたちを神戸に招き神戸市内の子どもたちと交流。互いの経験の作文発表や「しあわせ運べるように」（震災後，被災地・神戸で生まれた曲）の合唱など。

第 2 回（2007 年 1 月：震災 12 年目）
　＊テーマ：「未来へ語ろう！　わたしたちの体験：世界で行動する先輩と災害を学ぶ」
　＊概　要：子どものときに大震災を経験し，現在は大学や NGO で防災について学ぶ 3 人の先輩（大学生）による小中学生対象の事前授業と感想文の朗読発表など。

第 3 回（2008 年 1 月：震災 13 年目）
　＊テーマ：「未来へ語ろう！　わたしたちの体験：ぼくたち，わたしたちがみた震災」
　＊概　要：小中学生のときに大震災を体験した先輩たちによる小中学生対象の事前授業と感想文の朗読発表。前年に起こった中越沖地震，能登地震の被災地の小中学生と神戸の子どもたちとの交流も実施。

第 4 回（2009 年 1 月：震災 14 年目）
　＊テーマ：「生き方は伝わる：震災とわたしの仕事」
　＊概　要：（本章で報告）

第 5 回（2010 年 1 月：震災 15 年目）
　＊テーマ：「今語る，15 年の時間（とき）」
　＊概　要：中学校で震災を体験した教員とボランティアとして活躍した当時の教え子（6 名），および，震災時看護師 1 年生であった女性と看護学校で勉強していた男性による小中学生対象の事前授業と感想文の朗読発表など。

アルコンファレンス・イン・神戸」では，たとえば，災害ボランティア（2001 年），すまいとくらしの再建（2002 年），マスコミ体験と災害報道（2003 年）など，阪神・淡路大災害が投げかけた個別の課題やテーマを掲げながら，大震災の当時を振り返るとともに，被災地の今を見直す作業が毎年展開された。

　本章でとりあげる「災害メモリアル KOBE」は，先行のイベントの成果を踏まえつつ，視点を，阪神・淡路大震災を直接経験した人びとと，特に，大人としてそれを経験した人びとから，次世代（子どもとして大震災を経験した人びと），あるいは，阪神・淡路大震災以降に別の災害に見舞われた人びとへとシフトさせた。この視点の移行は，筆者自身を含む実行委員会全体の

方針であったが，筆者個人としても大いにその促進を図ったものであった。特に，本章でのとり組みとは別途，防災ゲーム「クロスロード」（本書第2章のほか，矢守・吉川・網代，2005; 吉川・矢守・杉浦，2009; Yamori, 2007; 2008 などを参照）を媒体として災害体験の伝達と継承を図ってきた筆者にとって，知識や技術を，「インターローカル」（地域間）に，「インタージェネレーショナル」（世代間）に，「インターセクショナル」（領域間）に伝播させることによって，防災の実践共同体（矢守，2009 など）のダイナミックな再編を図ることは，理論的にも重要な課題だった。「災害メモリアル KOBE」は，こうした問題意識のもとで筆者が展開したアクションリサーチの一つとしても位置づけられるのである。

2-2 事前授業

（1）消防士ペア —— 神戸市立西郷小学校

消防士ペアは，神戸市水上消防署の消防指令井上雅文さん（53歳，授業時点）と，神戸市西消防署に勤務する井上奈緒さん（21歳，同上）の2人である。事前授業は，2008年12月5日に，神戸市立西郷小学校（神戸市灘区）で行われた。阪神・淡路大震災からまもなく14年を迎えようとする時期であった。同小学校は，本イベントの実行委員会の要請に応じて事前授業の開催を引き受けてくれたもので，同小学校の周辺地域は，言うまでもなく，同震災の被災地の一つである。授業を受けたのは，同小の5年生76人であった。

奈緒さんは，震災当時，小学校1年生（7歳）であった。兵庫県稲美町の自宅で，その後2週間まったく帰宅しないことになる「大好きなお父さん」を，「何でお父さんはこんな怖いときに，自分をほっていってしまうんだろう」[p.44] という心細い気持ちで見送ったという（ただし，実は，雅文さんは，この間一度帰宅し，奈緒さんの寝顔を見たと授業の際に明かすことになる）。他方，雅文さん（当時39歳）は，震災当時，消防機動隊に所属しており，猛煙が立ち上る被災地上空をヘリコプターで旋回しながら本部に情報を送り続け，地上の消火活動を支援した。その後，奈緒さんは，父親と同じ道を歩むことを決意し，父親とまったく同じ神戸市消防局に就職することで，その夢を実現する。その過程を語ることが奈緒さんの語りの中核である。

事前授業は，震災後に生まれた児童たちに阪神・淡路大震災について学んでもらうための特別授業，とりわけ，防災の中核となる消防活動について知るための授業として企画され，子どもたちにも事前にそのように伝えられていた。授業当日は，最初に担当の小学校教師から概要説明があった。その時点で，子どもたちには，特別授業の講師である2人の消防士が親娘であることが，すでに知らされていた。その後，まず，雅文さんが教壇に立った。震災の当日，地震の後すぐに自宅を出て職場に向かったこと，午前9時過ぎにはポートアイランドから離陸したヘリコプターに乗って消火活動を支援したこと，火災の規模と勢いに消防能力が追いつかず大変口惜しい思いをしたこと，さらに，火災の前線で直接人命を救助する仕事に携わりたかったが果たせず，我が手で救助できたのはたった一人であったこと ── 以上について，実際にヘリから撮影されたビデオ映像や火災現場の写真を使って雅文さんは説明した。その間，奈緒さんも子どもたちとともに，雅文さんの語りにじっと耳を傾けていた。

　次に，奈緒さんが紹介され，「こんにちは，さっき話したのがお父さんなんやけど ……」という第一声で授業を開始した。その上で，奈緒さんは，「わたしの今日のお話は2種類あって，一つは，私の地震のときのお話と，その時に，お父さんが消防士で，今さっき出て行ったという話をしてたんですけど，そのお父さんを見てわたしがどう思ったかなということと，なんで私が消防士になったの，という話をしたいと思います」と，授業の中身を紹介した。

　この後，奈緒さんは，この日のために準備してきた多数のフリップ（黒板にマグネットで貼り付けていく画用紙大の用紙）を巧みに操って，児童たちの興味をひきつけながら授業を進めた（図6-2参照）。本人によると，その手法は，当時奈緒さんが従事していた火災予防の仕事（たとえば，幼稚園等で防火の大切さについて話すなど）を通じて，小学生に見合った授業方法として選んだものだった。たとえば，授業冒頭で示された井上さん一家の家族構成を示したフリップには，「お父さん，お母さん，お兄ちゃん，わたし，いもうと」と記されていて，「当時私は小学校1年生，7歳でした」と語りながら，「お兄ちゃん」の文字の横に「2コ上」の小さなフリップを，「いもうと」の文字の横に「6コ下」というフリップを加えていくといった段取りである。この最初のフリップ一つでもって，2人の語り手は，児童たちにとっ

てすでに,「地震や消防について話す人たち」から「家族について話す人たち」へと転換していたと言えるかもしれない。ちなみに,父親の雅文さんは,後日(パネルディスカッションで),「初めて,娘の震災の授業ということで聞いてたんですけども,めちゃめちゃうまいんですよね。おやじ,しゃべるん,下手やねんけど」[p.47] と述懐している。

図 6-2　西郷小学校での事前授業の様子
(左:井上奈緒さん,右:井上雅文さん)

　その後も,奈緒さんは,「なんで?」「理解できない」「さみしい」「不安」などのフリップを使って,地震直後に不安がる家族を家に残して出て行ってしまった「お父さん」を見送った小学校1年生の自分の気持ちについて語った。そして,「家族を残してまでやらねばならない消防の仕事って,何?」と,徐々に消防の仕事に惹かれていった過程を,「さみしい → 興味 → あこがれ → 夢」という変化をあらわすフリップを使って子どもたちに語った。
　2人の授業は,約80分間にわたった。上に略述した以外に2人が語った内容については,授業を聞いた小学生たちが,授業後に書いた感想文(この一部が,約1ヶ月後に開催されたメインイベントで朗読された)からいくつか引用することで紹介に代えよう(表6-2参照)。なお,感想文(児童自筆のコピー)はすべて,災害メモリアルKOBE実行委員会(2009a)に収録されている。

表6-2　消防士ペアの事前授業に対する感想文（一部）

(1) 夢を持ち続けることは難しいと言っていたから，きっとお父さんの人を助けるのが使命という生き方が，奈緒さんの心をつかんでいたんだと思います。[p.18]
(2) 私は，井上さん［雅文さん］の話を聞いて，すごいというのと恰好いいなという気持ちになりました。奈緒さんが消防士になりたいと思ったのがわかるような気がしました。消防士になるのを夢みて，消防士になった奈緒さんも恰好いいなと思いました。[p.19]
(3) 井上さんは「阪神・淡路大震災で一人しか助けられなかったけど」と言っていました。僕は一人でも助けられたことはスゴイと思いました。井上さんは皆を助けに行きたいのに行けないのは，すごく悔しかったと思いました。[p.19]

（注）字句表記は，災害メモリアル KOBE 実行委員会（2009a）にもとづく。児童が書いた作文（自筆）は，そのコピーが上記報告書に採録されている。

(2) 教師ペア —— 兵庫県芦屋市立岩園小学校

　教師ペアは，兵庫県芦屋市立岩園小学校の教諭林温子さん（23歳，授業時点）と，同市立宮川小学校の教諭瀧ノ内秀都さん（45歳，同上）の2人である。事前授業は，2008年12月10日に，林さんが勤務する岩園小学校で行われた。消防士ペアの事前授業と同様，阪神・淡路大震災からまもなく14年を迎えようとする時期であった。芦屋市も同震災の被災地である。授業を受けたのは，林さんが担任する小学校2年生のクラスの35人である。林さんは，震災当時，同市内の潮見小学校の3年生（9歳）で，そのクラス担任が，林さんの「あこがれの先生」だった瀧ノ内さん（当時31歳）であった。林さんは，震災から10年あまりを経て，勤務先は異なるものの，小学校時代の恩師瀧ノ内さんとまったく同じ職業に，同じ自治体で就くことになったわけである。

　その日の授業は，震災後に生まれた児童たちに阪神・淡路大震災について学んでもらうための特別授業として企画された。授業の冒頭，林さんから子どもたちにも，その旨以下のように伝えられた。「阪神・淡路大震災のときは，こんなんだったんだよ，こんな風に思ったんだよということを話してくれます。それで，今日は，スペシャルゲストの方が来てくれていて……」という言葉とともに，瀧ノ内さんが，震災当時のことをよく知っている人（芦屋市の別の小学校の先生）として紹介された。上記の西郷小学校での授業とは異なり，この時点では，子どもたちは，林さんと瀧ノ内さんの関係についてはまったく知らされていない。

スペシャルゲストとして登場した瀧ノ内さんは，この後，数分間，地震発生当時について語った。今と同じように小学校の先生をしていたこと，地震発生時刻には自宅近くの駐車場で出勤のために自家用車に乗り込もうとしていたこと，その時，突然地面が大きく揺れて身動きもままならなかったこと，などである。この間，林さんは担任の先生として教室前方で，瀧ノ内さんの話を子どもたちと一緒に聞いていた。
　震災直後の様子について話し終えた後，瀧ノ内さんは次のように語りかけた。

　　　いまだにねえ，朝の5時46分になるとね，心がドキドキ，ドキドキするんです。また起きるんじゃないかって。で，大人の先生がこれだけ怖い思いをしたんだから，だから，当時，子どもたち，先生の担任の子，3年3組の子，みんなより一つ学年上だけど。子どもはどう思っただろ。ね，どう思っただろ？　……「怖かった」（複数の子ども）……　話，聞きたい？　話，聞きたい？　……「聞きたい」（複数の子ども）……　実はね，今日，先生がそのときもっていた3年3組の子，お呼びしています。……「エッ！」（複数の子ども）……　さらにスペシャルゲスト。……「エッ？！」（複数の子ども）……　じゃ，その当時3年3組にいた林温子先生をお呼びしましょう！　……「え〜ッ！」「林先生？」「おもろッ」（子どもたちの大歓声で教室が騒然となる）

　この後，脇に控えていた林先生が再度教壇中央に登場し，「実は，当時，3年3組にいました……」と，当時のことを子どもたちに語りはじめる（図6-3参照）。大きな被害を受けた祖父母の家を訪問して地震の恐ろしさを身をもって感じたこと，学校に通えること自体が幸せで楽しかったこと，特に，当時は気づいていなかったが，担任の瀧ノ内先生の特別の配慮や働きかけもあって，むしろ震災後のしばらくがいちばん学校が楽しいと思えたことなど，林さんは，小学生から見た被災について子どもたちに語った。
　このダイナミックな演出は，実行委員会の要請に応えて事前授業とメインイベントへの参加を快諾くださった2人が，独自に考案してくださったもので，筆者を含む実行委員会の発案によるものではない。しかし，その効果はまさに劇的なものであった。その劇的な瞬間のすべてを文字の形だけで伝え

図 6-3　岩園小学校での事前授業の様子
（左：瀧ノ内秀都さん，右：林温子さん）

ることはもとより不可能であるが，筆者の手元に，先に紹介した未公開の映像・音声記録（災害メモリアル KOBE 実行委員会，2009b）があるので，興味ある読者にはご紹介することが可能である。

　3節（特に3-2項）で詳細に考察するように，この演出の効果の中心が，瀧ノ内さん，林さん，児童たちの関係性をダイナミックに変えた点にあることは，その場に居合わせただれにでもわかるものであった。子どもたちから見れば，震災という遠い昔の大事件について語ってくれる，しかし，その日初めて出会った「スペシャルゲスト」に過ぎなかった瀧ノ内さんと，そのスペシャルゲストを招いた「担任の先生」でしかなかった林さんは，上記の演出以降，「先生の先生」である瀧ノ内さんと，（当たり前だが）自分たちと同じ「子ども」でもあった林さん，そして，自分たちとほぼ同じ年齢のときに「震災を体験した人」としての林さんなど，子どもたちとの間で複数の錯綜した関係性を張る存在へ変化したのである。

　この後，瀧ノ内さん，林さんは，時折，2人の間でのやりとりを交えながら，阪神・淡路大震災について約30分間授業を行った。2人が語った内容については，前項の消防士ペアと同様，授業を聞いた小学生たちが授業後に書いた感想文から一部を引用することで紹介に代えよう（表6-3参照）。なお，同小児童の感想文もすべて，災害メモリアル KOBE 実行委員会

表 6-3　教師ペアの事前授業に対する感想文（一部）

---

(1) 阪神・淡路大震災の話を聞いて，最初，僕は，大震災はただの大きな地震だと思っていたけど，瀧ノ内先生によると，太い雷1本，空やマンションを割ったところが怖いなと思いました。それなのに，林先生は地震が起きた分，学校が楽しくなったと言ってびっくりしました。[p.9]
(2) 地震の時，瀧ノ内先生が学校に行かれる時，車が壊れなくてよかったです。地震の時，赤ちゃんが無事に生まれてよかったです。瀧ノ内先生も林先生も生きてくれていてよかったです。今日はとてもいい勉強になりました。[p.11]
(3) 地震のことをコンピューターや勉強とかで解決したいです。とにかく，自分の目で確かめたいです。阪神・淡路大震災は，家はつぶれて，家族の命や自分の命もなくなるかもしれません。怖いけど，いいこともあるんだなと思いました。瀧ノ内先生のおじいちゃんの家は，つぶれちゃったそうです。でもおじいちゃんに会えてよかったと思います。[p.13]

(注) 字句表記は，災害メモリアル KOBE 実行委員会（2009a）にもとづく。児童が書いた作文（自筆）は，そのコピーが上記報告書に採録されている。

(2009a) に収録されている。

2-3　パネルディスカッション

　パネルディスカッションは，2つの事前授業から約1ヶ月後，2009年1月10日，震災から14年目の1月17日のちょうど1週間前に開催されたメインイベントを総括するプログラムとして，人と防災未来センター（神戸市中央区）で行われた。メインイベント当日は，まず午前中に，事前授業を受けた児童の中から数人が感想文を朗読するプログラムが組まれていた。2組4人の語り手は，まずそのプログラムに参加し，児童の感想文に対する短いコメントを述べた。その後，休憩等を挟んで，約90分のパネルディスカッションが行われた。パネリストは，事前授業を行った2組4人の語り手であり，進行役は筆者自身が務めた（図6-4参照）。

　パネルディスカッションを前にして，進行役としての筆者は，ディスカッションを進めるプランを4人にメモとして提示し，了解を得ていた。実際に当日もほぼその通りの進行となったので，ここではそのメモを表6-4として示しておくことにしよう。このメモから明らかなように，筆者は，この場を，2組4人の関係性をより印象深い形でイベントの聴衆（感想文を朗読した児

図6-4　パネルディスカッションの様子

童やその保護者，上記センターで語り部活動をしているスタッフ，災害 NGO，NPO 関係者，大学等の研究者，マスメディア関係者など，300 名程度)，そして，4 人の当事者自身に示したいと考えていた。換言すれば，事前授業という語りの場それ自体を 4 人に振り返ってもらう機会を設けることを通して，各人の現在に互いの関係性が深く関与していることが否応なく顕在化するように仕向けたと言えるかもしれない。そして，後に 3 節で見るように，2 組 4 人からは，このパネルディスカッションの場が「本邦初」となる発言も多く飛び出し，この企図は概ね達成できたと自己評価している。

　なお，パネルディスカッションにおけるすべての発言は文字に起こされており，災害メモリアル KOBE 実行委員会（2009a）で参照することができる。また，事前授業の様子もメインイベントの様子も，複数の新聞，複数のテレビ番組が大きくとりあげ広く紹介された。このうち新聞報道については，災害メモリアル KOBE 実行委員会（2009a）で見ることができる。

表 6-4　パネルディスカッションの進行案として筆者が提示したメモ

■趣旨説明　[5 分]
　・矢守担当
■自己紹介を兼ねたトーク　[40 分＝ 10 分× 4 人]
　・瀧ノ内さん，林さん，井上（雅）さん，井上（奈）さんの順で
　・「震災当時（14 年前）のこと」，「震災以降のこと」，「これからのこと」，何でもご自由に．
　・一つだけ皆さんにリクエストがあるとすれば，それぞれ，「パートナー」に一言でも触れていただければ幸いです．
■パネリスト間の Q&A　[20 分＝ 10 分× 2 組（先生ペアと消防士ペア）]
　・瀧ノ内さんへの質問 3 つ
　　① 林さんの震災授業をみてどう思ったか
　　② 「今だから林さんに言える」メッセージを一つ（できたら，本邦初公開のものを）
　　③ 林さんに何か一つ質問をしてください（事前に本人に言わないで！）→ 林さんの回答
　・林さんへの質問
　　① 瀧ノ内先生の震災授業をみてどう思ったか
　　② 「今だから瀧ノ内さんに言える」メッセージを一つ（できたら，本邦初公開のものを）
　　③ 瀧ノ内さんに何か一つ質問してください（事前に本人に言わないで！）→ 瀧ノ内さんの回答
　・井上（雅）さんへの質問
　　① 奈緒さんの震災授業をみてどう思ったか
　　② 「今だから奈緒さんに言える」メッセージを一つ（できたら，本邦初公開のものを）
　　③ 奈緒さんに何か一つ質問してください（事前に本人に言わないで！）→ 奈緒さんの回答
　・井上（奈）さんへの質問
　　① お父さんの震災授業をみてどう思ったか
　　② 「今だからお父さんに言える」メッセージを一つ（できたら，本邦初公開のものを）
　　③ お父さんに何か一つ質問してください（事前に本人に言わないで！）→ お父さんの回答
■会場参加者との Q&A　[15 分]
　・司会は矢守がします
■まとめ　[5 分]
　・矢守担当

3 関係としての自己語り

　本アクションリサーチから得られる理論的な示唆は何か。筆者は，およそ4点に集約できると考えている。この4点を，社会構成主義の立場（詳細は，第Ⅲ部の各章，特に，第9章を参照）に立って自己についての語りを「徹底した関係主義」にもとづいて見つめようとするガーゲンの主著（2004/1994）に登場する命題を借りて簡潔に表現すると，次のようになる。以下，特に断らない限り，〈p.〉の表記は，上掲書の邦訳書の頁数である。

① 「問題は，新たな語りを再構成することだけではなく，『語りは個人の語りである』という常識を乗り越えることである。」〈p.315〉
② 「われわれは自分の人生を物語として語るだけでなく，物語において他者との関係性を生きて」〈p.247〉おり，「社会生活は，互恵的アイデンティティのネットワークである。」〈p.277〉
③ 「語りは，様々な事象を観察可能にし，未来の事象への期待を顕在化させ」〈p.248〉，したがって，「語りの構成は，生活に意味と方向性を与える。」〈p.250〉
④ 「社会構成主義を徹底するならば，意味を生み出すより広範な社会過程の中の語りこそが強調される。」〈p.333〉

　以下，これらの4点について，2組4人の語りを具体的に参照しながらより詳細に検討していこう。なお，[p.]の表記は，これまで通り，災害メモリアルKOBE実行委員会（2009a）における頁数を示す。

3-1 個人の語りを越えて

　第4章のタイトルとして用いた「語り直す」は，〈バイ・プレーヤー〉を基点とした自己物語の再構成，言いかえれば，被災者の生活世界の集合的な再編成を意味し，第5章のタイトルである「語り合う」は，一歩進んで，新

しい〈バイ・プレーヤー〉を意図的に導入することで語り部活動という語りのジャンルの再編成を意図したものであった。この中で，語りの「集合性」（第4章）や，ジャンル間の動態的な「関係性」（第5章）という用語が含意していたように，先行の2つの章で紹介したアクションリサーチにおいても，筆者は，語りがもつ集合的，関係的側面を軽視していたわけではない。しかし，何らかの出来事（人生）がまずあって，その後に，語りがそれを記述する，あるいは再記述するというフレームワーク（「語り直す」），あるいは，個人による語りがまずあって，しかる後に，他者による語りがそれと何らかの関係を結ぶというフレームワーク（「語り合う」），この2つの先入観から完全に自由になることはできていなかったと反省される。

　しかし，ガーゲンが主張するように，「問題は，新たな語りを再構成することだけではなく，『語りは個人の語りである』という常識を乗り越えることである」〈p.315〉。本章で紹介した2組4人の語りは，今回のアクションリサーチで導入した独特な語りの場のデザインによって，このことを，この上もなく鮮明な形で例証していると思われる。たとえば，消防士ペアについて見てみよう。雅文さんは，パネルディスカッションの終盤で，コーディネータ（筆者）に「奈緒さんに，いや実は，というメッセージを一言お願いします」[p.51]と促されて，「何を言っていいのか，よくわかりません。奈緒に言えること。よくこの消防という世界に入ってきてくれたなというのは，一つ感じています」[p.51]と語っている。そして，この直後，奈緒さんは，「正直，最初にそんな一言をもらえるとは思ってなかったんで，今，めっちゃうれしいんですけど」[p.51]と応じている。

　奈緒さんがこのように喜ぶのには，大きな理由がある。すなわち，奈緒さんは，「お父さんの話を聞いたこともなかったんで，最初はすごく怖かったんです。私の中でのお父さん像っていうのが，もうほんまに言ってしまえば，ヒーロー像みたいなのができあがってしまっていて ……（中略）…… お父さんの口から震災の話を聞いて，消防力が対抗できなかったとかいうような話を聞いてしまうと，自分の中での今まで持ってきたイメージとかがすごい崩れてしまうような気がして，話を聞くっていうことをすごい拒んでいた部分があったんですけど，この話を聞いた時に，これはある意味，自分にとってもチャンスじゃないかなって ……」[p.43]。その結果，奈緒さんは，「私はたぶん，小学生よりいちばん真剣に聞いてたんちゃうかな」。つまり，雅

文さんの授業を，期待と不安を胸にだれよりも注意深く聞いていたのは，ほかならぬ奈緒さんなのである。それは，雅文さんの授業が，2人の「親子の物語」（後述）に重大な変更をもたらすことになるかもしれなかったからである。

父親の雅文さんも同様である。「娘が消防士いうことで，一緒に授業をやるということで，震災の話を初めて，多分，娘も聞いたと思うんです」[p.42]。すなわち，阪神・淡路大震災のこと，そして，何よりも，奈緒さんが消防士となったことについて，雅文さんは，今回の事前授業を機にはじめて —— 授業の聞き手である子どもたちを経由して —— 奈緒さんに語ったのである。「それで，皆さんに授業をやるのと，で，もう一人，横におりますけども，娘自体も私が震災で経験したことを全く話していません。で，初めて，この前の授業の中で私の経験したことを聞いたのだと思います。それで，西郷小学校の皆さんと私の娘に対して，授業を行ったみたいな感じを持っています」[p.23] という雅文さんの言葉は，端的にこのことを立証している。そして，「消防の世界というのは，ベースがもう男の世界です」[p.53]，あるいは，「私が，この道に進みなさいとも一言も言ったこともないですし，本人の選んだ道ですんで」[p.51] といった，一見，奈緒さんの人生に対する雅文さんの積極的関与を否定するような言葉も，奈緒さん同様，実は2人の「親子の物語」に対する強力な書き込みであり，この物語が，2人の過去の出来事，現在の2人，そして，これから起きる出来事を鮮明に意味づけ，今後の人生を導く共通の資源となっていくことはまちがいないと思われる。

要するに，「親の物語」（親，あるいは先輩消防士としてのアイデンティティや人生）と「子の物語」（子，あるいは，新人消防士としてのアイデンティティや人生）は，これら個人の語りや個人の人生がまず独立に成立して，その後にそれらが出会うわけではない。第一義的に成立するのは，雅文さん，奈緒さん，さらに第三者（この点は次の3-2項で詳述）が共作する「親子の物語」である —— もちろん，それらの物語は，雅文さん，奈緒さんという個別的な身体に起因する空気の振動として生じるわけであるが。そして，「親子の物語」が，「進行中の関係の中で利用する共同の資源」〈p.251〉として成立し，かつ不断に更新されることと，井上さん親子が親子であり共に消防士であること，ひいては，親かつベテラン消防士であり（雅文さん），娘かつ新人消防士であること（奈緒さん）とは，まったく同権的である。（たとえば，生物

学的に親子であることは，こうした共同の語りに先行しているのではないかという批判は，生物学的に親子であることもまた，生物学的に親子であるという共同の物語が，みなが利用する共同の資源として通用している限りにおいてである，ということを忘れている。より詳しくは，社会的表象理論について論じた第7章を参照されたい。)

　以上から，本章のキーフレーズ「語り継ぐ」についても，それを通俗的な意味でとらえてはならないことがわかる。すなわち，ここで言う「語り継ぐ」は，たとえば，世代1に属するある個人の物語が，世代2に属する別の個人に対して（場合によっては，多少の「語り直し」を伴って）語られる，という意味ではない。そうではなく，これまで例示してきたように，親や子というアイデンティティを形成・維持する「親子の物語」や，師（先輩教師）や弟子（新人教師）というアイデンティティを形成・維持する「師弟の物語」（教師ペアの場合）が，複数の当事者や関係者による共同の制作物として集合的かつ継承的に生成され，と同時に，その物語が生活や人生を導く点で重要な共同の資源として集合的かつ継承的に活用されてきたという意味である。そして，今回の場合，阪神・淡路大震災という大きな出来事が人びとのアイデンティティや人生に与えた衝撃の大きさと，そこから15年という年月の長さに負うて，この意味での「語り継ぎ」が，—— 語りの場のデザイン次第で —— われわれにとってきわめて印象的な形で提示されうる環境が整っていたのである。

3-2　互恵的アイデンティティのネットワーク

　ガーゲンは言う。「われわれは自分の人生を物語として語るだけでなく，物語において他者との関係性を生きて」〈p.247〉おり，「社会生活は，互恵的アイデンティティのネットワークである」〈p.277〉と。この主張の意味は，前項における消防士ペアに関する考察からすでに明らかであると思われる。たとえば，雅文さん（親）の人生とその物語と，奈緒さん（子）の人生とその物語が「親子の物語」として互いに他を支えあう互恵的関係にあることは，容易に了解可能である。

　しかし，このことをより劇的な形で示しているのは，むしろ教師ペアの方だろう。それには，いくつかの背景があると考えられるが，もっとも大きく，

かつ直接的な理由は，瀧ノ内さん，林さんの相互関係を形成し維持している物語の成立に際して，語りの聞き手（授業を受けた子どもたち）が果たしている役割が，消防士ペアのときよりも明示的である点に求められるように思われる。もちろん，消防士ペアの場合にも，聞き手は重要な役割を果たしている。父娘，あるいは，先輩後輩の関係性が，本研究が設定した独特の語りの場の設定，つまり，親子消防士の話を聞く子どもたちや他の聴衆，それに筆者自身を含めた第三者の存在に大きく依存していることは，すでに前項で見た通りである。

　さて，聞き手の存在が，教師ペアの互恵的アイデンティティのネットワークにより強い影響を与えるのは，そもそも，2人が教師であること自体が聞き手たち（児童たち）との互恵的アイデンティティを通して形成されているからである。このことを巧みに利用しているのが，先（2-2項）にも触れた師弟の関係を暴露する演出である。林さんが先生であるのは，子どもたちが児童である（として両者が振る舞う）限りであり，瀧ノ内さんが（その日だけの）先生であるのも，子どもたちが（その日だけの）児童である（として両者が振る舞う）限りである。授業にゲストが来ることは，そうしばしばではないにしても子どもたちにとって十分ありうることであるし，ゲストが担任教師とは別の教師であるというのも，たとえば，魔術師であるというのに比べれば，はるかに日常に近い出来事と言えるだろう。ところが，突如明らかとなった2人の関係性は，上記の一見安定していると見えた互恵的アイデンティティのネットワークの構造を根底から覆してしまう。その衝撃が，児童たちの感情的なリアクションとなってあらわれるのである。

　こうして，物語において実現している互恵的アイデンティティの揺らぎは，さしあたって聞き手である児童に大きな影響を与えたのであるが，この点については，この後3-3節で詳しく述べることにして，ここではまず，林さんが担任するクラスに瀧ノ内さんが登場し，かつての教え子の授業を見たこと，および，林さんが恩師の目の前で授業をしたこと，この両者が当事者2人の互恵的アイデンティティをどのように変容させたかについて見ておこう。林さんは，パネルディスカッションで，次のように授業を振り返っている。「私が子供にいちばん伝えたかったことが，私が教師になるきっかけっていうのは，瀧ノ内先生にもってもらったことで，瀧ノ内先生のクラスのときがすごく楽しくって，教師を目指したんですけど……（中略）……今回，こ

の授業がなければ，こうやって震災のことを振り返らなかっただろう」[p.41-42]。これに呼応するように，瀧ノ内さんも，「瀧ノ内先生は優しいから，林先生も優しくなっている。だから，僕も優しい先生になりたいと［一人の子どもが感想文に；筆者注］書いてくれました」[p.16] と発言している。これらの発言は，──2人は，児童とは違って2人の関係を従前から生きているのだから──2人のそれまでの，つまり，今回のイベントに参加するまでの互恵的アイデンティティと，素直に順接するものである。

　ところが，興味深いことに，この構造を微妙に揺らがせる語り，あるいは逆に，これまでとは違った形で促進する語りが，2人にあらわれる──ということは，2人の関係そのもの，大袈裟に言えば，2人の人生そのものが微妙に揺らいでいるということでもある。たとえば，瀧ノ内さんは，「そのころの林さんは，いちばん教師に向かんタイプやったんです。というのはね，すごく笑顔のかわいい子なんですけども，にこにこして ……（中略）……自分から何かするっていうタイプではなかったんです。そんな彼女が先生になって，実際に12月10日，授業を見せていただいて，変わったなというのはすごく印象がありました ……（中略）…… だから，ぜひ，これからも，芦屋で同じ教師をして，私の知らない林先生を見せてもらうことで，私の刺激になってもらいたいなと思います」[p.50] と言う。この言葉は，これまでの互恵的なアイデンティティを一部変調させる。しかし，それによってかえって，同じ方向でさらに強化するものと言えるだろう。さらに，林さんは，「私が3年生のときの地震の後に，子どもたちと接するにあたって，3つのことを気をつけていたっていう話を聞いて，私は正直，そのとき，そんな先生がいろんなことに気をつけて，自分たちに接してくれていたとは感じていなかったんですけど」と言う。この言葉も，先の瀧ノ内さんの言葉と同様である。こうした対話を通じて，瀧ノ内さんも林さんも，ベテラン教師，新人教師という互恵的アイデンティティのネットワークを，微妙に揺るがせながら，しかし再確認ないし再強化していると言える。要は，アイデンティティなるものが泰然と個人の中に格納されているわけではない。それは互恵的に──いやむしろ，ここで見てきたように，葛藤・矛盾をはらみつつ対峙しあうことで──動的かつ集合的に更新され続けているのである。

　他方，瀧ノ内さんは，次のようにも語る。「当時，やはり授業ですごく印象に残っているのは，林さんが私の当時の子ども（受け持ち児童）だったの

で，子ども（今回授業を受けた児童）の質問の中で，『震災を受けたとき，それだけええ先生やったから，子ども（林さんを含む当時の受け持ち児童）のことを考えた？』っていう質問があったんです。……（中略）…… 実際に，私の妻のおなかには赤ちゃんがいまして，2週間後，2月1日に生まれるんですけども，その2月1日までは，もうわが子のことしか考えてなくて，とにかくこのおなかの中にいる赤ちゃんを ……」[p.40]。これは，ちょうど井上雅文さんが，直接的な聞き手である児童を，言ってみれば隠れ蓑にして奈緒さんにいくつかの「告白」（2-2項で述べた一時帰宅の件など）をしたことと対応づけられるかもしれない。この発言は，瀧ノ内さんは，あこがれの先生であると同時に，わが子を最優先する家庭の父親でもあり，しかし同時に，そんな中にあっても，林さんをして「あの頃がいちばん楽しかった」と振りかえらせるほどの情熱と細かな配慮を，林さんを含む当時の教え子たちに注いでいたことを，当事者である2人，さらに聞き手に（再）確認させる言葉だと言える。

　以上から読みとることができるのは，互恵的アイデンティティのネットワークの形成と不断の更新の作業は，直接的に自分の人生を物語として語る当事者だけではなく，一見，そのネットワークとは直接関係をもたないと思われる第三者（典型的には，語りの聞き手）を重要な媒介として達成される場合があるということである。言いかえれば，直接的な当事者による語りの応酬があって，それが聞き手（子どもたちや筆者を含む第三者）に提示されているというよりも，第三者が介入することによって「親子物語」や「師弟物語」が明確化されるように見えるのである。たとえば，瀧ノ内さんや雅文さんにとっては，15年前の林さんや奈緒さんと二重写しにできる聞き手（児童たち）が目の前にいたからこそ，林さんや奈緒さんが「そこ」から今日へと至ってきたことや，それに果たした自分たちの役割を明確化しえたのだと思われる。同様に，林さんや奈緒さんも，聞き手（児童たち）がそこにいたからこそ，自らが「そこ」からたどってきた道のりの全体が，瀧ノ内さんや雅文さんとの今日における関係性を形成していることにあらためて気づいたはずである。

　要するに，今回のような，第三者に語るスタイルの場が設定されたことによって，親子の消防士，師弟の教師としての互恵的アイデンティティが一気に強化されたことは疑いがない。人生の物語は個人の語りではない，どころ

ではない．物語において他者との関係性を生きるわれわれにとっては，自己の物語は，語りの中で直接的に自分を反照規定する最有力のカウンターパートとなる他者（雅文／奈緒さんにとっての奈緒／雅文さん，および，瀧ノ内／林さんにとっての林／瀧ノ内さん）は言うに及ばず，聞き手を含む広範な他者たちとの間で張られる互恵的アイデンティティのネットワークに依存して，揺らぎながら形成・維持・変容するような真に動態的で集合的な存在だと言わねばならない．

3-3 生活に方向性を与える —— 実践共同体論との接点

ガーゲンが，「語りは，様々な事象を観察可能にし，未来の事象への期待を顕在化させ」[p.248]，したがって，「語りの構成は，生活に意味と方向性を与える」[p.250] と主張するとき，この主張は語り手だけではなく聞き手にも及ぶことが重要である．すなわち，ガーゲン自身の言葉を多少もじって表現すれば，「われわれは他者の人生を物語として"聞く"だけでなく，物語において他者との関係性を生きている」のである．

このことが端的にあらわれたのが，前節で留保した点，すなわち，瀧ノ内さんと林さんの互恵的アイデンティティのネットワークの揺らぎが聞き手である児童たちに与えた大きな影響である．あの劇的な瞬間以降，子どもたちにとって，瀧ノ内さんは，遠い昔の大事件について語ってくれる，しかし，その日初めて出会った「スペシャルゲスト」ではなくなり，「林先生の先生」になる．また，林さんは，スペシャルゲストを連れてきた「担任の先生」ではなくなり，自分たちと同じ「子どもでもあった林さん」，そして，自分たちとほぼ同じ年齢のときに「震災を体験した林さん」へと変貌する．ここで大変重要なことは，この変化が，単に，聞き手である子どもたちから見た話し手のアイデンティティの変化なのではなく，—— アイデンティティは互恵的に形成されるのだから当然なのだが —— 子どもたち自身のアイデンティティを変容させる点である．どういうことか．教師ペアのケースほど劇的ではないにせよ，まったく同じことが消防士ペアの場合もあてはまるので，両者を併記しつつより詳細に述べていこう．

聞き手である子どもたちが，実際に震災を体験し多くのことを知っている語り手との対他的反照にもとづいて，自分たちを，震災未体験で何も知らな

い存在と見なしてしまうことが、慎重に回避されている点が重要である。その鍵を握っているのが、林さん／奈緒さんの存在であり、より正確に言えば、瀧ノ内さん／雅文さんとの対他的反照にもとづいて提示される林さん／奈緒さんのアイデンティティである。すなわち、林さん／奈緒さんは、たしかに子どもたちにとっては、自分たちの「先生」や「消防のお姉さん」であり、子どもに対する「大人」である。しかし、今回の場合、これまで見てきたように、その2人も、瀧ノ内さん／雅文さんとの関係においては、自分たちと変わらない「子ども」であったし、震災について相対的に「知らない人」だったことが明らかとなっている。これは —— ここが肝心であるが ——、視点を平行移動させれば、自分たちが、林さん／奈緒さんと、ひいては瀧ノ内さん／雅文さんと無縁の世界に生きているのではなく、やがては林さん／奈緒さんになっていく可能性があるという感覚を子どもたちに生むであろう。言いかえれば、子どもたちは、林さん／奈緒さんへと至るルートに乗っている自分という人生の物語を入手したことになるのである。

　これは、第5章で紹介したアクションリサーチで筆者自身が挑戦しようとした、語る人／聞く人という2項構造の固定化の克服ということとパラレルである。「抑鬱の物語を語ることは、ある精神状態の兆候を記述することではなく、特定の関係性の中に入り込むこと」〈p.274〉というガーゲンの指摘になぞらえて言えば、被災者の物語を語ることは、もちろん、周囲の同情や心配を誘い、支援を促すための資源でもあるが、しかし逆に、周囲からの孤立（被災者とそうでない人関係の固定化）や、それと連動した、本人の意欲の喪失などの結果を招くこともあるのだ。今回のアクションリサーチにおける、語りの場の重層的な構造（瀧ノ内さん〜林さん〜子どもたち、雅文さん〜奈緒さん〜子どもたち）は、この固定化を阻む効果、特に、子どもたちを、未知の震災について受動的に学ぶだけの存在から解放するという、重要な効果をもたらしていると言えよう。

　以上のことは、林さん／奈緒さんの語りが、子どもたちにとって、「様々な事象を観察可能にし、未来の事象への期待を顕在化させる」働き〈p.248〉を担っていることを意味している。つまり、単純化して言えば、子ども→駆け出し（新人教師／新人消防士）→ 本格（ベテラン教師／ベテラン消防士）という系列（パス）の中に自分自身を位置づけることが可能になっている。今や、子どもたちとって、新人教師／新人消防士はまったく無縁の存在ではな

い．現に，自分たちとほぼ同じ位置からそこへと至ったパスを描いた物語を子どもたちは聞いたからである．そして，さらに進んで，教師／消防士一般ですら，もはや子どもたちと無縁の存在ではない．近い将来，そこへと至ろうとするパスを描いた物語についても，子どもたちは共同の資源として入手したからである．

　このようなパスの存在が意識されることは，実践共同体への正統的周辺参加理論の視点からも重要である（レイヴとウェンガー，1993/1991）．本研究で対象としている防災領域で言えば，これまで筆者自身繰り返し指摘してきたように（矢守・諏訪・舩木，2007; 矢守，2009 など），従来の防災教育・学習においては，子どもたちは，ややもすると専門家や行政職員による本物の防災実践とは直接的なリンクをもたない2次的で擬似的な実践にのみ従事しがちであった．たとえば，水消火器を使った消火訓練や，その日限りのお客様としての消防士がゲスト講評を述べるタイプの型通りの避難訓練などは，こうした実践の典型例である．もちろん，被災者（体験者）／非被災者（未体験者）という固定化した構造を招来する限りでの語り部活動も，これに該当するかもしれない．こうした活動では，本物の，言いかえれば正統的な防災実践の共同体へのアクセスを確保しようとする志向性が希薄ないし欠落していたと言える．これとは対照的に，今回の試みでは，新人による周辺的なものとは言え，正統的な防災の実践共同体に実際に参画している林さん／奈緒さんという仲介者を得ることによって，子どもたちは，本物の実践共同体，ないし，そこにおいて中心的な位置を占める瀧ノ内さん／雅文さんと自分たちはつながっていること，および，現時点ではさらに周辺的な形式ながら当該の実践共同体に自らがすでに参画しはじめていることを直観したはずである．なぜなら，林さん／奈緒さんは，子どもたちは未来において実践共同体の中心的な位置へと移行する可能性がある潜在的予備軍であることを，身をもって示したのだから．

3-4　語ること／生きること —— 広範な社会過程の参照

　先に述べたように，「われわれは自分の人生を物語として語るだけでなく，物語において他者との関係性を生きている」〈p.247〉．つまり，語りを再編成したり置き換えたり（必要とあらば，オルタナティヴストーリーへの再編，

置き換え，と言葉を補ってもよい）といった物語の操作が，実際の生活や人生における現実的な変化——過去の出来事の位置づけが変わったり，未来への期待が変わったりといったことも含む——をまったく伴わないはずはない。物語が出来事や人生を写しとると同時に，物語が出来事や人生を意味づけ，ガイドしていく以上，両者は合わせ鏡のように共変化していく。この点，筆者自身の試み（第4章，第5章）を含め，被災者の語り（および，それを聞く人びと）をとりあげた従来の諸研究は，語ること（語りの内容や語りの場の構造なども含む）にばかり目を向けて，語る人，聞く人がどのような生活を営んでいるのか，これからどう生きていくのかという重大事に少々無頓着ではなかっただろうか。「社会構成主義を徹底するならば，意味を生み出すより広範な社会過程の中の語りこそが強調される」〈p.333〉というガーゲンの主張は，このような意味に解さねばならないと思われる。

　もっとも，語る人の生活や人生への注目は，こうした理論的観点からのみ浮上してきたわけではない。筆者自身がこれまで10年以上にわたってとり組んできた災害体験の継承に関連するアクションリサーチの具体相からも，その必要性は示唆されていた。言いかえれば，本章で紹介した試みは，そうした現場での具体的な問題意識に対する筆者なりの回答でもあったわけである。ここでは，主要な2点について述べておこう。

　第1に，第4章，第5章で紹介した語り部活動の中に，すでに多くのヒントがあった。語り部グループのメンバーは，特に，震災から10年前後の時点から，地震の衝撃，震災直後の短い期間に見聞きしたことだけではなくて，そこからの人生そのものを伝えたいという希望を，しばしば筆者に語るようになった。第5章でとりあげたように，こうした希望を受けて筆者が構想したのが，大学生という新たな〈バイ・プレーヤー〉との交流を起爆剤として，語り部活動の「ジャンル」そのものを再編成しようとする試みであった。しかし，大学生との交流という活動は，語り部活動という被災者（語り手）たちの生活・人生の一こまを再編成する足がかりにはなりえたのではないかと実感しているが，正直なところ，語り手たちの生活・人生全般にインパクトを与えるには，少なくとも現時点では至っていないだろう。もちろん，第5章で紹介した試みは，筆者自身も大いに関与する形で現在も形を変えて進行中である。よって，今後，ここで言う「生きること」に大きく影響を及ぼす可能性はあるし，筆者もその方向で努力を続けている。

いずれにせよ，語り部と大学生との交流は，「語ること」と「生きること」とを何とかリンクさせようとするための意図的な試行だったわけであるが，震災から15年近くを経て（前述の通り，本章のとり組みは震災から14年目の時期），「語ること／生きること」との共変化を自然な形で体現していると考えられるケースが現実に出てきた。それが，本章でとりあげたようなタイプの事例である。15年という歳月は，むろん，何ごとかが失われ忘却される期間でもあっただろうが，ここで言う共変化の成熟を待つ期間でもあったのである。

　たとえば，第4章（5-2節）で，「我が子を亡くした悲しみっていうのは，みなさんが，大人になって……絶対わかる時が来るんです」と小学生に訴えるAさんの言葉を紹介した。これは2001年12月，震災から約7年の時点での言葉であり，本章で紹介している事例は，それからさらにちょうど7年が経過した時点である。震災から15年を迎えて，震災の時点で小学生であった子どもたちはもちろん，Aさんの話を震災から7年の時点で聞いた小学生たちも，そろそろ，Aさんの言う「大人」へと足を踏み入れていく時期である。つまり，Aさんが「語ったこと」が，実際に「生きること」へとつながる可能性があるだけの時間が経過したわけである。別言すれば，バフチン（1988/1986）の言う「遅延した行動によって返答する理解」（第5章4-1項）が具現化するだけの時間が経過したとも言える。そして，現実に，本章でとりあげた4人はそのような時間を過ごしてきたわけで，その生きた証しが「物語」とともに，現在の子どもたちの前に提示されたのである。

　「語ること／生きること」の相関に筆者の注意を向けてくれた第2の現実的背景は，子ども（たとえば，小学生や中学生）のときに震災を被災地で体験し，現時点（2010年時点）で，20歳～30歳程度の年齢になっている世代が，震災の語り継ぎに果たす役割の重要性である。筆者自身が関わった2つの団体がそうであるように，震災の語り継ぎに従事する人のほとんどが中高齢者であることを踏まえて，震災から10年目の2005年前後から，より若い世代による語り継ぎの重要性が指摘されはじめていた。これらの世代による語り継ぎの活動は，時に，「次世代語り部」と称されることもあるが，こうした活動をかねてより重視し，かつ，本章で紹介しているイベント「災害メモリアルKOBE」実行委員会のメンバーでもある諏訪清二氏（矢守・諏訪・舩木，2007も参照）は，かねがね「若者は，次世代や第2世代ではなく，直

接の体験者だ」と強調していた。筆者は，この諏訪氏の言葉に大きな影響を受けた。

　しかも，この世代は，ライフステージにおけるきわめて重要な時期（5～15歳から20～30歳）と，震災直後の15年とが完全にオーバーラップする世代である。入学・卒業・進学，就職や転職，さらには，結婚など，人生における大きなイベントを数多く経験し，文字通り，自らのアイデンティティを確立しようとする時期の入り口で，彼らは震災を体験し，そして今日に至っている。以上のことは，言いかえれば，この世代では，「語ること／生きること」がもっともダイナミックに変化する時期と，ポスト震災の15年間とがピタリと重なったのである。これより若い世代では，震災そのものの記憶や印象があまりに小さくなってしまう。逆に上の世代では，少なくともこの世代と比べて，上に述べた意味での人生の重大事と震災との関連性が希薄になるであろう。このようなわけで，震災から約15年という時点は，当時5～15歳（現在20～30歳）の世代に注目することによって，「語ること／生きること」のダイナミズムを印象的な形で提示可能な絶好のタイミングでもあるのだ。実際，本章で紹介した林さんと奈緒さんは，まさにこの世代に属している。

　あらためてまとめれば，「われわれは自分の人生を物語として語るだけでなく，物語において他者との関係性を生きている」。したがって，語ることや聞くこととは，単に，語りを知る，語りの中身を知ることを意味するのではない。語る方も聞く方も，物語を通して諸事象を整序し，それによって生きていく。だからこそ，その作業は，単に物語の内部で閉じているのではなく，「意味を生み出すより広範な社会過程」，つまりは，語り手や聞き手の生活や人生とともに展開される。震災体験者が自己の物語を語ることも，それを未体験者が聞くことも，究極的には，両者が人生を共に生きるということである。ただし，この「語ること／生きること」のダイナミズムが，震災からわずか数ヶ月，数年といった時点では見えにくいことは事実である。15年という年月も，むろん，未来永劫続くと思われるこの社会過程の序の口に過ぎないだろう。しかし，たとえば，林さん／奈緒さん，ひいては，瀧ノ内さん／雅文さんという，典型的なケースを慎重に選び出し，それらを印象深い形で配置しさえすれば，15年は，実際に「生き方で伝えようとし，生き方で応えよう」としてきた人びとに出会うことを可能にしてくれる。この意

味で，15年は語ることは生きることであり，生きることは語ることであることを実感するに十分な歳月ではあったと思われる。

4　語り継ぎの未来

最後に，筆者が関与している類似の語り継ぎ活動やその他の事例について簡単に紹介しながら，災害体験の語り継ぎ活動の今後についてごく簡単に展望しておこう。

本章で紹介した「災害メモリアルKOBE」とここ数年タイアップする形で進められているのが，「ユース震災語り部 ── 私の語り」のプロジェクトである。これは，人と防災未来センターと兵庫県立舞子高等学校（主催），読売テレビ（共催）が推進した事業である。上記の諏訪氏は舞子高等学校の環境防災科（現時点で日本で唯一）の教員であり，「ユース震災語り部」プロジェクトの中心人物でもある。筆者も，このプロジェクトがこれまで開催した2回のシンポジウムに参加するなど，事業に深く関与してきた。

同プロジェクトは，そのタイトルが示す通り，子どもの頃に阪神・淡路大震災を体験した若者たちに，「ユース震災語り部」として当時を振り返ってもらい，その様子を映像に記録し，かつ，その映像を学校を舞台とする防災教育に役立てていこうとする試みである。映像の収録は，2008年7月に行われ，27人の語り手（震災当時3〜18歳，収録時15〜31歳）が震災時の体験やその後の人生（約13年）について語り，その様子はDVDに収録された（人と防災未来センター・兵庫県立舞子高等学校，2008）。また，2008年8月にはDVD教材の完成を受けて，「Talk!　ユース震災語り部」と銘打たれたイベントが，収録に参加した語り部約10人に，諏訪氏，それに筆者らが加わって開催された。その後，このDVD教材を使った授業が，被災地各所で実施された。さらに，「次世代語り部シンポジウム」と題された2回目の関連イベントが，芦屋市山手小学校で担任の乾芳教諭によって6年生の児童を対象に行われた授業（DVDを活用した授業の一つ）を素材として，2009年8月に実施された。筆者はこのシンポジウムでもシンポジストを務めた。なお，本章の主役の一人井上奈緒さんは，ユース震災語り部の一人でもある。

このプロジェクトのねらいが，本章で述べてきたこと，特に，ガーゲンの

170

所論を引いてまとめた4つの要約項目（3節の冒頭）と完全にオーバーラップすることは明らかだろう。27人のユース語り部たちは，林さんや奈緒さんと類似のポジションを占めることによって，震災体験を含むそれまでの人生の物語を，「生活に意味と方向性を与える」〈p.250〉共通の資源として聞き手（主として，DVDを活用した授業を受ける小中高校生）に与えていく。ここでも，ユース震災語り部たちが，人生における重要ないくつかのステップを含む時期を，聞き手（現時点での小中学生）による立場の置き換えや連想が十分可能な程度のタイムラグをおいて現実に生き，かつ，その人生を支えてきた物語が，震災体験とともに聞き手に提示される点が重視されている。ここでは詳しく述べないが，ユース震災語り部たちの物語も，本章で見てきた4人の物語と同様，多くの〈バイ・プレーヤー〉との共作であり，そしてその人生はその自己物語と共変化してきたはずである。その物語と人生が，さらにまた，聞き手たちの生活や人生を形成する一助となっていくわけである。

　筆者は，阪神・淡路大震災に限らず，過去の出来事の語り継ぎ一般にとって，本章で述べてきた種類の語りの場のデザイン ── 特に，「語りは個人の語りであるという常識」〈p.315〉の乗り越えを促すようなタイプの場のデザイン ── が必要だと感じる者である。この意味では，「記憶・歴史・表現フォーラム」という名の活動団体が，阪神大震災の記憶を〈分有〉するためのミュージアム構想として，震災から10年の2005年1月に世に問うた作品群の一つである「Die Kindheit in Kobe」という試みが非常に興味深い。これは，震災時に母の胎内にいたか，もしくは乳児期にあった子どもたち（したがって，インタビュー時は10歳前後）に震災について語ってもらい，その様子をビデオ映像に収めたものである（記憶・歴史・表現フォーラム，2004；笠原・寺田，2009）。

　彼らは，ユース震災語り部よりもさらに若い世代に属しており，もちろん，震災の直接的記憶は，まったくないか，あったとしてもほとんどない，と考えてよい。しかし，彼らは震災について何も語らないわけではない。むしろ，「子供たちは，両親から聞かされた震災当時の様子を，まるで自分が見たことのように生き生きと語る」（笠原・寺田，2009, pp.21-22）。それらは，当然，祖父母，父母など家族から聞いたこと，学校の先生や近所の人たちに教わったことなどから構成されている。だからと言って，この語りが父母の語りだと主張する人はいまい。同時に，純粋に子どもたちの語りだと考える人もい

まい。この試み「Die Kindheit in Kobe」は，記憶や語りが，個人にまず内属し，しかる後にそれが個人間で伝播するという先入観を打破し，その上に立った震災の記憶の新しい「表現」として創造されたものなのである。幼い頃に震災を経験した人びとですらなく，常識的な意味では，震災についてまったく記憶がないと断ぜざるをえない人びとをあえて語り手に据えた点で，この試みは，「語りは個人の語りであるという常識」の限界を示す例証としては，本章で紹介した試みやユース震災語り部よりも徹底しており，したがって理論的には，よりすぐれたものと言えるだろう。

　さて，筆者は，「災害メモリアルKOBE」や「ユース震災語り部」の他にも，「語り部KOBE1995」における活動（第5章）を現在も継続中であり，同時に，宮本（2008）が考案した一種の描画連想法による体験語りの場を通した震災遺族の調査にも関与している。これらタイプの異なる活動に従事しながらも共通して感じることは，震災から年月が経過するにつれて，——当たり前のことかもしれないが——震災とは一瞬の出来事ではなくて，長い人生の中に起きる出来事であり，家族や友人・知人といった人のつながりの中に起こる出来事だということである。よって，それについて「真に知る」ためには，それを知ろうとする人物（研究者）は，人生全体の伴侶とはなれないまでも，せめて当事者の人生における有意味な一こまとして当事者の前にあらわれる必要があるし，家族になることは不可能としても，せめて当事者の信頼に足る友人・知人の一員となる必要があろう。当事者（被災者）も，「物語において他者との関係性を生きている」〈p.247〉のであり，研究者も，当然，ここに言う「他者」の一人にカウントされるほかないからである。そして，こうした継続的で，関与的な関係にもとづく知とは，まさにアクションリサーチが目指すところに外ならない。

第3部　社会構成主義と社会的表象理論
── アクションリサーチの理論的基盤

■人生最高の瞬間を語る─映画『ワンダフルライフ』の一場面
　　（監督　是枝裕和 ⓒ「ワンダフルライフ」製作委員会）

第7章　社会的表象理論と社会構成主義

1　社会構成主義の不徹底

　社会的表象理論 (social representation theory) が，モスコビッシ (Moscovici, 1961, 2002/1984) によって提唱されてから半世紀近くが経過した。しかし，社会心理学界における本理論の評判は芳しくない。なぜか。理由は簡単である。それは，本理論が，個別的な対象・現象をターゲットにした個別理論ではなく，従来の社会心理学理論の多くがその大前提として依拠している認識論 ── 主客2項対立図式 ── に抜本的改訂を迫るグランド・セオリーだからである。長年依拠してきた基盤と相容れない思潮がスムーズに受容されるはずもない。こうして，本理論は，社会心理学界内部では否定的な評価を受けるに至った。もっとも，正確に記せば，これまで，本理論は社会心理学界において否定的に評価されてきたのではなく，端的に理解されなかったか，もしくは，既存の社会心理学，あるいは，それが拠って立つ認識論に適合する形に歪曲されて理解されてきたと言った方がよい。

　本章は，このような曲解が生じる原因の一端は，社会的表象理論の側の不徹底 ── 社会構成主義 (social constructionism) の立場を徹底しえなかったこと ── にあったことを指摘し，あわせて，真の理解へ向けた道のりを示すことを意図したものである。この際，具体的には，近年，社会的表象理論について原理的な再検討，および，実証的研究の双方を精力的に進めてきた，オーストリアの社会心理学研究者ワーグナー (W. Wagner) の著作を議論の土台とした。これは，ワーグナーが，社会的表象理論に社会構成主義の立場を組み入れることの重要性を熱心に説くと同時に，逆に一部にその不徹底を残存させている点が，ここで筆者が議論しようとしていることにとって非常に示唆的だからである。

社会的表象理論をめぐって出版されたワーグナーの著作は，数多い。そこで，本稿では，社会的表象概念の理解へ向けて理論的な検討を試みた著作，とりわけ，社会構成主義との関係について主題的に検討した3つの著作（Wagner, 1994, 1996, 1998）をとりあげる。ちょうど2年おきに刊行されたこれら3つの論文は，いずれも，学術雑誌の特集号（Special Issue）に掲載されたものである。それだけに，いずれにおいても，社会的表象理論に関する根底的な見直しが試みられている。

具体的には，以下の3つの論文である。

第1に，"Fields of research and socio-genesis of social representations: A discussion of criteria and diagnostics"（「社会的な表象に関する諸研究とその社会的な生成 ── その評価基準と今後の展望」）（Wagner, 1994）は，*Social Science Information* 誌上で企画された "Symposium on social representations" という特集の中の一編である（以下，WW94論文）。

第2に，"Queries about social representation and construction"（「社会的表象と社会的構成に関する疑問に答える」）（Wagner, 1996）は，*Journal for the Theory of Social Behavior* 誌が組んだ特集号 "Social representation revisited" に掲載されたものである（以下，WW96論文）。

最後の "Social representations and beyond: Brute facts, symbolic coping and domesticated worlds"（「社会的表象概念を超えて ── 原初の出来事，意味による出来事の馴致，日常化された世界」）（Wagner, 1998）は，*Culture and Psychology* 誌の特集号 "One hundred years of collective and social representations" に掲載された論文である（以下，WW98論文）。

さて，これらの3作を通して，ワーグナーが論述の出発点としているのは，次のことである。

> 社会的表象理論は，その理論の根底に社会構成主義の考えを十分に組み入れる必要がある。［最初に同理論を提唱した；引用者挿入］モスコビッシや彼の共同研究者たちは，そのすべての理論的著作でこの点を強調している。それにもかかわらず，社会構成主義の考え方は，本来それが受けて当然の評価と扱いを社会的表象理論の内部で十二分に受けてこなかったように思われる。（WW96, p.95）［訳文はすべて筆者による，以下も同様］

すなわち，本来，社会的表象理論とは不可分の関係にあったはずの社会構成主義の主張が，忘却ないし脱色されたこと。これが，社会的表象理論をめぐる混乱の源だと言うのである。より正確に記せば，第1に，従来の社会的表象研究において，社会構成主義に対する理解が不統一・不徹底であったために，第2に，社会構成主義とは相容れない主客2項対立図式と論理実証主義に則った認知社会心理学（米国の社会心理学界の主流）が，社会的表象理論を自らの内部に摂取しようとした際，そこに含まれていた社会構成主義の主張——後論で明らかにするように，実は，これがもっとも重要だったのだが——を削ぎ落として，社会的表象理論を輸入・理解したために，このような事態が生じたと考えられる。

以下，これらのことについて，ワーグナー3部作（WW94論文，WW96論文，WW98論文）に依拠しながら，具体的に述べていくことにしよう。（なお，ワーグナーの最近の著作については，Wagner & Haye（2005）を参照されたい。）

2 社会的表象の生成（WW94論文）

2-1 「分配／共有的理解」対「集合／過程的理解」

WW94論文では，冒頭で，社会的表象に関する2つの見解——distributed view（「分配／共有的理解」）と collective view（「集合／過程的理解」）——が並置される。「分配／共有的理解」は，社会的表象を，「何らかの対象に関する構造化された心的イメージであり，集団・社会を構成する人びとによって共有された心的イメージ」と考える。一方，「集合／過程的理解」は，社会的表象を，「何らかの対象に関する知識が，人びとの日常的な相互作用・会話を通して創造・普及・共有・変容していく社会的過程」と考える。

さしあたって，ワーグナーは，「共有された心的イメージ」と体言止めされる静的な理解（「分配／共有的理解」）よりも，「……していく社会的過程」という動的な理解，すなわち，社会的表象をプロセスとしてとらえる理解（「集合／過程的理解」）を推している。なぜなら，前者は，まさしく，認知社

会心理学風に曲解されたものであり，これでは，「社会的表象理論は，すでにある概念をいたずらにインフレートさせているだけだ」(WW98, p.300) と批判されても仕方のないところだろう。それは，たとえば，態度，認知，スキーマなどと呼べば事足りるのであって，なぜ，新語を充当せねばならないのか，というわけである。

では，「集合／過程的理解」に立脚すれば，問題は解決するだろうか。ワーグナー自身，自覚しているように，その見通しは甘いと言わざるをえない。なぜならば，後者といえども，何らかの心的イメージが，個々人の心の中に分配的に所蔵されていると考える点では，前者と大同小異だからである。別言すれば，両者の相違は，「共有」された心的イメージそのものに焦点をあてるか（前者），それが生成・変容する過程に（も）焦点をあてるか（後者），といった違いでしかない。実際，認知社会心理学陣営は，後者の理解をも次のように批判するであろう —— われわれとて，個人の認知が他者のそれと無関係に独立しているなどとは考えていない。認知は，他者との相互作用を通して影響を受け，「共有」されることも多い。

認知社会心理学の立場に立つ研究者たちが，社会的表象概念を，「共有」された態度，認知スキーマ（「分配／共有的理解」），あるいは，それらが形成される過程（「集合／過程的理解」）という形式で摂取したという事実を，鮮明に反映するものとして，『社会心理学ハンドブック（第3版）』(Lindzey & Aronson, 1985) における記述を紹介しておこう。まず，同書の刊行年（1985年）が，社会的表象理論に関する初の本格的な英文文献（Farr & Moscovici, 1984）の刊行の翌年であること，および，浩瀚な同書にあって，social representation について，一節や一項をも割かれておらず，あまつさえ項目索引の一項としてもとりあげられていないという事実を指摘しておきたい。これらの事がらは，米国社会心理学界が，同概念に馴染みがなかったこと，また，ほとんど顧慮を払っていなかったことを示している。

同書の中に，社会的表象概念に関する明示的な記述は3箇所ある。一つは，"The cognitive perspective in social psychology"（「社会心理学における認知論的視点」：第4章）に，残りの2つは，"Attitude and attitude change"（「態度と態度変容」：第19章）に登場する。そして，この該当章（認知，態度）そのことも，ここでの主張を裏づけている。社会的表象に関する記述を，あえて同書の中に位置づけるとすれば，"Cultural psychology"（「文化心理

学」：30章）が妥当であると筆者は考える。後論が示すように，社会的表象とは，人びとの前に開ける世界そのものを構成する作用であり，既存の米国流認知社会心理学の中にあえて居所を見つけるならば，文化，〈意味のシステム〉（第3章も参照）といった概念が相応しいからである（Wagner & Yamori, 1999 を参照）。実際，13年後に刊行された同書の第4版（Gilbert, Fiske, & Lindzey, 1998）では，Fiske, Kitayama, Markus, & Nisbett（1998）が，"The cultural matrix of social psychology"（36章）で，社会的表象概念に言及している。

該当箇所を具体的に見ておこう。

> 多くの社会的な事物の場合，カテゴリー化は事物そのものがもつ刺激特性に依拠してなされるのではない。そうではなく，それらの事物の機能，働き，あるいは，その起源（もともと何であったか，また，どのような機能をもっていたか）が，カテゴリー化のベースとなる。Fogas（1983），Moscovici（1983），それに Tajfel（1981）は，カテゴリー化や表象化の基礎にある社会的側面を重視した社会的認知について，説得力のある議論を展開している。(Markus & Zajonc, 1985, p.211)

> 社会的な相互作用を通じて生じる，こうした単純化された表象は，古くは，デュルケム，G. H. ミード，そしてギデンスによって議論され，最近では，象徴的相互作用論者や社会的表象理論の提唱者ら（Moscovici, 1981; ……（中略）……; Farr and Moscovici, 1984）によって新たな光があてられている。(McGuire, 1985, pp.296–297)

> これらの諸例は，いずれも，人の行動が内的な概念，内的な認知装置によって制御されていることを示している。たとえば，スキーマ ……（中略）…… シナリオ ……（中略）…… テンプレート ……（中略）…… スクリプト ……（中略）…… 表象（Farr and Moscovici, 1984），プロトタイプ ……（後略）…… (McGuire, 1985, p.299)

これら3つの引用は，すべて，上記の主張 ── 米国社会心理学界が，社会的表象を既存の認知概念と同列視したこと ── を裏づけている。社会的

表象とは，個人の知覚を制御し，行動を導く個人的な認知要因である。ただし，それは，社会的相互作用に起源を有し，同時に，その「共有」が人びとの相互作用の基盤となっているという意味で，「社会的（social）」な認知である。ここで表明されているのは，このような理解である。しかし，後に見るように，不幸なことに，こうした見解はまったくの的外れである。

2-2 「共有」の測定・図示 —— 社会的表象に関する実証的研究

　以上のことは，社会的表象に関する実証的研究のスタイルにもあらわれている。すなわち，社会的表象の看板を掲げた研究も，その多くが，この「共有」の前提（社会的表象とは，多くの人びとに「共有」された表象，つまり，「共有」されたスキーマやプロトタイプであるとする理解）を何ら疑うことなく受容しており，モスコビッシが同概念を提起した当初の意図を完全に曲解している。そのため，これらの実証的研究で行われていることは，実際には，何らかの「対象（外部）」に対する認知や態度（「主体（内部）」）の「共有」を測定・図示するための（計量的）テクニックの開発である。このことが，また，「そういうことなら，従来の認知社会心理学研究と同じではないか」という批判を誘発する原因となっている。
　もっとも，社会的表象理論に立脚した実証的研究がすべてそうだと主張したいのではない。たとえば，ポッターとウェザレル（Potter and Wetherell, 1987），マッキンレーら（McKinlay, Potter, & Wetherell, 1993），ビリック（Billig, 1993）など，言語分析派と称される人びとは，基本的には，本稿の立論を踏まえながら —— すなわち，モスコビッシの本来の主張をくみ取りながら —— 会話分析やディスコース分析に，社会的表象研究の活路を見いだそうとしている。また，次章で紹介する研究も，この方向に向けた筆者なりのとり組みの一つである。さらに，ラルー（Lahlou, 1999）などは，複数の行為者の視点移動をアイカメラを用いて微視的に行動分析するという，一見，古典的な行動主義を思わせる手法によって，社会的表象による現実構成のプロセスに迫ろうとしている。
　さて，認知社会心理学風にアレンジされた実証的研究を多数収録した論文集としては，ドイズとモスコビッシ（Doise & Moscovici, 1987），クラナハら（Cranach, Doise, & Mugny, 1992），ブレークウェルとカンター（Breakwell &

Canter, 1993) などが代表的である。具体例をいくつか紹介しておこう。たとえば，ファイフ-ショウ（Fife-Schaw, 1993）は，ワープロ，レーザー兵器，ソーラーパネルなど，いくつかの科学技術・製品（という対象）に対する認知を，質問紙調査によって測定し，その結果をクラスター分析，および，コレスポンデンス分析によって分析している。ここで，主要な結果として提示されているのは，さまざまな技術・製品を示すカテゴリーと，「害になる」「新しい」「聞いたことがない」といった態度や評価とを示すカテゴリーとが，その中に分布するプロット図である。また，パークハートとストックデイル（Purkhardt & Stockdale, 1993）は，いくつかの精神障害（という対象）に対する認知（たとえば，「それについて知っている」「思考に影響を及ぼす」など）を質問紙調査で測定し，多次元尺度構成法によって分析している。この研究でも，対象と認知との間の関係を分類整理したプロット図が，主たる結果として報告されている。このような研究は，枚挙にいとまがない。

一方，筆者自身（矢守，1994）は，認知や態度の多変量解析結果をもって，社会的表象の測定と同一視する研究を批判的に検討した上で，個々人の心に所蔵された地図イメージを一人ひとりから引き出し，その共通要素を画像処理によって合成して，「社会的表象としてのメンタルマップ」を抽出・図示する方法を提起したことがある。しかし，自省するに，この研究で「社会的表象としてのメンタルマップ」と称されているものも，たとえば，「認知地図」，「空間認知スキーマ」（という従来の概念）が「共有」されたものと概念化すれば事足りる。また，数値データの多変量解析を画像解析に置き換えたところで，社会的表象測定のための基本的ロジックを，個人の認知特性の「共有」に求めている点に変わりはなく，上記の研究群と同じ轍を踏んでいると反省せざるをえない。

2-3 表象のメタ的構成への逃避

社会的表象を，人びとの心の中に所蔵されている心的イメージ（心的表象）の「共有」という形式で理解している限り，その形成・変容に関わる社会的過程を強調したところで，認知社会心理学の埒内で十分処理可能である。よって，あえて社会的表象という新概念を持ち出す必要はない。これが，目下直面している問題である。賢明にも，この問題点に自覚的であったワーグ

ナーは，WW94 論文において，社会的表象の「社会的」たる所以を，表象，すなわち，心的イメージの「共有」にではなく，別のところに求めようとしている。言いかえれば，ワーグナーは，WW94 論文のタイトルに登場する社会的表象の社会的生成（socio-genesis）の根幹を，表象の「共有」とは異なる側面に見いだそうとした。

この意図のもとに，WW94 論文で提出された概念が3つある。"reflexive group"，"holomorphy"，"externality"の3つである。

reflexive group（メンバーを自己認定する集団）：社会的表象を形づくるディスコースやコミュニケーションは，reflexive group の中で生じる。この集団は，メンバー自らがそのメンバーであることを知り，かつ，だれがメンバーになりうるかを決める基準をメンバーが自己認識しているような集団である。(WW94, p.207)

holomorphy（結晶像的な特性）：集合的な思考に資する社会的表象には別の特性が求められることになる。それは，社会的表象は，その中で社会的表象が形づくられる集団に関するメタ情報を，その内部に組み込んでいなければならないという特性である。私は，この特性を，自分の像を鏡映的に映し出すイメージにちなんで，社会的表象がもつ結晶像的な特性と呼びたい。(WW94, p.209)

externality（外部性）：外部性とは，社会的表象が有する特定の社会的起源（どのような社会的プロセスを経て形成されたか）に由来するもので，社会的表象がもつ特性の一つである。それらは，社会的表象の内的な構造（表象の中身）とは無関係という意味で「外部」である。しかし，それは，社会的表象について情報の一つであり，当該の社会的表象とそのreflexive group やそのメンバーとの関係を示している。(WW94, p.213)

これら3つの概念が同じ方向を向いていることは明らかだろう。それは，表象の社会性を表象・認知の内容やその「共有」にではなく，表象・認知の来歴や属性に求めようとする方向性である。喩えて言えば，次のようなことである。複数の人間がコンピュータを操っており，各種の記憶媒体やネット

ワークを通してファイルのやりとりをしているとしよう。このとき，ある時点で，複数の人間（心）が，同じ内容のファイル（認知）を共有していたとすれば，そのファイルのことを社会的ファイル（社会的表象）と呼ぶ。これが，「共有」にもとづく従来型の社会的表象の理解である。

　これに対して，ここでワーグナーが重視しているのは，ファイルの来歴・属性情報である。ファイルには，だれが，どの時点でそのファイルを開き，書き込みをしたか，どのようなメンバーの間でファイルのやりとりが行われているかを表示する属性情報を付加することができる。ここで，一人ひとりが，この属性情報に自覚的であるとき，そうした状態を社会的表象が成立した状態と呼ぶ。たとえ，ファイルの中身を「共有」していなくても，ファイルが，複数の人間による内容の作成・更新を受けており，かつ，各人がそのことに自覚的であれば，それは，社会的ファイル（社会的表象）だと考えるのである。反対に，偶然，同じ内容のファイルを複数の人間が共有していたとしても，そのファイルに関する属性情報にメンバーが自覚的でなければ，それは社会的表象とは呼ばない。このような理解である。

　結論を述べれば，筆者は，この理解は適当ではないと考える。それは，ワーグナー自身，このような理解を記述するにあたって，"meta"，あるいは，"reflexive" といった用語を使用せざるをえなかった点にもあらわれている。つまり，表象の「中身」の「共有」に依拠する事態からの脱却を企図して，表象の「属性」に焦点をあてたとしても，それは，すぐさま，その「属性」に関する表象・認知の「共有」という問題を誘発するからである。したがって，新しく定義されたかに見えた社会的表象は，表象についての表象（ファイルの属性情報）の「共有」と置換されたに過ぎず，これでは，分析・検討のレベルが変位しただけで，問題の議論 —— 社会的表象は「共有」された表象か？ —— は，棚上げされていることになる。本項のタイトルに含まれる「逃避」という用語は，このような意味で用いたものである。

2-4　「共有」(share) とはどういうことか

　前項で見たように，WW94論文の時点では，社会的表象理論の再生は遂げられたとは言いがたい。事実，WW94論文では，ワーグナーは，「social construction（社会的構成）」を明示的に強調するには至っておらず，代わっ

て，社会的表象の「socio-genesis（社会的生成）」という用語が多用されている。そして，その socio-genesis の内実を表象のメタ的な構成に求めようとするのは，表象の表象，共有の共有，という屋上屋を重ねるだけである。

　筆者の考えでは，問題の核心は，「共有」(share) ということの理解にある。日常的感覚に照らして，何らかの心的なイメージ（あるいは，認知・表象）が複数の人びとによって「共有」されていると感じられることは，たしかに多々ある。複数の個人が，それぞれの「内部」に同じものをもっているという実感である。たとえば，「そこの本，取って」「はい，これ」という会話を成立させている2人の人間のそれぞれの心の内部には，本に関するイメージやスキーマが「共有」されているように見える。車椅子の人物をdifferently-abled person として遇する一群の人びとは，そのような認知・態度を，その心の内部に「共有」しているように見える。あるいは，阪神・淡路大震災について，さまざまに異なる災害イメージが対立している（裏を返せば，それぞれの内輪では，同じ心的イメージが「共有」されている）という言い方がされたりする。

　しかし，本当にそうか。今一度立ち止まって，その内実を考えてみる必要がある。本当に，列記したようなイメージ，スキーマ，認知，態度が，心の内部で「共有」されているだろうか。ごく素朴に考えて，「共有」していると考えられているものは，心の「外部」にないだろうか。これは，何も難しいことを主張しているのではない。たとえば，本を見るとき，われわれは，それを「外部」に見るのであって，心の「内部」に見るのではない。あるいは，心の「内部」に収納された本のイメージや本のスキーマを見るのではない。differently-abled person や阪神・淡路大震災も，同様である。そのような人物は，われわれの眼の前に，つまり，われわれの「外部」の世界に現出するのであり，阪神・淡路大震災も，まずは，われわれの心の「外部」に起こった出来事としてあらわれる。

　もちろん，認知派は，こう反論するだろう。われわれは，「外部」にあるモノやコトを，心が理解するという現象を説明するために，スキーマや態度といった概念を心の「内部」に，構成概念として仮定しているのだ，と。そのことの意味がわからないわけではない。ただし，それらは，研究者が，まさに，社会的に「構成」したものであって，この世界において，われわれがごく素朴に一次的に感受する経験ではない。このことだけはたしかであり，

認知派の賛同も得られよう。

　議論を元に戻して，当面の結論を引き出しておこう。問題は，「共有」であった。分析的に見て，言いかえれば，二次的に見て，主体の心が，その「内部」に何か ── 認知，スキーマ，態度など ── を「共有」すると見える事態は，実は，「外部」に何かがデンとある，ということなのである。こう言いかえてもよい。「共有」という意識は，むしろ，「共有」にヒビが入るようになったときに，初めて芽生えるのであり，逆に，「共有」が透徹しきった場面ではけっして気づかれることなく，むしろ，単に，「外部」に何かがデンとあると感受される。たとえば，本や鉛筆といったモノ，言語（日本語），貨幣（円）といった制度については，その「共有」が頂点に達しているために，何らかの心的イメージの「共有」という議論は，生じにくい。他方，「differently-abled person」は，対抗馬である「handicapped person」や「障がい者」と並存している。つまり，それが完全に共有されていないために，しばしば，認知，スキーマ，偏見などの認知的な諸概念とよく馴染む。臓器移植，外国人，災害など，相対的に新奇な対象・出来事に関して，それらに対する態度，イメージといった認知概念がフィットするのも，同じ理屈である。

　以上の議論は，要約すれば，社会的表象に関して，ごく単純なただ一つのことを示唆している。それは，社会的表象は，心の「内部」にではなく「外部」にある，ということである。われわれを悩ましてきた「共有」の問題は，社会的表象を心の「内部」に存在すると誤認することから生じる，言わば疑似問題であったのだ。「外部」に存在するなら，「共有」の問題など，起きようはずもない。

　実際，ワーグナー自身，次節でとりあげる WW96 論文では，社会的表象理論の提唱者モスコビッシ自身の主張を引用しながら，この立場を鮮明にする。

> 社会的表象は，人びとが行動しコミュニケーションのために，人びとが集団の中で社会的な対象物（object）を形成すること（elaborating）である。
> （Moscovici, 1963; WW96, p.96）

> この世界の表象が他の人びとと共有される程度が増すほど，世界は，我々の

手によって「こちらで」(in here) 作られているという感覚よりも，それ自体がデンと「そこに」(out there) あるという感覚 (seems to be) で受けとられるようになる。(Moscovici, 1988; WW96, p.97)

よく知られているように，representation という英語は，presentation（現前するもの）と対置される。言いかえれば，representation は，「外部」に現前するものを「内部」に映しとったイメージ・図像・表象であると一般に理解されている。このことも一因となって，社会的表象は，心の中に所蔵された心的イメージの一種として理解され，認知派から，これまでとりあげてきたような批判を浴びてきたわけである。しかし，看過してはならないのは，最初の引用文中の"object"，第2の引用文中の"out there"である。ここで，モスコビッシは，社会的表象とは，object（対象）であり，out there（そこに）あると，明確に言明している（ただし，ここでの object は，本章の用語系では，後に〈object〉と称されるものである。詳細については，後論（3節）を参照されたい）。

本章の冒頭において，社会的表象概念に対する「歪曲」，「曲解」など，いくぶん強い表現を用いたのは，この意味においてである。われわれは，これまで，社会的表象に関して，それがどこに存在するかという根本的な問題について，錯誤をおかしてきたと言わざるをえない。

2-5　反論への反論

上に引用した定義に関して，読者は，そこに含まれる"elaborating"，"seems to be"という用語に注目されているかもしれない。そして，以下のように，筆者の議論に反論されることだろう。これらの用語から判断すれば，モスコビッシは，社会的表象を「外部」の存在と考えているのでなく，やはり，「内部」にあると考えているのではないか。少なくとも，「外部」の存在を elaborate し，それが「外部」にあるかのように見せる (seem) ためのプロセスを「内部」に想定しているのではないか。このような反論である。

筆者も，この反論は，部分的には正当なものと考える。それは，後論が示すように，社会的表象が「外部」に存在するという言い方は，実は，誤っているからである。社会的表象は，主客2項対立図式に依拠して，「内部（認

知する主体）」と「外部（認知される対象）」という用語をあえて使用して表現するならば，「内部」と「外部」とが未分化な状態から両者を分凝的に現出させる「作用」を示す用語である。つまり，社会的表象とは，「内部」，もしくは，「外部」に『存在する（ある）』と通常考えられている存在そのものを創造する作用なのである。よって，「社会的表象は，どこに『存在する（ある）』のか」という問い自体が，社会的表象に対する誤解を示している。

　実際，この点を重視する論者は，social representation の訳語として，「社会的表象」ではなく，文脈に応じて，「社会的表象作用」を用いている。また，その作用の結果として，「内部」，もしくは，「外部」に「自存する（ある）」かのようにあらわれる「心」や「モノ」に言及する場合には，社会的表象作用の「産物」という用語を使用している（杉万，1996, 1998）。このような用語上の工夫は，一見些細なことに見えるかもしれない。しかし，その背後には，心やモノがそれ自体で自存するという抜きがたい常識（主客2項対立図式）に抗して，社会的表象理論の真意を伝達しようとする意図があることを知らねばならない。

　では，何故に，社会的表象を，「どこかに『存在する（ある）』もの」であるかのように論じ，かつ，それを「外部」にあると断言するような立論を，これまで試みてきたか。それは，一にかかって，社会的表象に関して現在蔓延している誤解 —— それを，態度やスキーマといった認知的な諸概念と同列視すること —— から生じる混乱を，とりあえず払拭するためである。その目的で，本来は，社会的表象理論によって否定されるべき主客2項対立図式（「内部＝主体／外部＝対象」の2項対立図式）にとりあえず立脚する形をとって，社会的表象を「外部」に位置づけたものである。

　ここで，整理のために，本章全体の構造を先どりする形で提示しておけば，本論は3段構えになっており，具体的には以下の如くである。まず，社会的表象というものが，認知する主体の「内部」に存在するという第1の誤解を解消するために，社会的表象とは，むしろ，認知される対象であって，主体の「外部」に存在するものである，との主張を行う。言いかえれば，第1の誤解を払拭するために，このような第2の誤解を導入する（1節〜2節）。次に，この両方の誤解を共に解消して，社会的表象とは，「外部」に存在する対象そのものではなくて，それをそのようなものとして，主体の前に現出させる「作用」であることを明らかにする（3節〜4節1項）。最後に，上の理

解になお残存する第3の誤解 —— 主体だけは，その作用に先立って，「内部」に自存するとの誤認 —— をも解体し，社会的表象とは，「内部（認知する主体）」と「外部（認知される対象）」とが未分化な状態から，両者を分凝的に現出させる「作用」であることを示す（4節2項〜5節）。

2-6　モノ（物質）の世界はどうなるのか

さて，2-4項の議論に対しては，以下のような，至極当然と思える批判が待ち受けているだろう。「外部」にあると言うなら，それは，モノ（あるいは，コト）ではないのか。認知社会心理学系の諸概念は，そのモノを人間（「内部」）がどのように情報処理し，体系的に整理するかを論じている。社会的表象がモノだと主張するならば，認知派の主張と対立しないかもしれないが，そもそも最初から異なる次元のことを問題にしていることにならないか。

この種の反論は，次のように言いかえてもよい。「外部」に本，あるいは，本という社会的表象がある，「外部」に differently-abled person，あるいは，differently-abled person という社会的表象がいる。そのように主張したければしてもよいが，それは，認知社会心理学にとっては，議論の大前提である。それら「外部」に存在する（人間を含めた）モノを，「内部」がどのように認知するのか，その結果にもとづいて，「内部」たる主体がいかに「外部」たるモノに働きかけるか（行動するか） —— これが，認知社会心理学の焦点である。それとも，社会的表象という作用がなければ，認知派の議論の前提となっているモノが消失するとでも言うのか。それでは，まるでオカルトではないか。

実は，議論は，早くも核心に近づいている。「社会的表象がなければ，モノもないのか」。認知派から寄せられるこの批判的反問に対して，「たしかに，モノがとりあえずある（いる）ということは認めざるをえないですね。社会構成主義といえど，その基になるモノ（物質的世界）の存在は認めるのでして……」などと主張を後退させると，早晩，認知派の軍門に下ることになる。上の反問には，明確に，次のように応じなければならない。「そうです。社会的表象がなければ，認知社会心理学が大前提にしているモノの世界が消えます。社会的表象を欠けば，認知派が，『それ』についての態度・スキー

マなどと論じるときの『それ』が消失します」。本論の冒頭で、社会構成主義の立場を透徹しえなかったことが、社会的表象理論に対する誤解を生んだと述べた。社会的表象理論において、社会構成主義の立場を徹底させるとは、この一見オカルトにも映る主張を貫くことである。

　もっとも、この主張は、きわめて微妙、かつ、繊細に理解されねばならない（そうでないと、本当にオカルトになってしまう）。以下、残された2つの論文（WW96論文とWW98論文）の検討を通して、何故に、また、どのような意味において、先の反問に対する回答が"YES"たりうるのか（「社会的表象あらずんば、モノもあらず」と言えるのか）について検証していこう。

3　社会的表象と社会的構成（WW96論文）

3-1　3つの問い

　WW96論文では、社会的表象概念の再検討のために、ワーグナー自身が提起した3つの問いをめぐって、議論が組み立てられている。

　　社会的表象は、対象物を表象する（表す）のか。(Does a social representation represent an object?)（WW96, p.100）

　　社会的表象について真偽を確定できるか。(Can social representations be true or false?)（WW96, p.103）

　　社会的構成は行為か。(Is social construction action?)（WW96, p.110）

　ワーグナーは、これら3つの問いすべてに対して、社会的表象理論は、明確に"No"と答えねばならないと主張する。そのことが、社会的表象理論が本来内包していながら、これまで看過されてきた社会構成主義という基盤を復活させ、同理論の独自の価値を高めることにつながると言う。

　筆者も、この主張に、ほぼ全面的に首肯する。ただし、一部に留保条件をつけたい論点もある。また、これらの問いには、誤解を招きやすい用語・表

現 ── 特に, object という術語の用法 ── も含まれている。ワーグナーの真意を逸しないためにも, 以下, 順をおって詳しく見ていこう。その際, 特に, 第1の問いについて詳細に検討する。なぜなら, 第2, 第3の問いに対する回答は, 第1の問いをめぐる議論から, 必然的に引き出されるからである。

3-2　第1の問い：社会的表象は, 対象物を表象する（表す）のか ── 否, そうではない

　このことの意味は, 「〜についての社会的表象（social representation <of> 〜）」という表現に対するワーグナーの批判的眼差しを介して理解できる。ワーグナーは, 社会的表象の研究者を自認する研究者ですら多用するこの表現 ── たとえば, 「エイズについての社会的表象」, 「イギリス王室についての社会的表象」など ── は, 非常にミスリーディングであり, 事実, モスコビッシ本人や慎重な研究者は, その使用を避けていると言う。

　ここでの問題は, 「〜についての社会的表象」という表現が, 「〜」で表示される対象（モノとしての object）と社会的表象との遮断, および, 両者の自存性（それ自体として独立に存在すること）を示唆することである。この遮断は, 次のような常識的通念, そして同時に, 認知社会心理学の前提に依拠している。それは, 一方で, 社会的表象の対象が「外部」に自存し（モノとしての object）, 他方, （社会的）表象そのものは「内部」に実在する, という常識的の前提（主客2項対立図式）である。

　たとえば, ワーグナーは, 認知派の代表格とも言えるマーカスとザイエンス（Markus & Zajonc, 1985）を引いて, 彼らにあっては, 表象は, 徹底的に表象する主体の「内部」に, 表象される対象は主体の「外部」になければならないと考えられていると述べている。実際, マーカスらは, 痛みといった身体感覚についても, それに関する表象（「痛み認知」といったものになるのだろう）が, 主体の「内部」に形成されるのと相即的に, 表象される痛みそのものは主体の「外部」へと位置づけて考えている。すなわち, 「内部／外部」というのは, 身体の皮膚界面に対する内外を言うのではない。そうではなく, 表象（認知）という作用のあるところ, あまねく, 表象作用の対象たる「外部」と, それに呼応する表象（認知）が形成される「内部」とを, 存

在論的に徹底的に裁断して概念化するのが,「内部／外部」の謂いであり,また,これが認知社会心理学の大前提（同時に,世間の常識）となっている。さらに,この前提にもとづいて,社会的表象の看板を掲げる研究においてさえ,「内部」に格納されていると想定された社会的表象の内的構造の分析 —— 認知社会心理学の多くが従事しているのは,まさに,この作業である —— に安んじるという事態となった点については,先にも触れた（2-2項）。

　社会的表象が,モノとしての object を表象しないのだとすれば,事態はどうだというのか。2節で導いた,社会的表象の当面の定義に準拠すれば,回答は容易に導かれる。2節で述べたように,社会的表象とは,それが表象すると通常考えられている対象（モノとしての object）と別のものではなかった。つまり,社会的表象は object を represent するのではなく, object そのもののことなのである。

　したがって,問題の表現 ——「〜についての社会的表象」という表現 —— については,次のような結論が導かれる。WW98論文から,先どりして引用すれば,

> 結論を述べれば,ある対象についての社会的表象という表現は,いかにも不自然である。なぜなら,ほかならぬ社会的表象そのものこそが,当該の対象を対象たらしめているレゾンデートルだからである。言いかえれば,社会的表象とはそれが表象しているとされる対象そのもののことであり ……（中略）……「〜についての社会的表象」という言い方は,せいぜい意味のない同語反復,下手をすると自己撞着なのである。(WW98, p.308)

　もっとも,第1の問いに関するここまでの考察は,実は,厳密なものではない。なぜなら,それは,社会的表象に関して,当面の近似的な定義 —— 社会的表象とは,「外部」に存在する object のことである —— に依拠しているからである。社会的表象に関する真の理解のためには,あるいは,ここでのワーグナーの主張を真に理解するためには,社会的表象の定義を,これ以降,より正確なものに置き換えねばならない。

　あらためて,より正確に定義すれば,社会的表象とは,「外部」に存在する object（モノ）でも,それを表象した結果として「内部」に形成されるものでもなく,〈object〉を構成する作用であり,かつ,その作用そのものを

隠蔽することによって，本来，〈object〉でしかないものを，「外部」に自存するobjectであるかのように現出させる作用のことである（ただし，ここで導入する定義も最終的なものではない。社会的表象の正確な定義は，4-2項で与えられる）。今後，objectと〈object〉とを区別して用いることに留意されたい。objectとは，「外部」に自存すると認定されている限りでのあらゆる対象であり，本稿でこれまでモノと記してきた存在と同値である。一方，〈object〉は，社会的表象という作用によって構成される限りでのあらゆる対象のことである。社会的表象について十全に検討するためには，当然にも，この新しい用語 ── objectとは区別された〈object〉 ── の理解が鍵となる。以下，項を改め，〈object〉について詳しく検討していこう。

3-3 〈object〉とは何か

〈object〉の定義は，WW98論文に与えられている。

> 〈object〉（原文では，単にan object）とは，① 人びとが，それを指示する名前を持っており，② それに対して何らかの性質・価値を付与しており，かつ，③ それに関して話をすることができる，(a) 物質的な，(b) 想像上の，もしくは，(c) 象徴的な，存在（entity）のことである。[①〜③と(a)〜(c)の項は引用者が挿入]（WW98, p.306）

なお，ここで，2つ注記したいことがある。第1に，上記③の条件は，正確には，それに関して人びとが話をすることを含めて，②の性質付与や価値判断と整合的な行動をとることができる，と表現を改めるべきである。第2に，前半の3つの規定条件（①〜③）は，「かつ」の関係で連結されており，後半に登場する3つの現象形（(a)〜(c)）は，「または」の関係にあることを注記しておきたい。たとえば，本は，①「ホン」という名称を人びとが持っており，② 紙の集まりである，その上に文字，記号や図像が記されている……といった性質を付与されており，かつ，③「ちょっと，そこの本取って」「これって，何の本？」といった会話・行動が，人びとの間で成立する物質的存在(a)である。この意味で，本は，少なくとも現在の日本社会では，〈object〉である。これと同様に，たとえば，「活火山」や，

「株式市場」や,「天国」も,少なくとも現在の日本社会では,〈object〉である。

やはり,それらは,われわれがモノ,あるいは,コトと呼んでいる存在,すなわち,「外部」に自存する object ではないのか。われわれは,それを「内部」たる主体がどのように認知するかを問題にしている —— このような反論が認知派から寄せられそうである。そこで,object ならざる〈object〉を理解するために,また,この反論の妥当性について考察するために,試みに,二千年前の日本列島に,活火山という〈object〉が存在したかと問うてみよう。答えは,"No" である。なぜなら,二千年前には,人びとは,活火山という言葉をもっていなかったからである。これでは,「かつ」で結ばれた第1条件が満たされない(この場合,第2,第3の条件も満たされない)。活火山という〈object〉は存在しなかった,と結論づけられる。

ここで,認知陣営は,通常,以下のような批判を繰り出してくる。すなわち,社会的表象研究者は,議論をすり替えている。当時の人びとは,それを「活火山」とは呼んでいなかったかもしれないが,たとえば,「ヒヤマ」という名称でそれを指示し,共同体の守護神といった属性を付与し,その上で,それについて会話・行動していたかもしれない。別の名前で呼ばれ,別の性質を付与され,別の種類の行動が生じていたかもしれないが,それは,ほかならぬ認知の違いである。言いかえれば,それに対する認知 —— 活火山という認知,ヒヤマという認知 —— は,さまざまに異なっているかもしれないが,その認知を生む原基となる object は,厳然と存在していた(存在している)はずである。社会的表象理論が,〈object〉と称しているのは,われわれが,認知やスキーマと呼んでいるものと同じではないか。つまり,活火山という〈object〉は,「活火山スキーマ」で認知された限りでの object であり,ヒヤマという〈object〉は,「ヒヤマスキーマ」で認知された限りでの object である。活火山,あるいは,ヒヤマという〈object〉(われわれなら,スキーマと称する)が文化・時代相対的だと主張できるからといって,object が消失するわけではない —— 以上のような反問である。

両陣営 —— 認知社会心理学と社会的表象理論 —— の違いは,結局,一つの点に帰着する。前者は,スキーマ,もしくは,上記の反問に見られるように,いつの間にか「内部」に存在すると誤認された限りでの〈object〉が貼りつく object(モノ)が,「外部」に自存すると措定している。言いかえれ

ば，活火山やヒヤマという認知（スキーマ）が，それに対して付与されるのを待っているような対象が，認知に先立って，単独にモノ（object）として存在していると仮定している。これに対して，後者の主張のポイントは，そのような意味での object（モノ）が，「外部」に自存することはないという点である。何かが存在するとき，それは，常に，例外なく，〈object〉という形式においてであり，〈object〉の原基となる object（モノ）が，〈object〉とは別に，それ自体で自存することはない。これが，後者の主張であり，両者の違いである。

あらためて，次のような異論が，認知派から戻ってくるかもしれない。object（モノ）が存在しないとは，いかなることか。活火山か，ヒヤマかはさておき，この眼前にある山がない，あるいは，なかったとでも言うのか。それを形づくる岩や石，木々もろとも —— さらに言えば，原子や分子もろとも ——，そっくりそのまま存在しない（存在しなかった）とは，どういうことか。認知する主体（心）とは関係なく，それは，そこにあるではないか。

しかし，社会的表象理論に対するこうした反論は，誤っているというより，反論たりえておらず，むしろ，社会的表象理論の傍証に一役買ってしまうことになる。順をおって検証していこう。認知派は，活火山（あるいは，ヒヤマ）という〈object〉（彼らなら，スキーマと呼ぶだろう）は存在しなくても，そのような〈object〉として認知される原基になるモノ（object）は，存在するはずだと主張する。たとえば，岩や石は，それ自体単独で自存するはずだと言う。しかし，考えてみれば，岩や石も，それ自体が認知（社会的表象理論の用語で言えば，〈object〉）である。では，岩や石という認知が貼りつく，その原基となる object とは何か。原子や分子だろうか。しかし，言うまでもなく，原子や分子もまた，立派な —— 非常に一部の人間にだけ限定された —— 認知（〈object〉）である。それでは，原子や分子という認知（〈object〉）の基体となる object とは何か。容易に予測がつくように，この問いは，無限に背退するか，もしくは，一種異様な，究極の存在物 —— すなわち，すべての認知（意味）に先立つ究極に無意味な object —— を，その極点に要請するしかない。

要するに，認知派の反論は，〈object〉を否定しようとして，かえって，〈object〉ではない object，すなわち，何ものとも意味づけられていない（認知されていない）裸のモノなど，けっして存在しないことを暴き出してい

るのである。認知派は，〈object〉を拒否せんがために ── 言いかえれば，「〈object〉 = object + 認知」という等式を証明せんがために ──，次々にobject の候補を繰り出すが，その作業は，object（の候補）そのものが，また別の〈object〉に過ぎないことをあからさまにするだけである。こうした試みによって暴露されるのは，けっして，いかなる汚れ（認知）にも染まっていない究極の object などではない。それは，単に，別の，多くの場合，より広範に（通時代的に，汎文化的に）通用するような〈object〉に過ぎない。

　これまでの行論を再確認する意味で，〈object〉について，別の視点からまとめておこう。社会的表象理論の骨子は，世界に存在するものはすべて ── 本も，活火山も ──，〈object〉としてのみ存在するのであり，それに先立つ object を措定することが誤りだということである。〈object〉は，徹頭徹尾，〈object〉なのであって，それを「object + 認知」と分解することはできない（この分解は，3-2 項で述べた，「外部」と「内部」の遮断の言いかえでもある）。この主張は，すべての存在は，単なる知覚的現前を超出して，「〜（という意味のもの）として」という形式でのみ存在する，と言いかえることもできる。「〜として」という契機を欠いて，存在（「何かがある」ということ）はありえない。これは，後論（5節）でも紹介する哲学者廣松渉の認識論における基本的提題でもある（廣松, 1982）。活火山は活火山として，土は土として存在しているのであり，それ以上でも，それ以下でもない。この「〜として」関係を無理矢理に主体側と対象側に裁断し，活火山という認知（表象）が「内部」に，そうした認知（表象）を生ぜしめる基になるobject が「外部」に，それぞれ，言わば裸で存在すると誤解するところから，先に述べた無限背退が始まる。社会的表象理論がその存在を却下するのは，この意味で裁断された対象（object）であり，また，裁断の果てに措定されざるをえない，あらゆる「〜として」関係から自由な，「何でもないモノ」という不可思議な実体である。

3-4 "something in the world"という世界

　ここに至っても，なお，以下のような反論が予想される。すなわち，社会的表象という作用を欠いては，何もない（nothing）のか。そうは思えない。百歩譲って，すべての存在は，〈object〉として，言いかえれば，「〜とし

て」しか与えられないかもしれない。裸の object は存在しないかもしれない。しかし，そうであるからといって，社会的表象という作用がなければ，無だ，空だ（nothing）というのは，奇態である。〈object〉が存在しない世界に，object を無理矢理に想定するのは誤りだとしても，その世界が「無」だということはあるまい。「何か」がそこに存在することは，たしかではないか —— このような反論である。

この反論は，正当である。実際，ワーグナーが，"something in the world" という術語で定義する様相が，社会的表象という作用を欠いた世界（〈object〉の存在しない世界）を描写している。たとえば，

> 対照的に，人びとがそれを指示する名前を有していないか，それに対して何らかの性質を付与していないか，あるいは，それに関して話をすることのできない物質的，想像上の，もしくは，象徴的な存在（entity）のことを something と呼ぶことにしたい。（WW98, p.306）

このことの意味を，杉万（1996）が，きわめて明快に論じているので，少し長くなるが直接引用しておきたい。

> いかに，社会構成主義的な立場を透徹させようとしても，社会的構成に先だって，「何かある」ことだけは，前提とせざるを得ない。しかし，銘記すべきは，「何かある」ことの，それ以上でも，それ以下でもないということである —— 何かを，究極の粒子と言うことは，明らかに，言い過ぎであるし，虚無であると言うことは，言うべきことを言っていない。「何かある」—— 言い得るのは，厳密に，ただ，それのみである。それに，何か言い足すとしたら，その内容は，社会的構成の産物である。（杉万, 1996, p.27）

すなわち，社会的表象理論は，社会的表象という社会的構成の作用に先立っては，何もない（nothing である）というオカルトを展開しているのではない。それに先だって，何かが「存在する」と言いうるとすれば，それは，厳密に，何か（something）だとしか表現できない，このように主張しているのである。

別言すれば，"something in the world" という世界は，「〜として」とい

う契機を欠いた世界であるから,さしあたって,意味を喪失した対象世界のことである。もっとも,厳密には,社会的表象という作用は,something in the world から,一方で,対象世界(「外部」)を意味的に分節し,他方で,それと厳密に相即的に,主体(「内部」)を分凝的に生成する作用であるから,something in the world に,(完成された)主体が一人対峙しているという構図はありえない。その世界にあっては,認識・行為する主体そのものも something in the world の一斑となって,そこに混融していなくてはならない。この点については,4-2項,および,5節で述べる。

3-5　第2の問い：社会的表象について真偽を確定できるか
　　　── 否,それはできない

第1の問いに対する回答が No であることを踏まえれば,第2の問いに対する回答が No になることは,必然である。

ある社会的表象が,「true である」とか,「false である」とか主張できるためには,あるいは,認知社会心理学に馴染みやすい表現で例示すれば,「この認知(社会的表象)には,バイアスがかかっている」などと表現できるためには,当の認知(社会的表象)の真偽を客観的に決する外的な基準が,「外部」の世界に,「内部」に存在する認知(社会的表象)とは独立に確保されていなければならない。なぜなら,「外部」に自存している基準(object)に適合する表象が true,適合しない表象が false(たとえば,錯覚),あるいは,biased(たとえば,偏見)だと見なされるからである。

しかし,第1の問いに関する検討によれば,社会的表象とは,何らかの object に対応して,「内部」に形成される認知ではなく,〈object〉を構成する作用なのであった。社会的表象が,実は,真偽判断の規準となるべき「外部」の対象そのもの(〈object〉)を構成する作用である以上,社会的表象の真偽を議論すること自体,ナンセンスであることは明らかである。

3-6　第3の問い：社会的構成は行為か ── 否,そうではない

ワーグナーは,社会的構成 ── 言いかえれば,社会的表象という作用── は,action(行為)ではなく,doing(遂行)だと見なければならないと

主張する。この主張を理解するためには、もちろん、両語の定義——WW96論文に与えられた英文を直訳すれば、action（行為）とは intention をもった人間の身体的・言語的振る舞いであり、doing（遂行）とは intention を欠いたそれである——を知る必要があるが、この定義の意味を正確に把握するためには、若干のまわり道が必要である。

ワーグナーが、action あるいは doing という用語をめぐって問題にしていることは、「外部の object（刺激）→（それに関する正しい、あるいは、誤った）表象・認知 → その表象・認知にもとづいた object に対する行動（反応）」という認知派の公式に含まれる行動（反応）の意味づけである。この図式は、独立変数たる object（刺激）が情報処理されることによって、主体内部に、認知・表象という媒介変数が生じ、そのアウトプットとして従属変数たる行動が生じる——このように想定するものである。すなわち、言いかえれば、独立変数たる object は、媒介変数たる認知・表象や、従属変数たる行動とは、まったく独立に——「独立」変数とは、まさにそういう意味だが——存在すると想定されている。

しかし、見てきたように、社会的表象理論は、この図式を根底から破壊するものであった。なぜなら、社会的表象理論は、ここで独立変数として位置づけられている刺激が、媒介変数たる認知と独立した object という形式で存在することはありえず、常に、社会的表象という作用と相関した〈object〉でしかないと主張するものだったからである。その上で、ここで、ワーグナーが強調していることは、〈object〉は、媒介変数のみならず、従属変数（行動）とも独立しえないという点である。すなわち、行動とは、認知・表象を媒介にして、object に対してなされるのではなく、行動それ自身が、〈object〉を生み出す一翼を担っているのである。いくぶんセンセーショナルな表現を使うなら、行動は〈object〉の一部だと言ってもいいかもしれない。

具体例をあげよう。たとえば、椅子に座るという行動は、椅子という〈object〉をそれたらしめている社会的表象という作用の一部である。言いかえれば、椅子という〈object〉は、その上に座るという行動を、その一部に含んでいる。つまり、それは、もともと椅子として存在するから、座るという行動を導くのではない。そうではなく、座るという行動が、それを椅子という〈object〉たらしめている。座るという行動は、椅子という object に

対して生じる反応なのではなくて，椅子という〈object〉を成立させるために不可欠な一契機なのである。座るという行動が，〈object〉の一部だというのは，このような意味においてである。ちなみに，3-3項で定義した〈object〉の3要件 ── ① 椅子という名称が付与されていること，② それは，座るためのもので，通常，木や金属でできているといった属性を付与されること，③ 上記の ② に整合的な行動，たとえば，座るという行動が繰り広げられること ── が，「かつ」の関係で連結されていたことを想起されたい。この第 ③ 項は，椅子という〈object〉の成立にとって必須の条件の一つである。要は，椅子だから座るのではなく，むしろ，座るから椅子なのである。

　以上を踏まえ，議論を第3の問いに戻そう。ワーグナーが嫌ったのは，action という用語が，「刺激 → (認知・表象) → 行動」図式における行動を示唆する点である。すなわち，まず，object（刺激）が存在し，それに対する情報処理によって，「内部」に，（正しい）認知・表象が醸成され，その認知・表象を踏まえた上で起動される反応が action なのである。換言すれば，この図式にあっては，action に先立って，当の action を導くだけの原因が「内部」に措定されていなければならない。action が intention を伴っているとは，そういうことである。たとえば，座るためのモノであるところの椅子という object が自存し，それを正しく認知した結果として，認知・表象（たとえば，椅子スキーマや着席動機など）が「内部」に宿る。その結果として，座るという action が生じる。このような構図である。

　しかし，社会的表象理論における主体の行動は，そのようには位置づけられえない。なぜなら，行動に先立って，座るという intention を誘発する object（および，それに対応する認知・表象）が自存するわけではないからである。では，座るという行動は，どのように生じるのか。実は，座るという行動は，言ってみれば，「単にそうする」（遂行）という形式でなされるのである。この「単にそうする」としか表現できない行動が，椅子という〈object〉を生成・維持しているのである。intention を欠いた doing とは，このような「単にそうする」としか形容のしようのない種類の身体の言語的・肉体的遂行のことを指している。もっとも一言付言しておけば，この doing（遂行）を通じて，椅子という〈object〉が確立されれば，その後は，椅子は，椅子という object としてあらわれる ── 社会的表象という作用は，

〈object〉を構成すると同時に，その作用そのものを隠蔽し，〈object〉をobject であるかのように現出させる作用であった —— から，椅子に座るという行動は，通常は，あたかも action（行為）であるかのようにあらわれる。

4　社会的表象研究の今後（WW98論文）

4-1　社会的表象をどのように理解するか —— 4つのバージョン

　WW98論文の内容は，その大筋において，本章のこれまでの論述で網羅されている。実際，たとえば，〈object〉や something in the world の定義など，すでに，WW98論文からも引用を重ねてきた。もちろん，論文題目にも含まれている domesticated world（〈object〉によって構成される日常的な生活世界），brute facts（something in the world の別表現と見なすことができる）など，社会構成主義を明確に標榜した社会的表象理論の再編成へ向けた新概念も，いくつか提出されてはいる。しかし，ここでは，こうした各論に応接することは避け，ワーグナーがこの論文の総括にあたって提起している枠組み —— 社会的表象理論をどのように理解するかをめぐる枠組み —— に即して，前節までの議論を再度振り返り，新たな論点をも付加しておこう。

　ワーグナーは，社会的表象をどのように理解するかについて，それを4つのタイプに大別できると結論づけている。それは，これまで，その重要性を再三強調してきた社会構成主義の主張をどの程度徹底して理論に盛り込むかによって分別できるとされる。以下の定義に登場する強い／弱い（strong/weak）という形容詞は，それぞれの理解が，社会構成主義の主張をどれほど強くかつ明示的に盛り込んでいるか，あるいは逆に，弱められかつ不十分な形でしか取り込まれていないかを示している。以下，順をおって見ていこう。

（1）super-weak version

　「モノ（object）の世界は，心（主体）とは独立に，「外部」に存在する。そのモノ（object）を，心が認知（情報処理）した結果，心の「内部」にできあがるのが，社会的表象である」。このように理解された社会的表象は，

たしかに，認知派が批判するように，態度やスキーマと言いかえてもいっこうに差し支えない。つまり，この理解は，誤りである。

(2) weak version
「モノ（object）の世界は，心（主体）とは独立に，「外部」に存在する。そのモノ（object）を，心が認知（情報処理）した結果，心の「内部」にできあがるのが，個人的な表象である。この表象は，その一部，あるいは，全部が，主として言語的なやりとりを通して，他者と「共有」されるに至る。こうして「共有」された（個人的）表象が，社会的表象である」。このように理解された社会的表象も，認知派が主張するように，「多くの人びとに共有された態度・スキーマ」と称しても，その実質は何ら変わらない。つまり，この理解も，誤りである。

(3) strong version
「モノ（object）の世界は，心（主体）とは独立に，「外部」に存在する。この事実は動かない。しかし，実際に人びとの行動を規定するモノとは，それを，主体の側が認知（情報処理）した結果として生じる〈object〉である。社会的表象とは，この〈object〉のことである」。このように理解された社会的表象は，社会構成主義の主張を一定程度とり入れている。しかし，この理解も，以下の2つの理由で誤っている。第1に，これまで指摘してきたように，社会的表象とは，〈object〉そのものではない。〈object〉を構成する作用である。第2に，── いっそう重要なこととして ── ワーグナー自身，ときに，彼自身の不徹底を露呈する形で使用する表現「socially relevant world」（たとえば，WW98, p.304）にあらわれているように，この理解は，socially relevant ではない単独のモノ（object）の世界が，socially relevant world が，その上に形成されるところの基体として存在することを前提としている。別言すれば，〈object〉から成る世界の前に，あるいは，それとは別に，object から成る世界が存在すると仮定している。この理解は，誤りである。

(4) super-strong version
「モノ（object）の世界が，心（主体）と独立に，「外部」に存在すること

はない。言いかえれば，世界にあらわれるものはすべて，社会的に構成された〈object〉であり，〈object〉の基体となる object は存在しない。社会的表象とは，〈object〉を構成する作用であり，かつ，その作用そのものを隠蔽することによって，本来，〈object〉でしかないものを，「外部」に自存するかのように —— object であるかのように ——，現出させる作用のことである。よって，社会的表象という作用を欠落させた世界があるとすれば，それは，"something in the world" と呼ぶしかない」。もちろん，この第4の理解 —— super-strong version —— が，社会構成主義の主張を十全な形でとり入れた，より厳密な社会的表象概念の理解である。

以上が，WW98論文の結論である。

4-2　主体そのものの構成
　　—— 第5の理解 (hyper-strong version) の提起

筆者は，ワーグナーが結論として提示した super-strong version に関して，一つだけ留保をつけたいことがある。そして，その留保条件をも組み入れた社会的表象の最終的な理解（言ってみれば，hyper-strong version）を提起したい。

ワーグナーの第4の類型においても，十全に組み入れられていない側面が一つある。それは，先に，3-4項で予示したように，主体（「内部」）の構成という側面である。ワーグナーは，主体によって認識される対象世界の側については，それがすべて，社会的表象という作用の産物（〈object〉）であること，したがって，社会的表象という作用をいっさい欠けば，そこには something in the world しかないこと —— このことを，非常に明快に論じている。しかし，その際，社会的表象という作用の一斑であるはずの主体側のメカニズムについては，ほとんど論述がない。すなわち，対象世界（「外部」）については，明確に社会構成主義を導入したにもかかわらず，主体（「内部」）は，そうした構成の営みとは無関係にあらかじめ成立しており，そこに自存すると仮定しているかのようである。別言すれば，something in the world という茫漠の中にあって，主体という存在だけは一人，くっきりとした輪郭をもってあらかじめ存在しているように見える。

筆者は，この主体の側面に関するワーグナーの理論的配備は，少なくとも，

WW98論文の時点では，きわめて不十分であると考える。問題の焦点は，something in the world の理解にある。something in the world という状態を，認識する主体（「内部」）と認識される対象（「外部」）との分断を前提に理解すると，言いかえれば，主客２項対立図式にとらわれて理解すると，先のように，それは対象世界に関わる話であって，主体とは関係ないと考える過ちをおかすことになる。そうではなくて，something in the world とは，そこから，認識される対象（〈object〉）と，〈object〉を認識する主体とが分凝的に成立してくる主客未分化な渾然一体と考えねばならない。だから，どうしても，主客２項対立図式に即して，something in the world という事態を形容・理解したければ，それは，（事後的に生じる）主体と客体の「両方」を含んだものと言うほかない。

　このように，社会的表象という作用は，主体と客体がふたつながらに混淆した状態から両者が分凝しつつ成立する過程である。ここで，〈object〉と object との区別に対応させる形で，〈subject〉と subject の区別を導入しよう。〈subject〉とは，something in the world から分凝的に構成された産物と理解された限りでの主体である。一方，subject とは，「外部」と対置される形で，初めから「内部」に自存すると理解された限りの主体である。この区別を踏まえれば，上で述べたことを，対象（〈object〉）の成立と主体（〈subject〉）の成立とは，厳密に同じことの両側面である，と言いかえることもできる。別言すれば，これまで，社会的表象という作用が存在しなければ，〈object〉は存在しないと論じてきたが（もちろん，object も自存しない），この同じ命題を主体についても適用しなければならない。すなわち，社会的表象という作用が存在しなければ，〈subject〉も存在しない（もちろん，subject も自存しない）と言わねばならない。

　このことを，ここで主題的に論じる余裕はないので，理解に役立つと思われる印象的な研究事例を一つあげておきたい。〈subject〉の構成 ── 言いかえれば，subject が自存しないこと ── を問題にする以上，発達現象に目を向けるのが，近道であろう。樂木（1997; Rakugi, 1999）は，乳児院乳児に特徴的な行動の一つとして，ぬいぐるみに対する恐怖反応を見だしている。つまり，乳児院乳児は，一般家庭乳児にとっては，むしろ愛着の対象となるぬいぐるみに対して露骨な恐怖反応を示すことが多いという。この理由について，樂木は，「この反応は，身体論的には，事物と身体の分離，および，自

己（という身体）と他者（という身体）の分化のまさにまっただ中で起こる反応と考えられる。ここで，注目すべきは，ぬいぐるみは，限りなく身体に近い「事物」であるとも（主として，家庭乳児），あるいは，限りなく事物に近い「身体」であるとも（主として，乳児院乳児）考えられるということである」（樂木, 1997, p.9）と述べ，さらに，「乳児院乳児にとってぬいぐるみは身体であること，さらには，ぬいぐるみが非親和的な外部に位置する他者であること，これが乳児院乳児のぬいぐるみに対する恐怖反応の理由であると考察される。言いかえるならば，乳児院乳児のぬいぐるみに対する恐怖反応は，事物に対する恐怖反応ではなく，ぬいぐるみという他者に対する人見知り反応なのである」（p.10）と結論づけている。

　この興味深い観察事例にもとづいた考察を，目下の文脈に移して言いかえれば，以下のようである。ぬいぐるみが，「多くの場合，まずは，おもちゃ（＝事物）であり，そして，しかる後に，あたかも家族の一員のように親しくつきあう」（樂木, 1997, p.9）ような対象（〈object〉）として，乳児にとっての世界に存在しはじめることと，乳児が，ぬいぐるみをそのような〈object〉として存在せしめる社会的表象化作用の一翼を担う主体（〈subject〉）として世界に存在しはじめることとは，厳密に同じことの両面である。よって，それ以前的な事態，具体的には，乳児院乳児に対して，ぬいぐるみが非親和的な外部に位置する他者としてあらわれているという事態は，ちょうど，主客混融状態――ぬいぐるみとしてのぬいぐるみ（〈object〉）も成立せず，ぬいぐるみをぬいぐるみとして現象させるプロセスを担う主体としての自己（〈subject〉）も成立していない状態――，すなわち，something in the world のよい例示となっている。この結果として，主として，母親との濃密な身体的・言語的やりとりを通して，ぬいぐるみという〈object〉と，それと厳密に相即的に，そのような〈object〉を認識する〈subject〉としての自己を獲得しやすい家庭乳児と比較して，そうではない乳児院乳児にあっては，身体発達遅滞，精神発達遅滞という形で，ぬいぐるみという〈object〉の獲得遅延と厳密に相即的に，〈subject〉の成立が遅延しがちなのである。

　以上を踏まえて，社会的表象について，第5の理解，すなわち筆者自身の結論を提起しておこう。

（5）hyper-strong version

「モノ（object）の世界も，心（subject）も，それ自体として自存しているわけではない。世界にあらわれるものはすべて，社会的に構成された〈subject〉の前に，社会的に構成された〈object〉があらわれるという形式で与えられる。言いかえれば，〈object〉の基体となる object，〈subject〉の基体となる subject は，それぞれ自存しない。社会的表象とは，この両方の契機（事後的に，〈object〉あるいは〈subject〉となる両契機）が混融した事態から，〈object〉と〈subject〉を分凝的に構成する作用であり，同時に，その作用そのものを隠蔽することによって，本来，〈object〉でしかないものを，「外部」に自存する object であるかのように，かつ，本来，〈subject〉でしかないものを，「内部」に自存する subject であるかのように，現出させる作用のことである。社会的表象という作用を欠落させた世界があるとすれば，それは，something in the world ── 両契機が混融した状態 ── と呼ぶしかない。」

これが，ワーグナーの主張をさらに一歩進め，社会構成主義の主張をいっそう徹底して組み入れた，社会的表象概念の十全な理解である。

5　結語 ── 今後の課題と展望

本章では，ワーグナーの著作を考察のための導きの糸としながら，これまで，多くの誤解を受けてきた社会的表象理論について，社会構成主義の主張を徹底した形式で盛り込むことによって，それに関する十全な理解を得ようとしてきた。具体的には，第1に，もっとも広範に見られる誤解 ── 社会的表象を，主体の「内部」に存在する認知・表象と同一視する誤解 ── を解消すべく，社会的表象は，むしろ，「外部」に存在する object と考えるべきであることを論じた。このことによって，従来の認知社会心理学との差異を鮮明にした。第2に，しかし，この理解は実は誤っており，社会的表象とは，〈object〉を社会的に構成すると同時に，本来〈object〉でしかないものを，「外部」に自存する object であるかのように仮現させる作用であることを明らかにした。第3に，ワーグナーが導いた，この第2の理解も，主体（subject）の自存性を前提にしている点で不徹底であり，社会的表象は，最

終的には，事後的に，〈object〉もしくは〈subject〉となるべき主客の両契機が合一的に融合した状態 —— something in the world —— から，〈object〉と〈subject〉とを分凝的に構成する作用であることを示した。

　もっとも，この新しい理解，すなわち，社会構成主義を明示的に組み入れた社会的表象理論の具体的な内実については，第1に，さらに詳細な概念整備が求められる。特に，いかなるメカニズムで，something in the world から〈object〉と〈subject〉が分凝するのか，および，いかなるメカニズムで，〈object〉，〈subject〉でしかないものが，それぞれ，object，subject と錯覚されるに至るのか，以上2点に関する十分な説明が必要である。また，第2に，それを踏まえた具体的な実証的研究の方向性を示しておくことも重要であろう。他方，本章で，認知社会心理学の主流として一括して論じた米国の社会心理学界の内部にも，ここで強調した社会構成主義に立脚した新思潮は芽生えている。こうした動向に配視しておくことも必要だろう。本節では，これら3点について，現状，および，今後の展望を示し，本章を閉じることにしたい。

5-1　廣松認識論と大澤身体論

　結論から述べれば，筆者は，第1の論点については，先にも引用した廣松（1982）の認識論，および，大澤（1990, 1992）の身体論的社会学に依拠することが有用と考える。廣松の認識論は，主客2項対立図式に依拠した常識的な認識論 —— すなわち，これが，認知社会心理学の基本的視点でもあるのだが —— が，社会心理学を含め人間科学・社会科学的研究一般に対して有する問題点を，これ以上求めようのない執拗さと徹底さをもって暴き出すとともに，なぜ，また，いかなるプロセスで，そのような認識 —— 廣松の用語で表現すれば，物象化的錯認 —— が生じるのかについても明らかにしている。これらの点で，廣松の認識論は，今日では言い古された感のある幾多の理論上の，あるいは，方法論上の対立図式 —— たとえば，哲学における実在論と構成論の拮抗や，社会心理学における方法論的個人主義と方法論的集合主義との相剋とその克服 —— における対立の土壌そのものを大きく超克し，また相対化している。この点で，今後の社会的表象理論，および，それを踏まえた社会心理学的研究において，大いに参照されるべき理論と考え

る。なお，廣松の主著（廣松，1982）は大著でもあり，より簡略な概説を求める向きには廣松（1988a, 1988b）が好便である。

　上と同じことを次のように言いかえることもできる。すなわち，本章の記述だけでは，本章が示した視点について，「それはそれで理解するが，従来の認知社会心理学の立場に依拠したままでも，社会心理学研究は十分可能である，あるいは，まだなすべき事がらが多数ある」という種類の批判を払拭しえていないかもしれない。しかし，廣松の認識論を踏まえつつも社会心理学的研究を直接的なターゲットとして独自の論議を展開した杉万（Sugiman, 1998）の主張は，社会的表象理論に対する先の疑念に再反問する内容を含んでいる。注目すべきは，3節（3-4項）でも引用した杉万（1996）を含め，杉万（1998, 2000, 2005, 2006, 2007），Sugiman（1998, 1999）などにおいて，社会構成主義の立場に立つ以上，社会心理学研究，一般には研究という活動そのことの意味が根底から問い直されねばならないことに注意を促している点である。

　たとえば，「われわれが社会的構成や社会的表象作用の産物たる物象的世界［〈object〉と〈subject〉の世界：引用者］に生きているという前提にたつか，あるいは，旧態依然たる主観−客観（あるいは，内界−外界）の二項対立的図式の世界［objectとsubjectの世界：引用者］に生きているという前提に立つかによって，研究者の生きざまは大きく異なる。それは，方法論的違いという言葉で片づけるには，あまりに大きな違いである」（杉万，1998）という警告がある。ここで主張されていることは，社会的表象理論は，既存の認知社会心理学的研究と相補項をなすものではなく，その立場に依拠するからには，研究方法は言うに及ばず，研究という活動の意義づけそのことを問い直さざるをえない内容を含んでいるという意味で，われわれに"all or nothing"の択一を迫るものだということである。そして，このことが，本書の主題であるアクションリサーチにおける研究者の立場について，第Ⅰ部の各章で論じたことと通底していることは言うまでもない（第8章3節も参照）。

　一方，大澤（1990）の身体論的社会学は，本章の議論が積み残した問題——いかなるメカニズムで，something in the worldから〈object〉と〈subject〉が分凝するのか，および，いかなるメカニズムで，〈object〉，〈subject〉でしかないものが，構成作用そのものを隠蔽することによって，

それぞれ，object，subject と錯覚されるに至るのか —— に直接的な回答を与える。その特徴は，第1に，身体が物質的世界の一斑でしかないような渾然一体的な原初的世界にまでさかのぼって，そこから，身体と事物，さらには，自己（という身体）と他者（という身体）とが分凝するメカニズムを論じる点である。これによって，従来の社会構成主義理論において，ともすれば積み残されてきた主体側の契機（〈subject〉の構成）をも，分析，考察の範囲内に取り込みうる配備になっている。

　第2の特徴は，本来，社会的表象化の作用の結果としてしか生じえない〈object〉と〈subject〉とが，一種の錯覚として，もとからそうであるほかない object と subject としてあらわれること —— 超越的な規範（任意の対象について，それが何であるのかを規定するもの）の成立 —— が可能となるプロセスが論じられる点である。以上の意味で，社会的表象理論が，本稿でゴール地点として設定した hyper-strong version の内実の精緻化を今後図ろうとする際に準拠する理論的フレームワークとして，大澤の社会学は，非常に有効であろう。

5-2　実証的研究の新しいかたち

　第2に，これまで示してきた理論的視座に立つことによって，いかなる実証的研究を展開しうるのか，それは，従来の実証的研究といかなる点で異なるのかについて，具体的な研究事例を通して簡単に述べておこう。まず，本章で検討したワーグナーを含む欧州の研究者を中核とする研究チームは，近年，バイオテクノロジーを対象とした研究を実施している（Wagner & Kronberger, 2001; Hibino & Nagata, 2006; Nagata, Hibino, Sugiman, and Wagner, 2006）。この研究は，現代社会における科学的知識の摂取・普及というテーマを直截にとりあげている。これは，社会的表象理論が，認識論一般へと戦線を拡大し過ぎたとの批判を受け，同理論を，モスコビッシ（Moscovici, 1984）による当初の問題意識，すなわち物象的宇宙の解明にあたる「諸科学」の相補項として，共主観的宇宙の理解にあたるというポジション（本書の第8章，特に1-3項を参照）へと回帰させようという意図ももっている。

　また，八ッ塚（Yatsuzuka, 1999）は，阪神・淡路大震災（1995年）を直接的な契機とするボランティア活動の高まりを研究対象として，ボランティア

と称される活動を一定の意味を安定的に帯びた既定の活動と見るのではなく，それを日本社会に生成された，ないし生成されつつある新奇な現実と考える立場に立って，その生成プロセスを分析している。さらに，本書の第8章は，同じく阪神・淡路大震災後急速に普及した「活断層」という，一般の人びとにとっては新奇な専門的概念（用語）に注目し，人びとがそれを自らの生活世界においてどのように再構成したかについて，活断層にまつわる比喩表現，日常会話，地震の前兆証言など，さまざまなデータを用いた実証的研究を行っている。

一方，廣松の認識論と社会的表象理論とを直接結びつけて実施された実証的研究としては，長崎大水害をとりあげた永田・矢守（1996）の研究がある。災害（対象）に対する人びとの意識・イメージ（認知）という形式で整理しうる災害研究は数多い。それに対して，この研究で試みられたことは，通常，それ自体で自存すると見なされがちな，自然災害と称される出来事（対象）そのものが，いかなるプロセスを経て社会的に構成されるかを明らかにすることである。この点で，この研究は，認知社会心理学的な視座と社会的表象理論の視点の相違をよく照射する事例であると思われる。

さらに，先に紹介した，大澤の身体論的社会学を基礎とした樂木（1997）の研究は，社会的表象に関する研究として提出されたものではないが，前述の通り，本理論に対しても重大な示唆を含む実証的研究と言えるだろう。一方，杉万（2000, 2006, 2009）は，山間過疎地域の活性化プロセスを参与観察によって丹念に調査し，そのプロセスを大澤理論に依拠して考察している。同身体論の対象範囲は，乳児の事例で紹介したような具体的な身体に担われる「規範」にとどまるものではなく，より抽象的な身体（平たく言えば，日常用語に言う集団や社会）が担う「規範」に及んでいる。同理論の集団・社会現象への応用・展開については，先に引用した大澤自身の著作とともに，この一連の研究を参照するのがよいであろう。

5-3　米国心理学界に見る新動向

最後に，米国社会心理学界の内部から勃興しつつある動向に配視しておこう。その旗手と目されるのが，ガーゲン（K. Gergen）である。ガーゲンは，いち早く，1985年の時点において，"The social constructionist movement in modern psychology"（現代心理学における社会構成主義の潮流）（Gergen, 1985）を著し，その立場を鮮明にしている。特に，ガーゲンの主著3点（2004/1994a, 1998/1994b, 2004/1999）の一つ，ガーゲン（1998/1994b）は，外野席からの批判ではなく認知心理学に内在した全面対決を意図したのだろう，人間・社会科学の全般を包み込む思想的潮流の中にあって，ひとり認知社会心理学だけが取り残されている不幸を，これぞ認知社会心理学の本流と言えるような研究群を具体的に引きながら明らかにしてみせた好著である。風刺とユーモアの効いた独特の筆致が，鋭利な批判の舌鋒を多少和らげる効果を与えている。さらに，ガーゲンの議論をいっそう前進させ，社会構成主義に立脚した人間科学の必要性を説いたものに杉万（2000, 2005, 2006）がある。なお，ガーゲンの主張については，本書の第6章で紹介したほか，この後，第9章でも主題的にとりあげるので参照されたい。

　他方，認知社会心理学の母体というべき認知心理学の本家の中からも，多くの点で，社会的表象理論と共通する問題提起がなされはじめている。その代表が，ブルーナー（1998/1986, 1999/1990）である。ブルーナーの主張の骨子は，ここでの文脈に移し替えれば，「意味（meaning）」というものは，社会的構成（彼の用語系では，文化）の作用を離れてはありえないことを，認知心理学が看過しているという点にある。ブルーナーという認知心理学の旗手が，こうした主張を展開していることは，認知（社会）心理学は，その極点に関わろうとしたときに ── 〈object〉を object と subject（認知）の合成物に分解し尽くそうとしたとき ── ，その不可能に直面し，〈object〉と〈subject〉の世界 ── 社会的表象の世界 ── へと反転回帰してこざるをえない宿命を背負っていることを暗示しているように思う。

第8章　〈環境〉の理論としての社会的表象理論

1　〈環境〉と社会的表象理論

　本章では，前章（第7章）でもとりあげた社会的表象理論について，同理論を最初に提唱したモスコビッシ（2002/1984）の議論にさかのぼって再度検討する。本章では，主客2項対立図式における客体側（対象，環境）に注目する（他方，次章では，逆に，主体側に注目する）。すなわち，前章の用語系で言えば，本来〈object〉でしかないものがいかなるプロセスを経てobjectと錯覚されるに至るのか，について検討する。ここで，前章におけるobject が本章における環境に，前章における〈object〉が本章における〈環境〉に正確に対応しているので，本章の課題は，言いかえれば，本来〈環境〉でしかないものがいかなるプロセスを経て環境と錯覚されるに至るのか，このプロセスを追うことだということができる。このプロセスを説明するためにモスコビッシ（2002/1984）自身が提起した概念をいくつか導入しつつ，かつ，筆者自身による実証的な事例研究の成果を紹介したいと思う。

　本章では，モスコビッシの主著（2002/1984）の記述を随時引用する。引用頁はすべて原典の頁数であり，訳文はすべて，八ッ塚（2002）による。八ッ塚訳は，同論文の全訳であるが，同時に，それは，原典の邦訳と称するには，あまりに内容豊富である。原文と邦訳をいちいち対照させることはしないが，随所に，単なる訳文にはとどまらない概念整理，論旨明確化の作業が付加されている。それは，ときには，モスコビッシ本人の発想をも越える内容を読者に提供してくれる。それ自体，一箇の論文と呼ぶに相応しい邦訳である。

211

1-1　環境と〈環境〉

　(社会的 [引用者挿入，以下同様])　表象が，ひとつの現実になっている，という点が，重要なのである。言いかえれば，起源が忘れられ，さらに，長い伝統によってつくられてきた，という事実すらも忘れられて，言わば，化石化 (fossilized) した，といえる段階に達したのが，(社会的) 表象である。当初，理念的であったものが，(社会的) 表象となるに及んでは，物化する。……(中略)……(社会的) 表象とわれわれとの関係は，あたかも，自分のつくりだした彫刻にひざまずき，それを神として礼拝する芸術家のようなものである。(モスコビッシ，2002/1984, p.13)

　社会的表象 (social representation) の概念を提起するにあたって，ここで，モスコビッシが，彫刻の比喩に託して主張していることは，人間は自ら，〈物理法則〉を越える拘束を，自らの環境として創出している，というきわめて重要な事実である。

図 8-1　横断歩道上の歩行者群集が形成する帯状構造という〈環境〉

具体的な事例をいくつかあげよう。図8-1に見るように，横断歩道上の歩行者は，それを一つの全体として観察すると，帯状の構造を自律的につくりあげている（Yamori, 1998）。このような人流の構造がいったん成立してしまうと，歩行者たちは勝手気ままに振る舞うことは許されず，人流に流されて歩くほかなくなる。これは，見方を変えれば，人びとにとって，人流の帯状構造が，そのもとで行動を展開すべき環境と化している，ということである。

　言うまでもなく，人びとは，この横断歩道（長さ約30メートル）を0.1秒で渡りきることはできない。もちろん飛行して渡ることもできない。これらの事実は，横断歩道が設定された空間の大きさや，生物としての人間がもつ特性が，〈物理法則〉上，人びとに課す制約として厳然として存在する。この意味で，人間の行為は，環境に制約されると言える。しかし，心理学の観点からより重要な制約は，上に見たように，人びとが自ら生み出した制約である。つまり，人びと自身が生み出した人流構造も，──別の歩き方も（物理的には）十分可能であるにもかかわらず──一定の歩き方（既成の人流に乗った歩き方）を人びとに強制しているという意味で，それが，人びとにとって，環境としてあらわれていることがわかる。このような環境を，以降，本稿では，〈環境〉と記すことにしよう。

　本事例の場合，筆者の例示が適切なものであったとすれば，〈環境〉をまさに〈環境〉として同定しえたことになるわけだが，モスコビッシが指摘したように，〈環境〉とは，本来，その起源が忘れ去られ，人びとに対して，端的に，現実──すなわち，環境と区別のつかないもの──としてあらわれるはずのものである。言いかえれば，彫刻は，──実は自分たちが彫った石に過ぎないという事実は背景に退き──端的に，神として存在していなくてはならない。ところが，本事例の場合，人流の構造が形成されるのを目の当たりにするとき，われわれは，言わば，石が彫られていく場面を観察しているわけである。これは，本事例において，〈環境〉の生成・消失のタイムスケールが，現実的な観察を可能にするほど短い（横断歩道上の，この〈環境〉は，わずか1分程度の間に生成されては消失する）ことがもたらす例外的僥倖である。

1-2 〈環境〉── 分節化された世界

別の事例に目を転じよう。文化心理学の発見以来，われわれは，たとえば，「ハドソン図」が示すように，同じ絵（環境）が，異なる現実──鹿を狙うハンターと象を狙うハンター──を描写する刺激となること（コールとスクリブナー，1982/1974），同じ光景（環境）が，単なる何の変哲もない海の風景にもなれば，漁場を指示するマーカーに満ちた空間にもなること（澤田，1995），虹と称される同じ物体（環境）が，7色で構成されたり6色で構成されたりすること（鈴木，1990），この種の事実を多数知っている。これらの事実は，われわれが，環境ならぬ〈環境〉とともに生きていることを示している。それぞれ，同じ対象物が，〈物理法則〉を越えた制約──たとえば，最後の事例で言えば，虹という対象物に紫外線を文字通りに見ることは人間には物理的に不可能であるが，（7色の虹を見る人びとにとっても）6色の光を見ることは物理的には不可能ではない──をわれわれに課しているからである。そして，言うまでもなく，同じ対象が違った〈環境〉たりうるのは，「現実が，あらかじめ，（社会的表象として［引用者挿入］）分節化されてしまっているから」（モスコビッシ，2002/1984, p.4）である。

ただし，こうした説明──特に，上で，あえて繰り返し使用した同じという表現──は，本当は，きわめてミスリーディングである。なぜなら，通常，生活世界の中で，われわれは，端的に，象や，何の変哲もない海や，7色の虹という〈環境〉，つまり，現実に直截に対峙しているのであって，けっして，鹿（または，マーカーに満ちた空間や6色の虹）にもなりえる同じ対象を，象（または，何の変哲もない海や7色の虹）として認知するという2段構えの過程を経てそうなっているのではないからである。

今，われわれは，言わば，同じはずだった石が，まったく異なる神へと仕立てられていく過程について考察しているのであるが，われわれが真に目撃できる事実は，通常は，それぞれ姿かたちが異なる既成の神（影像）だけであり，それが，同じ石であったことは，事後的に措定される一種の幻想に過ぎない。虹の例を用いて，このことを，もう少し理論的に表現しよう。同じ対象という表現がミスリーディングなのは，この言い方が，6色の虹や7色の虹というのは特殊な（あるいは，バイアスのかかった）見え方に過ぎず，

本当は，すべての人びとに対して妥当するような，客体／主体のあり方（つまり，正しい見え方）が存在するとの幻想を伴っているからである。たとえば，主客2項対立図式を墨守する認知心理学も，正しい客体のあり方を同定する正しい主体のあり方が存在するという大前提に立っている限りにおいて，この同じ幻想のとりこになっている。人間とは独立に存在する正しい客体世界を措定せずして，いったい何を根拠に，「ここには認知バイアスがあって……」などと表現しえようか（第7章の3節も参照）。

　7色，あるいは，6色の虹を人びとが見るとき，人間が生物として有する能力との相関関係に照らしたとき一定の視覚刺激を身体内部に誘発するような性質をそれが有しており，この両者が出会っている――ここまでは，確実であり，これが，これまで〈物理法則〉による制約として記述してきたことである。これに違背する現実，つまり，〈環境〉はけっして構成されない。それは，たしかである。

　しかし，たとえば，認知心理学が前提にしているところの，すべての人に対して斉しく妥当するような対象のあり方（これが，客観的事実，ということの定義である）というものは，究極的にはけっして措定しえない。このような措定が論理的に破綻していることは，前章（第7章）の議論が示すところである。「いや，『虹（一般）』というところまでは確実だろう」，あるいは，「それは究極的には『光のスペクトル』として理解できる」といった反論があるかもしれない。しかし，そうした反論は，もちろんあたらない。その対象物が虹としてあらわれない世界（文化）は容易に想像できるし，スペクトルにいたっては，それ自体，大変特殊な世界の分節化の一方法であることは，言うまでもない。

　だから，スペクトルや虹を，同じ石として考えることはできない。繰り返しになるが，仮に同じ石のようなものを想定しえるとすれば，それは，人間に7色の虹が見えるという事象を〈物理法則〉として禁じることはないような「何か（something in the world）」（第7章，特に3-4項）というところまでである。つまり，同じ石は，本来は，「何か」があったことだけはまちがいないという形でのみ，あくまで，消極的に，過去遡及的に措定されるのみである。それを，積極的，明示的に，「虹（一般）だ」とか，「スペクトルだ」とか同定することは，石ではなく，7色の虹や6色の虹という彫像（神）と同列に並ぶ，別の彫像（神）をもう一つ追加するのみである。種々

第8章　〈環境〉の理論としての社会的表象理論　*215*

の影像がそこから生み出されるところの同じ石には，けっして到達できない。われわれが石に到達できないのは，われわれは「意味」を帯びた相でしか世界と対峙できないからである。世界は，同じ石（自然環境）にいろいろな認知が貼りついてできているのではない。われわれの認識・実践の対象として浮上するとき，それは，すでにして，〈環境〉（影像）としてあらわれている。

　以上，〈環境〉とは何かを論じるにあたって，あえて，物理的環境との接点にある事例，言いかえれば，本稿に言う〈物理法則〉が，そのすべてではないにしろ，大きく影響すると思われる事例を中心にとりあげてきた。これは，これまでの議論が，そのような事象においてすら成立するとすれば，〈物理法則〉から相対的により大きく免れていると思われる事象においては，疑いもなく妥当することを強調するためである。すなわち，人間・社会に関する研究領域がこれまで主たる研究対象としてきた事象——規範，制度，組織，慣習，文化など——が，すべて，人びとが自ら生み出し，かつ自らに課した〈環境〉と見ることができることは言うまでもない。

1-3　社会的表象理論 ── 〈環境〉へのアプローチ

　モスコビッシの社会的表象理論は，まさに，〈環境〉にアプローチした理論である。もう少し踏み込んで言えば，モスコビッシは，〈環境〉（〈object〉）の学としての社会的表象理論を，客体としての環境，正確に言えば，客体と見なした限りでの環境（object）にアプローチする諸科学と対照させて定立しようという野望を抱いていたことがわかる。以下，このことを，モスコビッシ（2002/1984）に従って見ていこう。

　まず，モスコビッシは次のように宣言する。

> 社会的表象は，個人や集団にとって「環境」だと見られなくてはならない
> （モスコビッシ，2002/1984, p.23）

　ここで言う（社会的［引用者］）表象とは，人間によってつくられた刺激のことである。それは，自然界に存在する，視覚的，聴覚的刺激と，同等のはたらきをもつ。それどころか，表象は，物理的刺激に十分にとって代わりうる力をもつ。表象は，物理的現象が与えるのとまったく同じような経験を，

われわれにもたらす。(モスコビッシ, 2002/1984, p.5)

　社会的表象は，人間の共同的行為とコミュニケーションの産物に外ならない。しかし，それが……(中略)……個々人を規定するようになると，社会的表象は，あたかも，物的な存在のように立ち現れてくる。(モスコビッシ, 2002/1984, p.12)

　ここで言われていることは，第7章でも再三強調したように，社会的表象とは，表象 (representation) という用語を使用してはいるが，心の内部に格納された内的表象の一種ではなく，人びとの眼前にあらわれる〈環境〉だということである。
　次に，モスコビッシが，社会的表象の概念にもとづいて彼が構想するところの社会心理学と，諸科学とを対照させている点をおさえておこう。

　社会心理学が，概念がいかにして物体化されるのかを研究するのに対して，その他の諸科学は，逆に，物体がどのように概念化されるのかを研究している。(モスコビッシ, 2002/1984, p.19)

　観念という地金を，現実という黄金に変えてしまう，この錬金術について，われわれは，まだほとんど何も知らない。……(中略)……社会心理学が，他の諸科学と異なる所以は，社会心理学がこの謎に挑むという点にこそある。(モスコビッシ, 2002/1984, p.19)

　共主観的宇宙 (consensual universe) では，社会は，目に見える絶え間ない創造の過程であり，意味と目的に満ちており，……(中略)……ここでは，人間こそが万物の基準である。一方，物象的宇宙 (reified universe) では，……(中略)……社会自らを自己認識することもしないし，自らの産物をそれとして認めることもしない。自らの産物は，ただただ，人，観念，環境，活動，といった，個別的な対象として認識されるのみである。そして，このような個別的な対象を，諸科学がとりあつかう。これら諸科学は，人間の思考や経験を根拠づけ，なにが真でなにが偽であるかを規定する。この物象的宇宙では，共主観的宇宙とは逆に，どんな環境であれ，あらゆることが，人

間の基準となっている。(モスコビッシ, 2002/1984, p.20)

共主観的宇宙と物象的宇宙という, 2つの宇宙の対照は, 心理学的にも重要である。2つの宇宙の境界は, 集合的な現実と, 物理的な現実とを分けている。既に明らかな通り, 科学は, 物象的宇宙を理解する手段であり, 社会的表象は, 共主観的宇宙を理解する手段である。科学の目的は, 力や物体や出来事 ── われわれの願望から独立に存在し, われわれの意識の外側に存在する ── の見取り図を作ることである。(モスコビッシ, 2002/1984, p.22)

　要するに, 環境を一つの客体（物象的宇宙）と見なして, さまざまな客体 ── ここには客体化された限りでの人間の活動（たとえば, 認知システム）も, 当然含まれる ── について, 可能な限り, 正確な（真の客体を正しく言いあてた）見取り図を獲得することが諸科学の目的である。これに対して, 社会的表象は, 先に述べた意味での〈物理法則〉の支配下にあることのみを踏まえた上で, 主体の側の産物でしかないもの（概念, 観念）が, いかなる過程を経て,〈環境〉という黄金に変貌するのかを問うのである。
　したがって, 社会的表象は, 次の重要な特徴を有することになる。

社会的表象というものは, 事実上, 概念（concepts）と知覚（percepts）の, 中間的な性質を有している。概念とは, 世界から意味を抽出し, 世界に秩序をもたらすものである。一方, 知覚は, 世界を意味懐胎的に（画像として）再生産する。社会的表象には, 画像的な面と象徴的な面という, 表裏一体をなす2つの面がある。(モスコビッシ, 2002/1984, p.17)

　ここでは, 次のことが言われている。すなわち, 第1に, 社会的表象という作用の母体は, 共主観的宇宙として連綿と蓄積された概念・観念の体系であるから, それは, 当然, 一面で, 概念としての性質 ── 象徴的な面 ── をもつ。しかし, 第2に, 社会的表象が, けっして, 主体（主観）が有する特質ではなく, 主体が対峙する〈環境〉としてあらわれる限りにおいて, それは, 知覚としての性質 ── 画像的な面 ── をも有する。
　最後に, もう一つ重要なことがある。それは, モスコビッシの言う「諸科学」と「社会的表象」という2つの作用は, それぞれ対照的な方向性を有し

てはいるが，同じ源に端を発しているという事実である．

> その源とは，人間の宿命とでも言うべきもの，すなわち，征服できない力に対する，本能的な恐怖である．自らの無力感を，想像の力を借りて補おうとする，人間の努力，それが，これら2つの思考の，共通する源である．（モスコビッシ，2002/1984, p.3）

つまり，社会的表象は，諸科学の成果物と無縁であるどころか，両者は大いに関連しあっている．特に，科学，宗教，イデオロギーといったシステム自体が多様化し動揺し，かつ，マスメディアの進歩によってこれらが日常生活に浸透する傾向が強い現代においては，なおさらそうである．たとえば，次節で例解するように，地震学という「科学」を通して，大地の動揺という未だ征服しえぬ力と戦う現代の人びとは，同時に，その「科学」が人びとにもたらすさまざまな概念・観念（たとえば，「プレート」や「活動層」といった概念・観念）を，自らの〈環境〉として物体化する作業，すなわち，「社会的表象」の作用を通しても，同じ力と戦っているのである．

2 事例研究 ──「活断層」という社会的表象

2-1 自然災害と社会的表象

自然災害の契機となるのは，環境の激変である．それまで微動だにしなかった大地が突如激しく揺れれば，直前までその上をクルマが走り抜けていた高架橋が倒壊するかもしれない．高架橋が倒壊すれば走行中のクルマは行く手を失い，運転中の人間の身体にもその生命維持を困難にしかねない物理的な負荷をかけることもありえよう．これらの一連の出来事も，言うまでもなく，〈物理法則〉の範囲内で起こることであり，その意味では，起こるべくして起こっていると言える．しかし，世界を一つの客体（物象的宇宙）と見なし，その正確な見取り図を描いてきたはずの「諸科学」にとっては，これは一大事である．征服しえたと思っていたものが実はそうではなかったことが表面化したわけだから，征服しえない力に対する恐怖が一気に吹き出すこ

とになる。

　大きな被害をもたらした自然災害の直後に，人びとにもたらされる大量の情報の多くは，「諸科学」に携わる専門家を襲ったこの恐怖に由来する。物象的宇宙の見取り図が間違っていた以上，大至急，その修正作業に着手する必要があるからである。曰く，「未知の活断層が動いた」，「××工法に構造上の欠陥があった」，「予想もしない停電で人びとがパニックに陥って被害が拡大した」――すべて，物象的宇宙の見取り図を更新・再編する作業の一環として出てくる言明である。

　さて，現代社会の特徴は，先に見たモスコビッシの指摘通り，物象的宇宙の再編の結果が，「諸科学」に直接従事する人びとだけではなく，一般の人びとにも，マスメディアを通して即座にもたらされる点にある。上に述べた情報洪水は，そのあらわれに外ならない。

> すなわち，科学の急速な進歩に伴い，物象的宇宙が拡大している。そして，科学的な理論や情報，および，それが社会に与えるインパクトは，増加の一途をたどっている。それにあわせて，物象的宇宙は，何らかの形やエネルギーをもつものとして，より直接的な，手の届くレベル（すなわち共主観的宇宙の中）で，複製，再生産されなくてはならなくなる。言いかえれば，科学的な理論や情報，および，それが社会に与えるインパクトなどが，共主観的宇宙のなかで定義され，再構成されねばならなくなる。（モスコビッシ，2002/1984, p.29）

　端的に言えば，現代社会においては，その出来事は，「諸科学」に従事する専門家にとってのみならず，――当たり前の主張に響くかもしれないが――ごくふつうの人びとにとっても，たとえば，天からの仕返しなどではなく，端から「地震」なのである。よって，その「地震」という見取り図にあった誤りをめぐる騒動は，人びとにとっても，けっして対岸の火事ではない。「次の大きな地震は東海地方で起きるはずではなかったのか」，「高速道路は大丈夫のはずではなかったのか」，「自治体は避難所の準備をしているはずではなかったのか」。こうした疑問――言いかえれば，征服しえていない力に対する恐怖――は，人びとが，地震という物象的宇宙の住人で（も）あることから生じている。要するに，人びとの目前にある現実の世界（知

覚)が，それまで人びとが見聞きしてきた理論（概念）と大きく食いちがっているわけである。

　このとき，非常に重要なことは，人びとは，この食いちがいに対して，概念を再編することで対応しようとするのと同時に，知覚の再編によっても対応しようと試みるということである。概念の再編とは，これまで述べてきたように，「諸科学」が提供する見取り図の修正版 ── 「活断層」，「××工法」の欠陥 ── を入手することであり，入手作業には，マスメディアが介在することになる（実際には，この再編には，さらに追加的な作業が待っているが，この点については矢守（2001）を参照されたい）。

　他方，知覚の再編，正確に言えば，概念の再編と相即的に進む知覚の再編とは，外ならぬ社会的表象の機能である。人びとが入手した物象的宇宙の新しい見取り図には，新しい概念が多数含まれている。「活断層」しかり，「××工法」しかり，である。これらの概念を「現実という黄金」に変える活動，つまりは，共主観的宇宙の再構成が，同時に進むわけである。

　この後概観する活断層に関する事例研究は，後に阪神・淡路大震災と称されることになる自然現象がもたらした環境の激変に端を発する，物象的宇宙と共主観的宇宙双方の再編作業の一断面を切り取ろうとしたものである。具体的には，活断層という物象的宇宙の見取り図の再編を受けて人びとが展開した，共主観的宇宙の再編 ── 概念と知覚双方の再編 ── の営みを跡づけたものである。この活断層の事例は，「諸科学」と「社会的表象」とが連接している点で，現代社会における社会的表象の典型的な姿を映し出すものということができる。

　ただし，その具体的分析について概観する前に，ぜひとも銘記しておくべき重要事項がもう一つある。それは，災害後，征服しえない力の，どの部分に敏感に反応するかは，各人が具体的にどのような「本能的恐怖」を覚えたかに依存してさまざまだという点である。たとえば，自然の脅威そのものより，日本の行政組織が災害に対して大変脆弱である点に驚きを感じた人びとは，「活断層」よりも，「危機管理」という概念にもとづく物象的宇宙の更新とそれに呼応した共主観的宇宙の再編に強くコミットするかもしれない。あるいは，被災地外から非常に多くの，しかも，ごくふつうの人間が被災地に駆けつけ救援作業にあたる光景に脅威 ── もちろん，これは，既存の意味分節にそのような事態が存在していなかったことが生む脅威であり，「これ

第8章　〈環境〉の理論としての社会的表象理論　│*221*

は，いったい何ごとだ？」という意味での本能的恐怖である —— を覚えた人は，「ボランティア元年」という概念により強く影響を受けるであろう。「活断層」がすべてなどと主張するつもりは毛頭ない。

　以上の点に関して，この種の共主観的宇宙の再編作業のいずれもが大きな意味をもたない人びとが存在する点を，けっして見逃してはならない。それは，不幸にして，被災の真ん中に位置した人びとである。家族が亡くなった，マイホームを一瞬のうちに奪われた，災害後，経済的に厳しい生活を余儀なくされた。このような体験をした人びとにとっては，活断層も，危機管理も，ボランティア元年も，さしあたりどうでもいいことである。特に，近しい人の，突然の死は，定義上，近しい人を中心とする非常に狭い人びとに対してのみ生じる出来事である。たとえ，そこに心からの同情を感じ，多くの援助の手を差し伸べることができようとも，肉親の死は肉親のみが直面する出来事である。だから，こうした人びとにとっては，より小さな〈環境〉の再編 —— たとえば，それは新たな住居（環境）への適応とか，新たなライフストーリーの構築とかいった現象としてあらわれる可能性が高い —— が重要事であり，「活断層」といったより大きな〈環境〉の問題は，二の次である（もちろん，例外はある）。こうした点については，矢守（Yamori, 2005）や本書第Ⅱ部の各章で詳述した通りである。

2-2　〈活断層〉の成立

(1)「活断層」をめぐる事実経過の概要

　分析に入る前に，まず，主にマスメディアによる報道に依拠して，活断層をめぐる事実経過を簡単にまとめておこう。1995年1月17日午前5時46分，阪神・淡路大震災が発生した。それから，わずか数時間後には，「活断層」という言葉が，初めて，一般の人びとの耳に洪水となって飛び込んでいた。たとえば，「NHKでは，午前8時から午後1時の間，臨時ニュースを流し続け，のべ10人の学者，解説委員らが登場した。内容は，(a) 近畿に密集する活断層のひとつが動いた，(b) 余震やデマに注意，(c) 電話や車の使用の自粛呼びかけ，とほぼ共通していた」（朝日新聞1995年6月9日付）。

表 8-1　キーワード「活断層」によって検索された記事件数（朝日新聞）

年（月）	総　数	専門家（％）	一般人	中　間
1985	1	1（100）	0	0
1986	3	3（100）	0	0
1987	2	2（100）	0	0
1988	0	0（—）	0	0
1989	7	7（100）	0	0
1990	1	1（100）	0	0
1991	2	2（100）	0	0
1992	7	7（100）	0	0
1993	9	8（ 89）	1	0
1994	6	6（100）	0	0
1995	230	108（ 47）	38	84
⑴	47	25（ 53）	9	13
⑵	61	24（ 39）	12	25
⑶	24	5（ 21）	4	15
⑷	18	4（ 22）	7	7
⑸	19	11（ 58）	1	7
⑹	7	3（ 43）	2	2
⑺	8	5（ 63）	1	2
⑻	4	4（100）	0	0
⑼	11	10（ 91）	0	1
⑽	11	8（ 73）	1	2
⑾	10	4（ 40）	1	5
⑿	10	5（ 50）	0	5
1996	80	43（ 54）	5	32
1997	50	19（ 38）	7	24

専門家：地震学、地質学の専門家が言及
一般人：一般民衆が言及
中　間：行政、企業、市民団体の成員が言及、または、専門家、一般民衆の両者
　　　　が言及、または、用語解説記事中で言及

　一方，解説情報の比重が大きい新聞報道では，物象的宇宙を再編成するキータームとしての「活断層」が，いっそう重要な位置を占めた。「活断層」は，当日の夕刊から爆発的に紙面に踊りはじめる（1995年1月18日付夕刊（大阪本社版））。表8-1は，「朝日新聞記事データベース」について，検索キーワードを「活断層」として検索することにより，「活断層」が，その中に

1回以上登場する朝日新聞の記事（1985〜97年）の件数をまとめたものである。震災前は，年平均3.8件であったのが，震災後は，1年間で230件（1ヶ月で50件，半年で176件）にも及んでいる。しかも，これは，あくまで記事件数であり，1件の記事に含まれる「活断層」は，ときには，10個を越える。

　また，「活断層」は，特に，大きな被害を受けた地域が帯状に偏在する事実を説明する言葉としても使われた。たとえば，朝日新聞は，「つめ跡，神戸の東西貫く／活断層に沿い「帯」／ヘリから見る」との見出しとともに，こう報じている。「大地震のつめ跡が，細い帯のように，神戸市を東西に貫いていた。活断層に沿って起こる典型的な直下型地震だった」（1995年1月18日付夕刊（大阪本社版））。

(2) 地震前兆証言にあらわれる活断層

　以上に略述した活断層をめぐる社会現象について，矢守（2001）は，社会的表象理論の観点から，いくつかの分析を試みている。具体的には，「天災に永田の活断層休止」といった比喩表現が，社会的表象がもつ概念的側面に対してもつ意味，「野島断層空撮写真」など広く知られた特定の映像が，社会的表象がもつ画像的側面に対してもつ意味など，複数の分析を行っている。ここでは，その中から，地震前兆証言にあらわれた「活断層」に関する分析をとりあげたい。これが，社会的表象としての活断層，すなわち，〈活断層〉という新たな〈環境〉が生成される過程をもっとも鮮明に例示する事例と考えられるからである。

　分析対象とした原資料（ソースデータ）は，『前兆証言1519：普及版』（弘原海，1996）である。同書には，先行出版された旧版に収められた1519件の地震前兆証言，および，新たな証言300件，合計1800件あまりの証言が収められている。これらの証言は，すべて，阪神・淡路大震災後，マスメディアを通じた呼びかけに応じた一般の人びとから，電子メール，FAXなどを通して寄せられたものである。なお，先行の1519件の証言は，1995年2月10日から同年3月30日までに，新規の証言300件は1995年9月2日から1996年1月10日までに収集された。以下，証言を引用する際に付した番号は，すべて弘原海（1996）の中の証言番号である．

(3) 回顧的発話形式の実態

これらの証言の中で、「(活)断層」に言及したものは、全部で55件である。この数字そのものはけっして多いとは言えないが、その言及の様式に、いくつかの興味深い特徴が見られる。ここでは、認知心理学の観点から同書を分析し、前兆証言の構成について多くの興味深い指摘を行った大橋(1996)を考察の出発点としよう。もっとも注目されるのは、多くの前兆証言が、しばしば、「Xしている、ちょうどそのときに、Y」(ここで、Xは日常的に知覚しうる具体的な事象、Yは地震の前兆として知覚された非日常的な事象)という形式をとる、との指摘である。たとえば、

> 私は、シーズー犬7歳と夕暮れ時に散歩する習慣です。地震前の1月のある日、いつもの通りマンション西の10メートルほどの丘を越え芦屋仲池を歩こうとしましたが［以上、Xに対応：引用者］、車道に出る手前の坂の中腹で止まってしまい、いくら呼んでも来ようとしません［以上、Yに対応：引用者］［証言249, p.242］

といった証言である。

注目すべきは、この種の証言が、次のような結末部を伴うことが多い点である。それは、「Xしている、ちょうどそのときに、Y。今から思えば、YはZだった(YはZと関係があった)」(ここで、Zは、専門用語に代表される抽象的な概念)という結末部である。そして、「活断層」は、このZ項として、しばしば登場する。たとえば、先の証言249は、

> 後から知ったのですが、地震に関連する振動か何かを察知していたのだとすれば辻褄があいます。この場所は、新聞などに記載の甲陽断層の南西150メートルで、北側の家は全壊しています

という結末部をもっている。ほかにも、

> 今にして思えばその下に活断層があったので地震の兆候ではなかったかと思います［証言48, p.126］

あの地震がおきた時も何も気づきませんでした。でも淡路の活断層のずれているシーンをみた時ハッと思い出したのです。私の見た夢の最後のシーンと同じでした。もちろん今回初めて私は「活断層」という言葉と存在を知ったわけで，その奇妙な一致にゾッとしました［証言 10, p.157］

後になって何人かの学者先生があの断層が危ないといっておられたことを紙面で読み，あの前兆もわかっておられたなら少しは予知なさることができたのではないかと残念に思います［証言 101, p.140］

などの例がある。

(4) 回顧的発話形式が生成する〈活断層〉

前兆証言に特有の回顧的発話形式は，〈活断層〉という社会的表象の成立に関して，重要な意味をもっている。肝心なことは，活断層（Z項）という概念をもつ以前の状態においては，言いかえれば，物象的宇宙に関する見取り図の改訂版を入手する以前には，知覚された非日常的な事象 Y は，概念 Z としては同定されておらず，具体的ではあるが，意味不明な了解困難な事象としてしかあらわれていなかったという点である。たとえば，

ちょうど球根か大きな種を植えて芽が出るときのように上がり……（中略）……初めて見た時はちょっと不気味な感じでした［証言 48, p.125］

その折の経験を申しますと，風の音ともつかぬ「ヒューッ」という音が聞こえ，その瞬間に揺れがきました。一緒に聞いていた嫁も「風の音ではありませんね」といったほど変な表現しがたい音でした［証言 101, p.140］

といった証言が，そのことをよくあらわしている。さらに，前兆証言には，多くの擬態語が使用されるとの大橋（1996）の指摘も，この点を裏づけている。なぜならば，擬態語の使用は，非日常的な具体的事象（Y）を知覚した人びとが，それを共主観的宇宙に定位するための手段（それを指示する言葉）を欠いており，眼前の事象から受ける知覚情報を裸のまま言葉に置き換えていることを示しているからである。このように，日常世界（X）で突如知覚

された非日常的な事象（Y）は，その時点においては，あくまで，その場，その時生じた時空限定的な事象としてしかあらわれていない。それが，抽象的な概念Z（活断層）の具体的現れとしてとらえられるのは，人びとがその概念を物象的宇宙から輸入した後である。つまり，それは，事後的に，「今にして思えば ……」という回顧的な形式で達成されるのである。

ここで重要なことは，以上に見た前兆証言の構造を，〈活断層〉という社会的表象の成立メカニズムとして解釈することができる点である。すなわち，前項で述べたように，人びとは，地震によって明るみに出た征服されざるものを馴致する（familiarize；モスコビッシ，2002/1984）ための概念として，「活断層」を物象的宇宙からとり入れた。しかし，それだけでは，「活断層」は抽象的な概念のレベルにとどまり，共主観的宇宙において，具体的なイメージを伴った現実とはならない。ここに，概念を実体化（物体化）するプロセス，社会的表象化の作用が発動する。このとき利用されるのが，人びとがすでに接していた具体的な知覚事象（Y）である（ただし，先にも述べたように，「野島断層空撮写真」といったその出来事を象徴する画像も，こうしたプロセスの一端を担う。この点についても，矢守（2001）を参照されたい）。

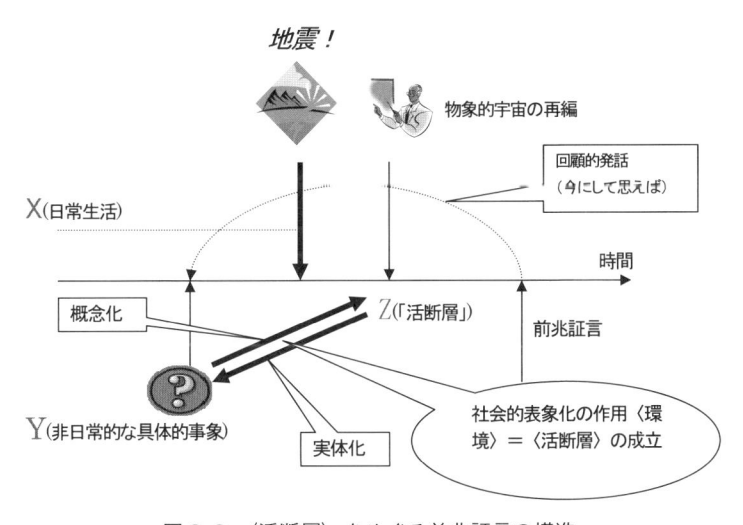

図8-2 〈活断層〉をめぐる前兆証言の構造

結局，前兆証言の回顧的発話形式によって，その時その場限りの了解困難な事象として存在するほかなかった事象（Y）と，抽象的な概念「活断層」（Z）とが連結したことは，次の2つの意味をもつ。図8-2に見るように，一面では，先に見た通り，その連結は，Yの概念化である。同時に，他面では，それは，概念Zの実体化（物体化）でもある。この両者 —— 社会的表象化の作用 —— があいまって，〈活断層〉という新たな現実，すなわち，新たな〈環境〉が形成されることになったのである。

(5)〈環境〉化の帰結
　人びとにとって，〈環境〉となり，安定した社会的現実と化した後の〈活断層〉は，人びとがごく自然に，相互にそれを指示し，それについて語り，それに対して何らかの行為をなしうるような外在的な存在，言いかえれば，たとえば，クルマや鉛筆のような通常の物質的存在と等価なものとなっている。このような様相に至った〈活断層〉は，むしろ，〈　〉表記を付ける必要のない活断層になっていると言えるし，前章の用語系を用いて表現すれば，〈object〉であることが忘れ去られ，もはや object と化していると言うこともできる。すなわち，〈活断層〉は，これまで述べてきた社会的構成のプロセスによらず，当初からそのような意味を帯びて世界に外在していた対象物として人びとの前にあらわれるようになる。もはや影像は，石ではなく，端的に神として人びとの前にあらわれているわけである。最後に，このことを示す事例を，いくつか指摘しておこう。
　1995年2月，野島断層の保存をめぐって，行政と地域住民との間で意見の対立が生じている。朝日新聞（1995年2月2日付（大阪本社版））は，

> 災害を永久保存するようなことは絶対にいやだ。活断層のずれを見るたびにつらい思いがよみがえる。町はほかにすべきことがあるのでは ……

との住民の声を紹介している。この言葉は，「活断層」が，当人の日常世界に，現実感をもって存在する安定的な事象，しかも，保存反対運動という実践的な行為を促す事象として存在しはじめていることを示している。さらに，朝日新聞（1995年3月14日付）は，活断層が自宅の近辺に位置することを知った主婦のコメントとして，

活断層のことは知らなかった。できれば引っ越したいが，売れそうもない

を掲載している。さらに，同紙（1995年6月2日付（大阪本社版））は，活断層近くに建設予定のマンションの着工の停止を求める申し立てを，地域住民が起こしたことを報じている。

　また，小城・林・矢島・松本（1999）は，震災から4年あまりを経た1999年6月，防災意識，防災対策に関する電話調査（電話帳による系統抽出）を実施し，震災の被災地域（兵庫県神戸市），および，活断層地域に住む住民（大阪府高槻市），合計198人から回答を得ている。この電話調査によって，第1に，回答者の活断層認知率（具体的には，山崎断層と有馬－高槻構造線）が平均63.4%に達し，特に，高槻市の回答者の有馬－高槻構造線に対する認知率は90.8%に及ぶことが明らかとなった。第2に，より重要な事実として，活断層に対する認知率が，震災による実際の被害程度や，災害予想の高低などの要因以上に，実際の防災対策の実行率を規定している事実も見いだされた。この調査データ ── こうした調査行為自体が成立したことも含め ── も，単に「活断層」という用語がマスメディア上を流通したのではなく，震災後数年を経た時点でも，人びとが〈活断層〉という〈環境〉にとりかこまれ，かつ，〈活断層〉が，それに対して実践的に働きかけることが可能な対象としてあらわれていることを示している。

　以上紹介してきた事実は，すべて，〈活断層〉が，もはや抽象的な概念のレベルのみならず，人びとの行動に現実的な影響を及ぼしうる具体的事象として，強固な現実感を伴って人びとの共主観的宇宙に形成されたことを物語っている。再び，前章の用語を用いて表現すれば，〈活断層〉は，それが〈object〉であることが忘れ去られ，以上に描写した社会的構成のプロセスに先立って，objectたる活断層として外在していたかのようにあらわれているのである。

3　おわりに

　かつて，吉本隆明は，

> 人間はしばしばじぶんの存在を圧殺するために，圧殺されることをしりながら，どうすることもできない必然にうながされてさまざまな負担をつくりだすことができる存在である（吉本，1982, p.273）

と書いた。征服できない力に対する本能的恐怖は，人間をして，物象的宇宙と共主観的宇宙を形成せしめ，「諸科学」には前者の制圧を，「社会的表象」には後者の生成・維持を委ねることになった。しかし，皮肉なことに，そして，吉本が看破しているように，この両者ともが，われわれの思考や活動を再帰的に圧殺する拘束（〈環境〉）と化すのである。たしかに，この拘束は，人間の「生」にとって必要なものではある。

しかし，〈物理法則〉によるそれ以外は，言ってみれば，すべて拘束の余剰であり，これらの拘束は偶有的なもの —— 他でもありえるもの —— にとどまる。その意味で，〈環境〉は，流動的であり可塑的である。あるいは，それは，融通無碍だとさえ言える。〈環境〉は，不幸の温床ともなるが幸福の母体ともなりえるのである。

そして，まさにこの点にこそ，本書のテーマであるアクションリサーチと，社会構成主義に立脚した社会的表象理論が連携しなければならない必然性もある。すなわち，本章の論議に立脚すれば，アクションリサーチとは，特に現場に生きる人びとの目には永劫不変の環境（object）としてあらわれているものの多くが，実は他でもありえる〈環境〉（〈object〉）に過ぎないことを研究者を含む当事者全員の努力によって明るみに出し，その認識に立って実際に〈環境〉を変革していこうとする共同的実践の運動，に外ならない。

第9章　社会構成主義と人生の物語
── 映画『ワンダフルライフ』に学ぶ

1　社会構成主義から見た自己

　これまで本書の随所（特に，第6章～第8章）で依拠してきた社会構成主義を心理学界においてリードする旗手の一人であるガーゲン（2004/1994a, 1998/1994b, 2004/1999）は，その鋭利な分析のメスの矛先を心（自己）にも向ける。その現実的かつ実践的あらわれが，ガーゲンら（たとえば，マクナミーとガーゲン，1997/1992）が，社会構成主義の理論構築と並行して熱心に推進してきた社会構成主義にもとづくナラティヴ・セラピーの展開である。このことは，ひとまず，ガーゲンのアカデミックな基盤が心理学にあることに由来する。

　しかし，むしろ，時折散見される誤解 ── 社会構成主義や社会的表象理論は，「社会（的）」と称しうるような複数の人間が関与する現象（たとえば，制度とか規範とか流行とか）に「のみ」適用すべき考え方で，人間個体の心（自己）とは無縁だとする誤解 ── を払拭する意味で，これらの研究群に注目することが重要である。なぜなら，心（自己）そのものが社会的に構成されることを解き明かし，それを踏まえた実践（ナラティヴ・セラピー）を展開することは，個体内部に内属する心（自己）という抜きがたい認識論的前提（mind-in-the-body paradigm）の誤りを徹底して暴き出す点で，社会構成主義理論が主客2項対立図式を墨守する既存の（社会）心理学理論と対決する主戦場だからである。

　ガーゲン流の自己論一般，および，そこから派生したナラティヴ・セラピーについては，まずもって，ガーゲン自身の著作（上掲）を日本語で読むことができる。かつ，多数の優れた概説書や専門書が刊行されているので（たとえば，小森・野口・野村（1999），野口（2002; 2005），モーガン（2003/2000）

231

など），詳細はそれらの参照をお願いして，本章では，この世とあの世の中間で，人びとが「わが人生」について語り合うという，何とも不思議な設定をもった映画『ワンダフルライフ』を考察のための導きの糸として活用しながら，社会構成主義にもとづく自己理論について論じることにしたい。『ワンダフルライフ』は，エンターテインメント作品としても一級品であると思うが，社会構成主義を理解するための素材をいろいろな形で提供してくれてもいるからである。この際，第2部の各章（第4章〜6章）で詳述した筆者自身の研究群（震災体験の語り継ぎに関する研究群）と対応づける意味でも，ガーゲンが提唱する「徹底した関係主義にもとづく自己語り」に焦点をあてる。

2　『ワンダフルライフ』

映画『ワンダフルライフ』（是枝裕和監督，1999年公開）[注]は，不思議な魅力にあふれた作品である。以下，この映画の断片とともに，社会構成主義にもとづく自己理論について，その概要を紹介していく。以降，映画の重要なシナリオや趣向を明かしているので，映画未見の読者におかれては，映画本編を先にご覧いただくことをお勧めしたい。

> どこか懐かしげなチャイムの響きをバックに，老若男女が朝靄の向こう側から一人また一人とスクリーンに現われる。そこは，古びた学校か病院のようなところで，人びとは待合室風の空間に集まって，言葉を交わしながら何かを待っているようだ。事実，この後，人びとは，一人ひとり名を呼ばれ，順に「面接室」へと導かれていく。
> 　やがて，これらの人びとが死者であること，しかも最近亡くなった人びとであることがわかってくる。そう言えば，集まった人びとには高齢者が多い。その中の一人，多々羅君子さんは，「面接室」で，面接員から説明を受ける。

[注]　映画『ワンダフルライフ』は，その後，DVD化され入手可能である（バンダイヴィジュアル（株），BCBJ-1559）。また，ノベライズ版も，是枝（1999）として刊行されている。本稿における場面記述，および，出演者の発言引用は，上記出典にもとづいている。

「もう状況はおわかりになっていると思いますが，あなたは，昨日お亡くなりになりました。どうもご愁傷様です。あなたには，ここに1週間いていただきます。ごゆっくりおくつろぎください。……ただし，ここにいらっしゃる間にどうしてもしていただかないといけないことがあります」。

人びとは，どうも，亡くなった後，この世から「あちら」へと旅立つ間の中間地点とも言える空間にいるようなのだ。そして，その場所で人びとがなすべきこと，それは――「多々羅さんの78年間の人生の中から大切な思い出をひとつだけ選んでいただきたいんです。皆さんに選んでいただいた思い出は，私たちスタッフができる限り映像で再現します。土曜日にはその映像を試写室でご覧いただきます。そこで多々羅さんの中に思い出が鮮明に甦った瞬間，多々羅さんはその思い出だけを胸に『あちら』に向かわれるのです」。

唖然とさせられる設定である。しかし，立ち止まって考えてみると，ここで描かれていることと，私たちの日々の営みとの間にさしたる違いはないことに気づく。こうして生きている私たちも，日常的に自らの生を振り返っては，喜んだり悔やんだり，あるいは，仲間とともに，「これはいい思い出になるね」と言い聞かせあったりする。いや，すでにお気づきのように，面接室の面接員と死者の関係は，現実世界のセラピストとクライアントの関係と瓜二つである。けっして，突飛な場面設定ではない。

実際，これも監督の才気を感じる工夫の一つであるが，多々羅君子さんはじめ，映画に登場する死者の何人かは，プロの役者ではなくごくふつうの人びと（素人）が演じている。いや，演じていると言うより，彼らは，本当に自らの人生を振り返り，実際に大切な思い出を選び出す作業を，映画の中で――カメラ越しの他者たちを前に――展開しているのである。是枝（2008）によれば，映画の制作に先立って，スタッフが実際に，老人ホームやとげぬき地蔵，オフィス街の公園，大学のキャンパスなどさまざまな場所を訪れ，思い出選びに関するインタビューを実施，その中から選ばれた10人（素人）が映画に登場している。是枝（2008）は，次のように語っている。

映画の前半，思い出を語るシーンには，台詞を語る役者，実体験を話す役者，実体験を話す一般の人など，さまざまなインタビューが入り混じっています。そして一般の人が語る実話にも，本人の演出や脚色，思い違いがまぎれ込ん

でいます。そういった記憶の虚と実の間で揺れ動く人の感情を，ドキュメンタリーとして撮りたいと思いました。

この短いステートメントにすでに，この映画の本質が，本論文の焦点 —— すなわち，思い出や記憶の社会的構成性，ひいては，関係性がつくる自己というコンセプト —— と完全にオーバーラップしていることが見事に表現されている。

3 関係性がつくる自己
—— 「頭の中にある自己」への挑戦

3-1 他者とともに語る
—— 関係性による達成としてのアイデンティティ

社会構成主義は，心理学の一部をなす小理論の類ではなく，哲学，社会学，文化人類学など，少なくとも社会科学の全体を巻き込んだ思想の一大潮流である。その中にあって，心理学領域における旗手と言えば，ガーゲン (Kenneth Gergen) であろう。ガーゲンの社会構成主義については，最近相次いで邦訳された主要著作を参照されたい (ガーゲン, 2004/1994a, 1998/1994b, 2004/1999)。その主張の根幹は，「頭の中にある知識」という心理観，あるいは，「心を内蔵した肉体」という人間像，すなわち，mind-in-the-body paradigm に対する徹底した批判である (杉万, 2005; 楽学舎, 2000)。いや，批判というのは正確ではないかもしれない。こうした心理観，人間観が，われわれの日常生活にとって暗黙自明の大前提となっていることについては，社会構成主義も受け入れるからだ。ガーゲンや杉万が批判しているのは，心を探究する営みとしての心理学が，この前提を，常識と同様に鵜呑みにして理論構築，研究実践を展開することである。「頭の中にある知識」，「心を内蔵した肉体」という観念は，心理学の前提ではなく，心理学によって説明されるべき現象なのである。

自己（アイデンティティ）も，「頭の中にある知識」の一部，つまり，その特殊な一事例と考えられてきた。あの物体やあの制度に関する知識ではなく，そうした知識をその内部に所有するこの肉体あるいは心そのものに関して保

持されている「頭の中の知識」がアイデンティティ（自己）だ，と位置づけることによって。社会構成主義は，こうした理解に真っ向から異を唱える。

> 社会構成主義は，アイデンティティが［頭の中にある知識として：引用者挿入］固有の一貫性や安定性をもつとはみなさない。すなわち，社会構成主義は，アイデンティティを，「個人の心の達成」ではなくて，「関係性による達成」として捉える。人は，多様な他者と多様な関係を作っているので，特定の関係性の中だけで安定したアイデンティティを作っているのではない。
> （ガーゲン，2004/1994a: 邦訳書 p.273）

『ワンダフルライフ』では，死者たちは，人生最高の思い出を求めて自分の生涯に思いをめぐらす。それは，まさに，自分（自分の一生）とは何であるのか，つまり，アイデンティティを探る営みでもある。ただし，ここで重要なことは，映画の中で，この営みは，けっして孤立した個人による内省的な行為としては描かれていない点である。「頭の中にある知識」を掘り起こすわけではないのだ。死者たちは，面接員へと向けて語る──「あんたにも，こんなことあったでしょう？」と。面接官も否応なしに語り合いに参入することになる。思い出選びをすでに済ませてきてしまったかのように固く口を閉ざす老婆に対して，川嶋という面接員は，「おばあちゃん，お子さんは？　お孫さんは？」ともちかけながら，結局は，自分の娘について語る羽目になる。

いっそう重要なことは，こうして，当事者と面接員との間に新たな関係性を構成しながら共同で選びとられていった最高の思い出（アイデンティティ）は，面接員に──正確には，面接員と──語り合う前のそれとは大なり小なり異なっているということである。もともと頭の中にあったアイデンティティが「検索コマンド」によって，そっくりそのまま引き出されてくるわけではない。そのアイデンティティをアイデンティティならしめていた関係性（思い出にまつわる関係者との関係性）の達成としてあったアイデンティティが，面接員をはじめとする新たな関係性の構築によって変貌した結果として，その最高の思い出は新しく登場してきたと見るべきである。たとえば，吉本香奈という名の女子中学生の思い出の変更（ディズニーランドから母親の膝枕へ）のエピソードには，この種の共同の語り直し（joint re-storying）があ

からさまに描かれている。

　すでに明らかなように，ここでの議論は，第6章で検討した親娘の消防士の「親子の物語」，および，教師と生徒の「師弟の物語」にもそっくりそのままあてはまる。第6章（特に，3-2項）で見たように，物語において他者との関係性を生きるわれわれにとっては，自己の物語は，語りの中で直接的に自己を反照規定する最有力のカウンターパートとなる他者（第6章の事例で言えば，父親／娘にとっての娘／父親，および，恩師／生徒にとっての生徒／恩師）は言うに及ばず，直接の聞き手を含む広範な他者たちとの間で張られる互恵的アイデンティティのネットワークに依存して，揺らぎながら形成・維持される真に動態的で集合的な存在である。その意味で，第6章で聞き手（親子や師弟の物語を聞いた小学生たち）が果たしたものと同じ役割を，『ワンダフルライフ』では，面接員たちが果たしていると言える。また，だからこそ，是枝監督は，面接員に向けて，いや，面接員とともに思い出を語るという設定を必要としたと想像される。

3-2　面接員望月の発見
　　　── 互恵的アイデンティティのネットワーク

　これまで見てきたように，アイデンティティは，一般に関係性の達成と見ることができるのだが，『ワンダフルライフ』は，あるエピソードを通してこのことを最大限にハイライトした形で示してくれる。それは，望月という若い，22歳の面接員をめぐるラブストーリーである。

　この後，5節で詳しく分析するように，実は，面接員たちも死者である。何らかの理由で人生最高の思い出を1週間の期限内に選択できなかった者たちが，そこに居残って面接員を務めているのである。望月はその一人である。しかも，そこでは時間が止まっており，そこにとどまる限り年をとることがない。実は，望月は大正12年生まれで22歳のときに戦争が原因で亡くなる。それ以来，22歳の姿のままでこの場所にとどまり続けてきた。生きていれば，今年75歳になるという設定である（なお，このことは映画の中盤以降で明かされる）。

　この望月が，その週担当した7人のクライアント（死者）の中に，渡辺という老人が含まれていたことが，彼の人生を変える（死者たちは毎週数名ずつこの場所にやってきて，一人の面接員が数名ずつ担当するという設定である）。

話をするうち，望月は，渡辺が長年連れ添った妻京子が，生前自分の許嫁であった女性（彼女も，この年，つまり，渡辺が亡くなったこの年の5年前に亡くなっていた）であることに気づくのである。そして，複雑な心境を胸に，渡辺の思い出選びの作業に関わる。渡辺は，ビジネスマンとしてある程度の成功を収めたわが生涯を振り返る。「そこそこの人生でした，仕事も家庭も。それに，いい結婚だったと思ってますよ。自分にはもったいないくらいのね。でも，こんな言い方を私のほうからしたら女房に申し訳ないかもしれませんが，熱い思いで一緒になったわけではないのです。見合いですから」。しかし，最終的には，定年後，妻，つまり，望月の許嫁であった女性と並んでベンチに腰を下ろした何でもない昼下がりの公園でのひとときを思い出として選択する。

　以上の展開も，第6章で検討した事例と大きな共通点がある。それは，複数の語り手，および，聞き手を関係づけている互恵的なアイデンティティのネットワークに基底的な変更が加わること，そして，その変更が自己語りの中身（つまりは，自己そのもの）に大きな影響をもたらす点である。すなわち，第6章（特に3-2項）で，語り手である瀧ノ内さんと林さんが，実は，震災時には，担任の教師と小学校3年生の児童という関係にあったことを暴露する演出が，聞き手である子どもたち，および，この2人自身に及ぼした影響について考察した。これと類似のことが，『ワンダフルライフ』における面接員望月と死者渡辺に生じたと考えられる。すなわち，望月のかつての許嫁が渡辺の妻であったという事実が判明することは，2人の間にとり結ばれていた基本的な関係性（面接員とクライアント）を根底から突き崩してしまう。そして，この後見るように，この崩壊こそが，互いの自己語り，ひいては自己そのものに決定的な影響を及ぼすのである。

　さて，望月が，この場所にとどまっていたのは，彼の22年間の生涯に「最高の思い出」を発見できなかったからである。戦争による不慮の死，恋人との別れ。頭の中のどこを探しても，彼のアイデンティティを肯定的に形づくるための材料が見あたらなかったのだ。渡辺とのやりとりに思い悩む望月は，彼に想いを寄せる面接助手里中しおりの提案で，許嫁であった京子が亡くなったときに選んだ思い出を調べてみることになる（死者たちの思い出を再現した映画は，面接担当者の名とともにライブラリーに保管されているという設定なのである）。京子の面接は，望月の現在の上司中村が担当していた。

そして，望月は，彼の許嫁であった，そして，その後，渡辺京子として生涯をおくった女性が，あちらへと旅立つ直前に選んだ場面が，「休暇で戻ってきた恋人との最後のデート」と題されていることを発見する。白い軍服に身を包んだ映像の中の恋人とは，もちろん望月自身のことであり，それは，彼が出征する直前，京子と並んでベンチに腰かけているシーンであった。
　もう一つのラブストーリーも，急展開する。里中は，「選ぶんでしょ。私わかるんだ。あの人との思い出を選ぶんでしょ」。思い出を選んだ者は，あちらへと旅立つことになる。「私なんでそんなこと手助けしちゃったんだろう，バカみたい」。そんな里中に，望月は静かに語りかける。「僕はあの時，幸せな思い出を，自分の中に必死になって捜してた。そして，50年経って，昨日，初めて自分も人の幸せに参加していることがわかった……　君も，君にもきっといつか，そんな時が来る」。
　同時に，面接者望月の変化は，被面接者渡辺にも大きな影響を及ぼす。彼は，こんな手紙を望月に残してあちらへと旅立っていったのだ。

　　　貴方は私の妻，京子の許嫁だった方ですね。貴方のお名前を，5月28日という命日をお聞きした時に気がつきました。……（中略）……　正直に申し上げれば，妻の記憶の中にいる貴方に対して，私に嫉妬という感情が無かったと言ったら嘘になります。しかし，その感情を乗り越えるだけの歳月を，私たち夫婦は過ごしたのだと思っています。いえ，ようやくここに来て，そう思えたからこそ，私は妻との思い出を選ぶことができたのでしょう。

　ここに至れば，彼らのアイデンティティ（自己）が徹底的に相互依存的であることは明らかであろう。望月のアイデンティティ，渡辺のアイデンティティ，ひいては，里中のアイデンティティという表現そのものがミスリーディングなのである。これらの表現は，どうしても，個体に帰属するアイデンティティという像を喚起してしまう。しかし，ここでこの上もなく印象的な形で示されているように，事実はそうではない。京子，渡辺，面接員の同僚たち，望月がこれまで抱えてきた多くのクライアント（死者）たち，そして，里中 ── 望月という一人の人間として結節する互恵的なアイデンティティのネットワーク。第一義的にあるのは，このネットワークの方である。この関係性のネットワークがほんの一部でも変容すれば，その仮想的な結節点と

して位置づけうる個人のアイデンティティも多かれ少なかれ変化を被る。すなわち，通常，望月という個別の肉体（個別の心）に帰属・内蔵されていると想定されている彼のアイデンティティも変容するのである。

　だから，注意しなくてはいけない。映画のクライマックスで，望月（あるいは，渡辺）には，その肉体（心）の中に安定的なアイデンティティが宿ったかに見える。そのアイデンティティの中核をなす「最高の思い出」だけを胸（心）に「あちら」へと旅立っていったかに見える。しかし，それは，ちがう。彼らが旅立っていった「あちら」の世界は映画の中にはあっても，われわれの日常生活にはない。互恵的アイデンティティのネットワークの変容は，―― 第 2 部の各章で見てきたように，亡くなった者をめぐる関係性をも含めて考えれば ―― 人間の生物的な死を越えて，エンドレスで続く営みだと言わねばならない。

4　人生を記録したビデオテープ
　　―― 実証という呪縛からの解放

　ガーゲンの主著（1998/1994b）の邦訳書の冒頭に，社会構成主義にもとづく心理学を支える重要なテーゼが 5 つ掲げられている。その第 1 テーゼをここに再掲しよう。

> 「もう一つの社会心理学」に，「実証」という言葉は存在しない。つまり，客観的事実についての理論を，実証的方法で検討するという論理実証主義的研究スタイルは棄却される。実験，観察，調査といった研究的営みは，理論を実証するためのものではない。それらの営みは，抽象的な言説形式をとる理論に，「表現力を与える」ためのものである。（ガーゲン，1998/1994b; 邦訳書 p.i）

　一見奇抜な，しかし人生の本質をえぐる趣向にあふれた『ワンダフルライフ』には，もう一つ不可思議な道具が登場する。それは，人の生涯のすべてを記録したビデオテープである。このビデオは，死者たちが思い出選びに困難を覚えた場合に供されるもので，前節で述べた渡辺もそのユーザーの一人である。渡辺は，担当者望月から，視聴覚室に招かれこう説明を受ける。

「ビデオテープの中には渡辺さんの生活の記録が録画されています。思い出を選ぶ参考にしていただこうと思って用意させていただきました」。記録の山を前に，渡辺は，「ビデオとはねぇ」と半ば呆れ半ば感心しながら，再生ボタンを押すのであった ── 。

「そんなビデオ，だれが撮ったんだ」，「どういうアングル（視点）で撮るんだ」，「見るのに人生と同じだけの時間がかかるのか」── フィクションを相手に問いつめるのは，野暮というものである。むしろ，大切なことは，このビデオが，社会構成主義と対照的なメタ理論と位置づけうる論理実証主義（杉万，2006；矢守，2009；本書第3章4節を参照）における理想の極点を象徴しているということである。あるいは，心理学者なら，当人の頭の中（心の中）へとカメラを向けたビデオが理想かもしれない。このようなビデオがあれば，それは，どんな実験よりも観察よりも調査よりも，「客観的事実」へと肉薄する強力なツールとなろう。しかし，先に例示した疑問群からわかるように，だれしも，この理想のビデオですら，心やアイデンティティに関する「客観的事実」をとらえるものとはとうていなりえないと感じる。その人の心なりアイデンティティなりを探ろうとしている本人が，撮影者の少なくとも一人として名を連ねていないようなビデオなど，ものの役にたたないと思える。ここが，観察する研究者と観察される対象との間に一線を画しうる研究分野と，究極的にはけっしてそうなりえない心理学とを分かつポイントである。研究者と研究対象者との共同的実践としてのアクションリサーチの基盤として社会構成主義が要請される所以でもある。

実際，『ワンダフルライフ』で，このビデオを見るのは，渡辺であって面接員の望月ではない。しかも，望月は渡辺にこうアドバイスする。「ビデオはあくまで参考とお考え下さい。全部ご覧いただく必要はありません」。それでも，たしかに，ビデオは渡辺に大きな影響を与える。画面には，大学生の頃の渡辺が大写しになっている。「だからさ，今の日本を俺たちが変えていかないといけないんだ …… 何かひとつさ，生きた証しをさ，残して死にたいよ」。自分の口から出たその言葉に渡辺は驚く。ちょうどそれと同じ言葉を，昨日，思い出を選びあぐねていたとき口にしたからだ。何か選ぶとしたら，いちばん希望に燃えていた学生時代からかなと考えていたところだったのだ。しかし，そこには，世間知らずで根拠のない野望にだけ満ちた自分がいた。逆に，今ここには，数十年の長い人生を経て同じ悩みを口にしてい

る自分がいる……。

　ビデオが，渡辺の生涯について何らかの情報を本人および周囲の人びとに提供すること，ここまではたしかであろう。この点は，実験室の実験刺激に渡辺がどう反応するか，あるいは，アンケート調査に渡辺がどう回答したかといった情報も同様である。これらの情報が無意味だというのではない。ただ，それらをもって「客観的事実」の描写，ひいては，「客観的事実」に関する理論の実証，と見ることに問題が潜んでいる。さらに踏み込んで言えば，これまで述べてきたビデオを「渡辺の」ビデオだと考えていること自体が，個体の中の心という前提に依然として囚われていることをあからさまにしていると言える。そのビデオは，たしかに，多くの人が「渡辺」と呼称する身体をもっとも多く映し出したビデオかもしれない。しかし，それは，渡辺の自己物語に対してはもちろん，否，それと同様に，望月の自己物語に大きな変容を迫るものだった点で，「望月の」ビデオでもあった。

　さて，「実証」に代わる社会構成主義の代案はこうだった。実験，観察，調査といった営みは，抽象的な言説様式をとる理論に「表現力を与える」。これは，vivify の訳語である。では，何を目指して vivify するのか。この点について，杉万（2005）は，客観的事実の実証を志向しないからと言って，社会構成主義にもとづく人間科学研究がデータ収集や観察を軽視するわけではないことに注意を促している。ただ，それは，普遍的に通用する客観的事実による理論実証のためではなく，あくまで，ローカルな共同的実践の中で，その共同的実践のために行われる。

　渡辺の思い出選びも，先に述べたように，面接員望月やその他の人びととともに展開される共同的実践である。渡辺のアイデンティティ ── 繰り返せば，同時に望月や里中のそれも ── は，共同的実践による互恵的アイデンティティのネットワークの変容とともに変化していく。ビデオは，上で指摘したように，その共同的実践の一部において，人生に関する理論 ── これには，いわゆる心理学理論も素人理論も含まれる ── を vivify する道具として有効に機能することはむろんある。たとえば，渡辺は，ビデオの中で，数十年ぶりに大学生の自分と出会って，「性格特性の普遍性」，「三つ子の魂，百まで」という（素人）理論が vivify されるのを感じたかもしれない。しかし，逆に言えば，所詮それだけである。けっして，渡辺の人生の「客観的事実」が明らかになるわけではない。

そもそも，この映画で人びとに要求されている活動は，けっして，あなたの人生に関する「客観的事実」を明らかにして下さいということではなかった。仮にこの映画のような場 ── この世とあの世の間のブリッジのような場 ── があったとして，そこで，客観的事実を明らかにすることが求められたとすれば，みな「裁判でもあるまいし……」と悪い冗談を聞いたような思いを抱くことだろう。そして，2節で述べたことを繰り返せば，この映画の設定はファンタジーでも SF でもなく，われわれの日常生活そのものである。実際，自己物語を含め，受容可能な物語は，「まず，『ゴール』，『説明される対象』，『到達すべき状態と避けるべき状態』，『重要な結果』，より平たく言えば，『終点』を明確にしなければならない」（ガーゲン，2004/1994a; 邦訳書 p.253）。日常生活において，われわれは，幸せになりたい，もっと楽をしたい，この辛い現状を何とかしたいなど，何にせよ，何か「終点」を目指して生きて，かつ語っているのであり，「客観的事実」を明らかにするために生きているのではない。「もっとも大切な思い出」を選ぶというきわめて明確な「終点」を提示した上で人びとの語りを引き出している『ワンダフルライフ』の設定は，一見不可思議に見えて，実際には，きわめて自然なものと言えるだろう。

要するに，人生あるいは自己に関する「客観的事実」── そうしたものを志向することは，われわれの活動のきわめて特殊な一部分でしかないのである。『ワンダフルライフ』に登場するビデオも，一見，ある人物（渡辺）の人生に関する普遍的で客観的事実を映し出す証拠（データ）のように見えて，実は，それとは正反対に，あくまで，ローカルな（ここでの事例に即してあえて絞れば，渡辺，望月，そして里中の3名による）共同的実践の中で，その共同的実践のために活用されるツールに過ぎないのである。心理学に，論理実証主義とは異なるもう一つのメタ理論 ── 社会構成主義 ── が要請される所以でもある。

5 望月を継承した里中，とどまった伊勢谷
── 一次モードと二次モード

死者の面接にあたる面接員もまた死者であること，むしろ，人生最高の思い出を選択することができなかった者たちこそが面接員であることは，面接

員と面接を受ける死者との関係が対等（互換可能）であることを示唆していよう。これは，ちょうど，社会構成主義にもとづく研究実践においては，研究者（面接員）と研究対象者（死者たち）の間に一線を引くことができないことに対応した構図である。むしろ，ちょうど望月がまさに渡辺に大きな影響を及ぼし，かつ，渡辺が望月に大きな影響を与えたように，研究者と研究対象者は相互依存的である。そして，これは，ナラティヴ・セラピーにおいて，セラピストたちがおく第一次前提，すなわち，セラピストとクライアントの同権性の前提と，完全にパラレルである。

　もちろん，両者がまったく同質というわけではない。この場所で，面接員として長い時間を過ごしてきた望月には，面接者としての経験やノウハウがある。現実のカウンセリングにおけるカウンセラーも同様であろう。また，映画の中では，面接員たちが互いの理論，ノウハウを披瀝しあう場面も登場する。この点も，現実のカウンセラーたちの実践ときわめて類似している。さらに，面接員の側には，ビデオという特殊な観察道具もある。たしかに，両者に違いはある。それであればこその面接員（研究者）である。このように考える点は社会構成主義にもとづくアクションリサーチも，論理実証主義にもとづく研究とまったく変わらない。ただ社会構成主義が拒否するのは，研究者だけが研究対象に関する「客観的事実」を認識しうる特権的な立場にあるとする仮定である。

　ここで，映画のもう一人の登場人物に注目しておくことが有用である。彼の名は，伊勢谷友介。死者の一人である。外観も中身も現代の若者風の彼は，渡辺同様，思い出の選択に困難を覚える。この両者が交わす会話が，映画の後半に登場する。伊勢谷は，渡辺が腰かけたベンチのまわりを気だるそうにウロウロしながら話しかける。

「今回選ばなかったの，僕と渡辺さんの２人だけみたいですよ，なんで選ばなかったんですか？」

うさんくさい若者に不意に話しかけられ，いささかムッとしながら，渡辺は逆に反問する。

「そういう，あんたはなんで選べないんだ？」

これに対する伊勢谷の回答が重要である。

　「いや，僕，選べないんじゃないんですよ。選ばない。選ばないんです。自分の人生に対してそういう責任のとり方しようって決めたんです」

　この伊勢谷のセリフは，この場所での営みそのものに疑問を投げかけるものである。人生最高の思い出を「過去」の体験の中から選択するという，ここで展開されている共同的実践の大前提に反旗を翻しているからである。このことは，伊勢谷が映画の随所で「夢」について語っていることからも示唆される。言いかえれば，伊勢谷は，「未来」の夢を基軸とした自己語りの可能性を面接員に要求しているように見えるのである。
　かつて，真木（1977）は，あることからの疎外は，その前提に，そのことへの疎外を伴っていると説いた。これにならって言えば，『ワンダフルライフ』においても，幸福への疎外が幸福からの疎外に先行していると言える。あるいは，過去物語への疎外が過去物語からの疎外に先行していると言ってもよい。ようやく，人生最高の思い出を過去に見いだした望月，そして渡辺，さらにここを通過していった多くの人びとが，幸福からの疎外を克服したわけだが，その前提として，自らが幸福へと疎外されていることには気づかなかった。つまり，幸せになることに置かれた価値そのものを疑ってかかることはなかった。それに対して，幸せになること，ないし，それを最高の思い出を自らの過去から選ぶことを通じて実現することの価値そのものの相対化へと向かう萌芽のようなものが，伊勢谷には認められる。
　この萌芽は，杉万（2000; 2005; 2006）の言う，共同的実践の「二次モード」に相当する。杉万によれば，共同的実践の「一次モード」とは，ローカルな現状を把握し，その把握にもとづいて問題解決にとり組む段階である。これまで見てきた渡辺と望月のとり組みも，もちろん共同的実践の一次モードの段階にあったと言えるだろう。一次モードは，必ずある前提，しかも気づかざる前提の上にたった実践である。こうした前提をまったく欠いた実践など，そもそも不可能である。しかし，一次モードの実践が深まるにつれて，こうした気づかざる前提に気づくことがある。その段階が二次モードと呼ばれる。そもそも人生最高の思い出を選ぶとはどういうことだ，なぜそれを過去から

選びとらねばならないのか —— 伊勢谷をとらえたこうした疑問は，毎週毎週，死者たちを迎え，最高の思い出を語り合い，それを映像として再現するというここでの共同的実践に，根元的な改変をもたらすことになるかもしれない。伊勢谷が，この映画の中で，終始「場違い」な者として描かれていることは，示唆的である。「場違い」とは，多くの人びとが共同的実践のための自明の前提として置いている規範や慣行に違背していることのサインだからである。

映画のラスト近く，所長の中村が，面接スタッフを前に前週の活動を振り返る場面が登場する。

> 先週は望月さんを加えて，22 名，送り届けることができました。これも皆さんの努力の賜だと思っています。ただ，残念ながら川嶋さんの担当だった伊勢谷君が，わけあって今日から皆さんの仲間入りをすることになりました。

しかし，他のメンバーに挨拶させる手筈となっていた伊勢谷は，さっそく遅刻のようである。こうして，選べないどころか選ばないという選択をやってのけた伊勢谷は，面接員としての第一歩を，しかも，今後の波乱を予感させる第一歩を踏み出した。他方で，望月に別れを告げた里中は，望月の後任としてそれまでの助手から一人前の面接員へと昇格している。そして，今，新たな死者を待つ面接室で，一人，面接マニュアルの読み練習の真っ最中である。こちらでは，これまで営々と繰り返されてきた共同的実践がさらに継続されようとしているわけである。

『ワンダフルライフ』を締めくくる 2 つのシーン，すなわち，研究者（面接員）里中の研究者としての成長，および，研究対象者（死者）であった伊勢谷の研究者サイド（面接員）への仲間入りは，研究者／研究対象者間の固定した構造の変化の重要性を指摘した第 1 章の議論（特に 3-2 項）を想起すれば容易に理解できるように，研究者と対象者の双方（両者含めて，研究当事者）の共同的実践によって駆動されるアクションリサーチのあり方を象徴しているかのようであった。

あとがき

　書物の「あとがき」には謝辞が添えられることが多いが，アクションリサーチについて書いた本書の場合，特にそうするのが相応しいように思う。アクションリサーチは，常に研究者と現場の方々との共同的実践であり，ここで共同的実践のパートナーのお名前をあげることは，「あとがき」の範囲を超えて，アクションリサーチの内実について欠くべからざる情報を読者に提供することにもなると思われるからである。

　第1部で紹介した防災ゲーム「クロスロード」を用いたアクションリサーチは，非常に多くのパートナー（ユーザー）に恵まれてのものである。その全員をご紹介することは残念ながらできないので，ここでは一人だけ，ゲームの共同開発者であり，本文でも引用した「クロスロード」に関する拙著の共同執筆者でもある吉川肇子先生（慶応義塾大学）を，特に大切なパートナーとして記しておきたい。

　第2部でとりあげた阪神・淡路大震災の語り継ぎ活動も，もちろん多くの方々に支えられている。ここでは，特に，代表田村勝太郎さんをはじめとする「語り部KOBE1995」のみなさま，第5章で紹介した大学生と被災者との共同活動を共にリードしてくれている舩木伸江先生（神戸学院大学），そして，第6章でとりあげた「災害メモリアルKOBE」の実行委員会のみなさま，とりわけ，イベントの実務面を取り仕切ってくださっている「人と防災未来センター」（兵庫県）のスタッフの方々，および，語り継ぎ活動について常に洞察に満ちたアドバイスを筆者に与えてくれる諏訪清二先生（兵庫県立舞子高等学校環境防災科）のお名前をあげ，感謝の意を表したい。

　第3部については，Wolfgang Wagner 先生に感謝申し上げたい。第7章は，筆者が，半年間の在外研修期間を，先生が在籍する Johannes-Kepler-Universität Linz（ヨハネスケプラー大学，オーストリア）で過ごした時期（1997-98年）の研究成果でもある。

　本書は，主として，ここ数年間，すなわち，筆者が京都大学防災研究所に籍を移した2003年度以降にとり組んだアクションリサーチにもとづいて書

かれている。したがって，もっとも旧い稿でも2000年以降に書いたものとなっている。しかし，筆者がアクションリサーチを知り，またそれについて学びはじめたのは，学生時代（1980年代）である。当時の恩師である故三隅二不二先生（大阪大学名誉教授）には，レヴィン（K. Lewin）直伝とも言えるアクションリサーチの根幹について教授いただいた。また，その後も，(財)集団力学研究所（福岡市）で企業の組織開発を中心とするアクションリサーチに直接タッチする機会を与えていただいた。また，学生時代から今日に至るまで，研究姿勢としてのアクションリサーチについて厳しく指導いただいているのが，杉万俊夫先生（京都大学）である。2人の恩師に心からお礼を申し上げ，この拙著を筆者なりの成果物として両先生に捧げたい。

　第3章で書いたように，社会構成主義に立脚したアクションリサーチにおいては，それについて書き，書かれたものを共同的実践のパートナーや世間に問うことも，単なる報告（レポート）にとどまらず，研究実践の実質を構成する重要な要素である。その意味で，新曜社の塩浦暲さんには，書くことのパートナーとして大きなサポートをいただいた。末筆ながら，深甚の謝意を表したい。

　2010年1月　震災から15年を迎える日に

矢守克也

初出一覧

　本書を構成する論稿には，既刊の論文や原稿をベースに加筆・修正を加えたものと，本書の刊行のために新たに書き下ろしたものとがある。前者については，章によって多少の差はあるが，相当大幅な加筆・修正を施している。

序　章　「アクションリサーチの魅力と責任」……書き下ろし
第1章　「アクションリサーチとは何か」……「アクションリサーチ」（やまだようこ（編著）『質的心理学の方法』新曜社，第2部第12章（pp.178-189），2007年刊行），および，「アクションリサーチ」（子安増生・二宮克美（編）『キーワードコレクション：心理学フロンティア』新曜社，Ⅳ 40（pp.164-167），2008年刊行）に大幅に加筆
第2章　「語りとアクションリサーチ」……「語りとアクションリサーチ：防災ゲームをめぐって」（『心理学評論』49巻，pp.514-525, 2006年）に大幅に加筆
第3章　「アクションリサーチを記述する ── 『書簡体論文』の可能性」……「『書簡体論文』の可能性と課題」（『質的心理学研究』8号，pp.64-74, 2009年）に加筆
第4章　「『語り直す』 ── 4人の震災被災者が語る現在」……「4人の震災被災者が語る現在：語り部活動の現場から」（『質的心理学研究』2号，pp.29-55, 2003年）に加筆
第5章　「『語り合う』 ── 10年目の震災語り部活動」……「語り部活動における語り手と聞き手との対話的関係：震災語り部グループにおけるアクションリサーチ」（『質的心理学研究』7号，pp.60-77, 2008年）に加筆
第6章　「『語り継ぐ』 ── 生き方で伝える，生き方で応える」……書き下ろし
第7章　「社会的表象理論と社会構成主義」……「社会的表象理論と社会構成主義：W. Wagnerの見解をめぐって」（『実験社会心理学研究』40巻，pp.95-114, 2001年）に加筆
第8章　「〈環境〉の理論としての社会的表象理論」……「〈環境〉の心理学理論としての社会的表象理論」（南博文（編著）『環境心理学の新しいかたち』誠信書房，第Ⅱ部第4章（pp.105-125），2006年刊行）に大幅に加筆
第9章　「社会構成主義と人生の物語 ── 映画『ワンダフルライフ』に学ぶ」……「社会構成主義」（海保博之・楠見孝（監修）『心理学総合事典』朝倉書店，第8部第40章（pp.709-715），2006年刊行）に大幅に加筆

引用文献

序章　アクションリサーチの魅力と責任

バフチン, M. M./新谷敬三郎・伊東一郎・佐々木寛（訳）(1988).『ことば 対話 テキスト』(ミハイル・バフチン著作集8) 新時代社. [Bakhtin, M. M. (1986). *Speech genres and other late essays*. C. Emerson & M. Holquist (ed.), V. W. McGee (trans.), Austin: University of Texas Press.]

遠藤知巳 (1997).「手紙の変容・〈声〉の誕生：書簡体空間と『フランケンシュタイン』」桑野隆・番場俊（編著）『ミハイル・バフチンの時空』(p.149-168) せりか書房.

ガーゲン, K. J./永田素彦・深尾誠（訳）(2004).『社会構成主義の理論と実践：関係性が現実をつくる』ナカニシヤ出版. [Gergen, K. J. (1994a). *Realities and relationships: Soundings in social construction*. Harvard University Press.]

ガーゲン, K. J./杉万俊夫・矢守克也・渥美公秀（監訳）(1998).『もう一つの社会心理学：社会行動学の転換に向けて』ナカニシヤ出版. [Gergen, K. J. (1994b). *Toward transformation in social knowledge* (2nd.). Sage Publication.]

ガーゲン, K. J./東村知子（訳）(2004).『あなたへの社会構成主義』ナカニシヤ出版. [Gergen, K. J. (1999). *An invitation to social construction*. Sage Publication.]

廣松 渉 (1982).『存在と意味（Ｉ）』岩波書店.

吉川肇子・矢守克也・杉浦淳吉 (2009).『クロスロード・ネクスト：続：ゲームで学ぶリスク・コミュニケーション』ナカニシヤ出版.

レヴィン, K./末永俊郎（訳）(1954).『社会的葛藤の解決：グループ・ダイナミックス論文集』東京創元社. [Lewin, K. (1948). *Resolving social conflicts: Selected papers on group dynamics*. New York: Harper.]

Moscovici, S. (1984). The phenomenon of social representations. (In) R. Farr & S. Moscovici (Eds.), *Social representations*. Cambridge: Cambridge Univ. Press.

大澤真幸 (2007).『ナショナリズムの由来』講談社.

パーカー, I./八ッ塚一郎（訳）(2008).『ラディカル質的心理学：アクションリサーチ入門』ナカニシヤ出版. [Parker, I. (2004). *Qualitative psychology: Introducing radical research*. Open University Press.]

杉万俊夫（編著）(2006).『コミュニティのグループ・ダイナミックス』京都大学学術出版会.

杉万俊夫 (2007).「質的方法の先鋭化とアクションリサーチ」『心理学評論』*49*, 551-561.

Wagner, W. (1994). Fields of research and socio-genesis of social representations: A discussion of criteria and diagnostics. *Social Scinece Information, 33*, 199-228.

Wagner, W. (1996). Queries about social representation and construction. *Journal for the Theory of Social Behavior, 26*, 95-120.

Wagner, W. (1998). Social representations and beyond: Brute facts, symbolic coping and domesticated worlds. *Culture and Psychology, 4*, 297-329.
矢守克也・吉川肇子・網代剛 (2005). 『防災ゲームで学ぶリスク・コミュニケーション：クロスロードへの招待』ナカニシヤ出版.
矢守克也 (2009). 『防災人間科学』東京大学出版会.
Yamori, K. (2007). Disaster risk sense in Japan and gaming approach to risk communication. *International Journal of Mass Emergencies and Disasters, 25*, 101-131.

第1章　アクションリサーチとは何か

秋田喜代美 (2005).「学校でのアクションリサーチ」秋田喜代美・恒吉僚子・佐藤学（編）『教育研究のメソドロジー』(pp.163-183). 東京大学出版会.
アンデルセン, T.／鈴木浩二（監訳）(2001).『リフレクティング・プロセス：会話における会話と会話』金剛出版. [Andersen, T. (1991). *The reflecting team: Dialogues and dialogues about the dialogues*. New York: W. W. Norton.]
ベック, U.／東廉・伊藤美登里（訳）(1998).『危険社会：新しい近代への道』法政大学出版会. [Beck, U. (1986). *Risikogesellschaft auf dem Weg in eine andere Moderne*. Suhrkamp Verlag.]
Denzin, N. K, & Lincoln, Y. S. (2000). *Handbook of qualitative research* (2nd.). Sage Publications.
フリック, U.／小田博志・山本則子・春日常・宮地尚子（訳）(2002).『質的研究入門：〈人間の科学〉のための方法論』春秋社. [Flick, U. (1995). *Qualitative Forschung*. Rowohlt Taschenbuch Verlag GmbH.]
Greenwood, D. J. & Levin, M. (1998). *Introduction to action research: Social research for social change*. Thousand Oaks, Ca: Sage Publications.
保坂裕子 (2004).「アクションリサーチ」無藤隆・やまだようこ・南博文・麻生武・サトウタツヤ（編）『ワードマップ質的心理学：創造的に活用するコツ』新曜社.
鹿毛雅治 (2002).「フィールドに関わる『研究者／私』：実践心理学の可能性」下山晴彦・子安増生（編）『心理学の新しいかたち：方法への意識』誠信書房.
川喜田二郎 (1967).『発想法』中公新書.
吉川肇子・矢守克也・杉浦淳吉 (2009).『クロスロード・ネクスト：続：ゲームで学ぶリスク・コミュニケーション』ナカニシヤ出版.
レヴィン, K.／末永俊郎（訳）(1954).『社会的葛藤の解決：グループ・ダイナミックス論文集』東京創元社. [Lewin, K. (1948). *Resolving social conflicts: Selected papers on group dynamics*. New York: Harper.]
ミルグラム, S.／岸田秀（訳）(1995).『服従の心理：アイヒマン実験』（改訂版新装）河出書房新社. [Milgram, S. (1974). *Obedience to authority: An experimental view*. Harper & Row, Publishers Inc., New York.]
三隅二不二 (1974).「アクションリサーチ」続有恒・高瀬常男（編）『心理学研究法13：実践研究』東京大学出版会.

野口裕二（2005）.『ナラティヴの臨床社会学』勁草書房.
岡田憲夫（2008）.「生き生きと生きる地域：主体的に生きるとは」*Rim Report, 6*, 25-33. 社団法人 建設コンサルタンツ協会インフラストラクチャー研究所.
大野木裕明（1997）.「アクションリサーチ法の理論と技法」中澤潤ほか（編）『心理学マニュアル：観察法』北大路書房.
パーカー，I.／八ッ塚一郎（訳）（2008）.『ラディカル質的心理学：アクションリサーチ入門』ナカニシヤ出版. [Parker, I. (2004). *Qualitative psychology: Introducing radical research*. Open University Press.]
Reason, P. & Bradbury, H.（2001）. *Handbook of action research: Participative inquiry & practice*. London: Sage Publications.
杉万俊夫（2007）.「質的方法の先鋭化とアクションリサーチ」『心理学評論』*49*, 551-561.
杉浦淳吉（2005）.「説得納得ゲームによる環境教育と転用可能性」『心理学評論』*48*, 139-154.
津村俊充・山口真人（編）（2005）『人間関係トレーニング：私を育てる教育への人間学的アプローチ』（第2版）ナカニシヤ出版.
浦河べてるの家（2002）.『べてるの家の「非」援助論』医学書院.
矢守克也・吉川肇子・網代剛（2005）.『防災ゲームで学ぶリスク・コミュニケーション：クロスロードへの招待』ナカニシヤ出版.
矢守克也（2004）.「古典に学ぶ、方法論を学ぶ」無藤隆・やまだようこ・南博文・麻生武・サトウタツヤ（編）『ワードマップ質的心理学：創造的に活用するコツ』新曜社.
矢守克也（2005）.『〈生活防災〉のすすめ：防災心理学研究ノート』ナカニシヤ出版.
矢守克也（2007）.「『終わらない対話』に関する考察」『実験社会心理学研究』*46*, 198-210.
Yamori, K.（2007）. Disaster risk sense in Japan and gaming approach to risk communication. *International Journal of Mass Emergencies and Disasters, 25*, 101-131.
Yamori, K.（2008）. Narrative mode of thought in disaster damage reduction: A crossroad of narrative and gaming approach. In Sugiman, T., Gergen, K., Wagner, W., and Yamada, Y. (Eds.), *Meaning in action: Constructions, narratives and representations* (p.241-252). Tokyo: Springer-Verlag.
Yamori, K.（2009）. Action research on disaster reduction education: Building a "community of practice" through a gaming approach. *Journal of Natural Disaster Science, 30*, 83-96.
横溝紳一郎（2000）.『日本語教師のためのアクション・リサーチ』凡人社.
柳原光（1976）.『Creative O.D.：人間のための組織開発シリーズ（vol.1）』行動科学実践研究会.

第2章 語りとアクションリサーチ

ベック，U.／東廉・伊藤美登里（訳）（1998）.『危険社会：新しい近代への道』法政大学出版会. [Beck, U. (1986). *Risikogesellschaft auf dem Weg in eine andere Moderne*.

Suhrkamp Verlag.]
Garfinkel, H. (1967). *Studies in ethnomethodology*. Englewood Cliffs, NJ: Prentice Hall.
吉川肇子・矢守克也・杉浦淳吉 (2009).『クロスロード・ネクスト：続：ゲームで学ぶリスク・コミュニケーション』ナカニシヤ出版.
レイヴ，J.・ウェンガー，E.／佐伯 胖（訳）(1993).『状況に埋め込まれた学習：正統的周辺参加』産業図書. [Lave, J. & Wenger, E. (1991). *Situated learning: Legitimate peripheral participation*. Cambridge: Cambridge University Press.]
野口裕二 (2005).『ナラティヴの臨床社会学』勁草書房.
杉万俊夫（編著）(2006).『コミュニティのグループ・ダイナミックス』京都大学学術出版会.
ワイク，K. E.／遠田雄志・西本直人（訳）(2001).『センスメーキングインオーガニゼーションズ』文眞堂. [Weick, K. E. (1995). *Sensemaking in organizations*. CA: Sage Publications.]
矢守克也 (2005).『〈生活防災〉のすすめ：防災心理学研究ノート』ナカニシヤ出版.
矢守克也 (2007).「『終わらない対話』に関する考察」『実験社会心理学研究』46, 198-210.
矢守克也 (2009a).「『正常化の偏見』を再考する」『防災人間科学』(pp.103-129). 東京大学出版会.
矢守克也 (2009b).「防災教育・学習：実践共同体論を通して」『防災人間科学』(pp.213-229). 東京大学出版会.
Yamori, K. (2007). Disaster risk sense in Japan and gaming approach to risk communication. *International Journal of Mass Emergencies and Disasters*, 25, 101-131.
Yamori, K. (2008). Narrative mode of thought in disaster damage reduction: A crossroad of narrative and gaming approach. In Sugiman, T., Gergen, K., Wagner, W., & Yamada, Y. (eds.), *Meaning in action: Constructions, narratives and representations* (p.241-252). Tokyo: Springer-Verlag.
矢守克也・吉川肇子・網代 剛 (2005).『防災ゲームで学ぶリスク・コミュニケーション：クロスロードへの招待』ナカニシヤ出版.

第3章 アクションリサーチを記述する ── 「書簡体論文」の可能性

American Psychological Association (2001). *Publication manual of the American Psychological Association* (5th ed.). Washington D. C.: American Psychological Association.
アンダーソン，B.／白石さや・白石隆（訳）(1997).『増補：想像の共同体：ナショナリズムの起源と流行』NTT出版. [Anderson, B. (1991). *Imagined communities: Reflections on the origin and spread of nationalism*. New York: Verso.]
バフチン，M. M.／伊東一郎（訳）(1996).『小説の言葉』平凡社（平凡社ライブラリー）. [Bakhtin, M. M. (1994). *Работы 1920-х годов*, Next, C. 24.]
遠藤知巳 (1997).「手紙の変容・〈声〉の誕生：書簡体空間と『フランケンシュタイン』」

桑野隆・番場俊（編著）『ミハイル・バフチンの時空』（pp.149-168）. せりか書房.

ガーゲン，K. J.／永田素彦・深尾誠（訳）(2004).『社会構成主義の理論と実践：関係性が現実をつくる』ナカニシヤ出版．[Gergen, K. J. (1994a). *Realities and relationships: Soundings in social construction*. Harvard University Press.]

ガーゲン，K. J.／杉万俊夫・矢守克也・渥美公秀（監訳）(1998).『もう一つの社会心理学：社会行動学の転換に向けて』ナカニシヤ出版．[Gergen, K. J. (1994b). *Toward transformation in social knowledge* (2nd.). Sage Publication.]

ガーゲン，K. J.／東村知子（訳）(2004).『あなたへの社会構成主義』ナカニシヤ出版．[Gergen, K. J. (1999). *An invitation to social construction*. Sage Publication.]

伊藤哲司・山崎一希（2009）.『往復書簡・学校を語りなおす：「学び、遊び、逸れていく」ために』新曜社.

伊藤哲司・矢守克也（2009）.「『インターローカリティ』をめぐる往復書簡」『質的心理学研究』8, 43-63.

小林多寿子（2000）.「二人のオーサー」好井裕明・桜井厚（編）『フィールドワークの経験』(pp.101-114). せりか書房.

ルイス，O.／柴田稔彦・行方昭夫（訳）(1969).『サンチェスの子供たち』みすず書房．[Lewis, O. (1961). *The children of Sánchez: Autobiography of a Mexican family*. New York: Random House.]

野口裕二（2005）.『ナラティヴの臨床社会学』勁草書房.

能智正博（2007）.「論文の書き方」やまだようこ（編）『質的心理学の方法』(pp.38-51). 新曜社.

大澤真幸（1990）.『身体の比較社会学Ⅰ』勁草書房.

大澤真幸（2007）.『ナショナリズムの由来』講談社.

杉万俊夫（編著）(2006).『コミュニティのグループ・ダイナミックス』京都大学学術出版会.

ワーチ，J.／田島信元・佐藤公治・茂呂雄二・上村佳世子（訳）(1995).『心の声：媒介された行為への社会文化的アプローチ』福村出版．[Wertsch, J. (1991). *Voices of the mind: A sociocultural approach to mediated action*. Cambridge: Harvard University Press.]

やまだようこ（2006）.「質的心理学とナラティヴ研究の基礎概念：ナラティヴ・ターンと物語的自己」『心理学評論』49, 436-463.

やまだようこ・南博文（1993-2002）.「人生なかば：ふたつながら生きる」（第1回−第35回）『発達』55-89.（連載）.

やまだようこ・南博文（2001）.「あとがきに代えて：21世紀と表現−往復書簡の試みから」やまだようこ・サトウタツヤ・南博文（編）『カタログ現場心理学：表現の冒険』(pp.195-202). 金子書房.

矢守克也（2009）.『防災人間科学』東京大学出版会.

第4章 「語り直す」── 4人の震災被災者が語る現在

浅野智彦 (2001). 『自己への物語論的接近：家族療法から社会学へ』勁草書房.

バフチン, M. M.／新谷敬三郎・伊東一郎・佐々木寛（訳）(1988). 『ことば 対話 テキスト』(ミハイル・バフチン著作集 8) 新時代社. [Bakhtin, M. M. (1986). *Speech genres and other late essays*. C. Emerson & M. Holquist (ed.), V. W. McGee (trans.), Austin: University of Texas Press.]

ブルーナー, J.／岡本夏木・仲渡一美・吉村啓子（訳）(1999). 『意味の復権：フォークサイコロジーに向けて』ミネルヴァ書房. [Bruner, J. (1990). *Acts of meaning*. Harvard University Press.]

Gergen, K. (1985). *The social construction of the person*. Springer Verlag.

ガーゲン, K. J.／永田素彦・深尾誠（訳）(2004). 『社会構成主義の理論と実践：関係性が現実をつくる』ナカニシヤ出版. [Gergen, K. J. (1994a). *Realities and relationships: Soundings in social construction*. Harvard University Press.]

ガーゲン, K. J.／杉万俊夫・矢守克也・渥美公秀（監訳）(1998). 『もう一つの社会心理学：社会行動学の転換に向けて』ナカニシヤ出版. [Gergen, K. J. (1994b). *Toward transformation in social knowledge* (2nd.). Sage Publication.]

ガーゲン, K. J.／東村知子（訳）(2004). 『あなたへの社会構成主義』ナカニシヤ出版. [Gergen, K. J. (1999). *An invitation to social construction*. Sage Publication.]

浜田寿美男 (2002). 『〈うそ〉を見抜く心理学：「供述の世界」から』日本放送出版協会.

今井信雄 (1999). 「さまざまな『震災モニュメント』が意味するもの」神戸大学震災研究会（編）『阪神大震災研究 4：大震災 5 年の歳月』(pp.298-312). 神戸新聞総合出版センター.

喜多壮太郎 (2002). 『ジェスチャー：考えるからだ』金子書房.

小林多寿子 (1997). 『物語られる「人生」：自分史を書くということ』学陽書房.

Middleton, D. & Edwards, D. (1990). *Collective remembering*. London: Sage Publications.

南 博文 (1995). 「人生移行のモデル：人間発達のドラマをどう見るか」南 博文・やまだようこ（編）『老いることの意味：中年・老年期』(講座生涯発達心理学 5) (pp.1-40). 金子書房.

森 直久 (1995). 「共同想起事態における想起の機能と集団の性格」『心理学評論』*38*, 107-136.

茂呂雄二 (1991). 「語り口の発生：言語の活動理論」無藤 隆（編）『ことばが誕生するとき：言語・情動・関係』(pp.169-220). 新曜社.

野田正彰 (1992). 『喪の途上にて：大事故遺族の悲哀の研究』岩波書店.

NPO 法人阪神淡路大震災 1. 17 希望の灯り・毎日新聞震災取材班（編著）(2004). 『思い刻んで：震災 10 年のモニュメント』どりむ社.

大澤真幸 (1990). 『身体の比較社会学 I』勁草書房.

大橋靖史・森 直久・高木光太郎・松島恵介 (2002). 『心理学者、裁判と出会う：供述心理学のフィールド』北大路書房.

プラマー, K.／桜井 厚・好井裕明・小林多寿子（訳）(1998). 『セクシュアル・ストー

リーの時代：語りのポリティクス』新曜社．[Plummer, K. (1995). *Telling sexual stories: Power, change, and social worlds.* London and New York: Routledge.]

楽学舎（編）(2000).『看護のための人間科学を求めて』ナカニシヤ出版.

ラファエル，B．／石丸正（訳）(1989).『災害の襲うとき：カタストロフィの精神医学』みすず書房．[Raphael,B.(1986). *When disaster strikes:How individuals and communities cope with catastrophe.* New York: Basic Books.]

桜井　厚 (2002).『インタビューの社会学：ライフストーリーの聞き方』せりか書房.

佐々木正人 (1991).「『現在』という記憶の時間」無藤　隆（編）『ことばが誕生するとき：言語・情動・関係』(pp.93-128). 新曜社.

佐々木正人（編）(1996).『想起のフィールド：現在のなかの過去』新曜社.

高木光太郎 (2001).「位置取りと身構え：体験への心理学的アプローチ」岡田美智男・三嶋博之・佐々木正人（編）『身体性とコンピュータ』(pp.47-60). 共立出版.

樽川典子（編）(2007).『喪失と生存の社会学：大震災のライフ・ヒストリー』有信堂高文社.

冨山一郎 (2006).『増補：戦場の記憶』日本経済評論社.

上野直樹 (1999).『仕事の中での学習：状況論的アプローチ』東京大学出版会.

ワロン，H．／浜田寿美男（訳編）(1983).「子どもの精神発達における運動の重要性＋解説」『身体・自我・社会』(pp.138-148 & pp.208-227). ミネルヴァ書房．[Wallon, H. (1956). *Importance du mouvement dans le development psychologique de l'enfant.* Enfance.]

ワーチ，J．／田島信元・佐藤公治・茂呂雄二・上村佳世子（訳）(1995).『心の声：媒介された行為への社会文化的アプローチ』福村出版．[Wertsch, J. (1991). *Voices of the mind: A sociocultural approach to mediated action.* Cambridge: Harvard University Press.]

ホワイト，M．・エプストン，D．／小森康永（訳）(1992).『物語としての家族』金剛出版．[White, M. & Epston, D. (1990). *Narrative means to therapeutic ends.* New York: Norton.]

やまだようこ (2000a).「人生を物語ることの意味：ライフストーリーの心理学」やまだようこ（編著）『人生を物語る：生成のライフストーリー』(pp.1-38). ミネルヴァ書房.

やまだようこ (2000b).「喪失と生成のライフストーリー：Ｆ１ヒーローの死とファンの人生」やまだようこ（編著）『人生を物語る：生成のライフストーリー』(pp.77-108). ミネルヴァ書房.

やまだようこ・河原紀子・藤野友紀・小原佳代・田垣正晋・藤田志穂・堀川学 (1999).「人は身近な『死者』から何を学ぶか：阪神大震災における『友人の死の経験』の語りより」『教育方法の探究』2, 61-78, 京都大学大学院教育学研究科.

やまだようこ・田垣正晋・保坂裕子・近藤和美 (2000).「阪神大震災における『友人の死の経験』の語りと語り直し」『教育方法の探究』3, 63-81, 京都大学大学院教育学研究科.

矢守克也 (2001a)「災害体験の記憶と伝達」やまだようこ・サトウタツヤ・南 博文（編）『カタログ現場心理学：表現の冒険』(pp.112-119). 金子書房.

矢守克也（2001b）「社会的表象としての〈活断層〉：内容分析法による検討」『実験社会心理学研究』41, 1-15.

矢守克也（2003）「トランスクリプト：4人の震災被災者が想起する現在」『奈良大学紀要』30, 253-282.

Yamori, K. (2005). The way people recall and narrate their traumatic experiences of a disaster: An action research on a voluntary group of story-tellers. (In) Y. Kashima, Y. Endo, E. Kashima, C. Leung, & J. McClure (Eds.), *Progress in Asian Social Psychology* (Vol.4). (pp.183-199). Seoul: Kyoyook-kwahak-sa.

矢守克也（2009）.『防災人間科学』東京大学出版会.

第5章 「語り合う」── 10年目の震災語り部活動

バフチン，M. M.／新谷敬三郎・伊東一郎・佐々木寛（訳）（1988）.『ことば 対話 テキスト』（ミハイル・バフチン著作集8）新時代社. [Bakhtin, M. M. (1986). *Speech genres and other late essays*. C. Emerson & M. Holquist (ed.), V. W. McGee (trans.), Austin: University of Texas Press.]

バフチン，M. M.／伊東一郎（訳）（1996）.『小説の言葉』平凡社（平凡社ライブラリー）. [Bakhtin, M. M. (1994). *Работы 1920-х годов*, Next, C. 24.]

舩木伸江（2007）.「教科で学ぶ防災教育：神戸学院大学生による教材開発のチャレンジ」矢守克也・諏訪清二・舩木伸江『夢みる防災教育』（第Ⅲ部第2章）（pp.159-183）. 晃洋書房.

Kamberelis, G. (2001). Producing heteroglossic classroom (micro) cultures through hybrid discourse practice. *Linguistics and Education, 12* (1), 85-125.

神戸学院大学学際教育機構防災社会貢献ユニット（2007）.「こどもボランティア」（小学校5年生国語科防災学習教材）.

桑野隆（2002）.「対話的能動性と創造的社会：バフチン的社会学の今日的意味」『思想』940, 5-24.

茂呂雄二（2002）.「ディアロギズム心理学の構想：バフチンと心理学の対話」『思想』940, 131-149.

Shotter, J., & Billig, M. (1998). A Bakhtinian psychology: From out of the heads of individuals and into the dialogues between them. (In) Bell, M. M., & Gardiner, M. (Eds.), *Bakhtin and the human sciences*, (pp.13-29). London: Sage Publisher.

田島充士（2006）.「『対話』としての科学的概念理解の発達：学習者は日常経験知と概念をどのように関係づけるのか」筑波大学人間総合科学研究科博士論文.

ワーチ，J.／田島信元・佐藤公治・茂呂雄二・上村佳世子（訳）（1995）.『心の声：媒介された行為への社会文化的アプローチ』福村出版. [Wertsch, J. (1991). *Voices of the mind: A sociocultural approach to mediated action*. Cambridge: Harvard University Press.]

矢守克也（2003）.「災害心理学の立場より：4人の震災被災者の語りの分析　教育心理学会第44回大会シンポジウム『記憶とナラティヴ』から」『教育心理学年報』42, 14-

15.

第6章 「語り継ぐ」── 生き方で伝える、生き方で応える

バフチン, M. M./新谷敬三郎・伊東一郎・佐々木寛（訳）(1988).『ことば 対話 テキスト』（ミハイル・バフチン著作集 8）新時代社.［Bakhtin, M. M. (1986). *Speech genres and other late essays*. C. Emerson & M. Holquist (ed.), V. W. McGee (trans.), Austin: University of Texas Press.］

ガーゲン, K. J./永田素彦・深尾誠（訳）(2004).『社会構成主義の理論と実践：関係性が現実をつくる』ナカニシヤ出版.［Gergen, K. J. (1994). *Realities and relationships: Soundings in social construction*. Harvard University Press.］

人と防災未来センター・兵庫県立舞子高等学校 (2008).『ユース震災語り部「私の語り」』(DVD).

笠原一人・寺田匡宏（編）(2009).『記憶表現論』昭和堂.

吉川肇子・矢守克也・杉浦淳吉 (2009).『クロスロード・ネクスト：続：ゲームで学ぶリスク・コミュニケーション』ナカニシヤ出版.

「記憶・歴史・表現」フォーラム（編）(2005).『いつかの、だれかに：阪神大震災・記憶の〈分有〉のためのミュージアム構想｜展 2005 冬神戸』「記憶・歴史・表現」フォーラム.

レイヴ, J.・ウェンガー, E./佐伯胖（訳）(1993).『状況に埋め込まれた学習：正統的周辺参加』産業図書.［Lave, J. & Wenger, E. (1991). *Situated learning: Legitimate peripheral participation*. Cambridge: Cambridge University Press.］

メモリアルコンファレンス・イン・神戸実行委員会（編）(2005).『阪神・淡路大震災：向き合い続けた 10 年』神戸新聞総合出版センター.

宮本　匠 (2008).「復興感を可視化する」『復興デザイン研究』7, 6-7.［http://snow.nagaokaut.ac.jp/fukkou_design/RDR_News07.pdf］

災害メモリアル KOBE 実行委員会 (2009a).『REPORT2009』（平成 20 年度災害メモリアル KOBE 報告書）災害メモリアル実行委員会（人と防災未来センター事業課内）.

災害メモリアル KOBE 実行委員会 (2009b).『災害メモリアル KOBE2009 特別授業』（フルバージョン）(DVD).

矢守克也 (2009).『防災人間科学』東京大学出版会.

Yamori, K. (2007). Disaster risk sense in Japan and gaming approach to risk communication. *International Journal of Mass Emergencies and Disasters, 25*, 101-131.

Yamori, K. (2008). Narrative mode of thought in disaster damage reduction: A crossroad of narrative and gaming approach. (In) T. Sugiman, K. Gergen, W. Wagner, & Y. Yamada (Eds.), *Meaning in action: Constructions, narratives and representations*. (pp.241-252). Tokyo: Springer-Verlag.

矢守克也・吉川肇子・網代　剛 (2005).『防災ゲームで学ぶリスク・コミュニケーション：クロスロードへの招待』ナカニシヤ出版.

矢守克也・諏訪清二・舩木伸江 (2007).『夢みる防災教育』晃洋書房.

第7章　社会的表象理論と社会構成主義

Billig, M. (1993). Studying the thinking society: social representations, rhetoric, and attitudes. (In) G. Breakwell & D. Canter (Eds.), *Empirical approaches to social representations.* (pp.39-62). Oxford: Oxford Univ. Press.

Breakwell, G., & Canter, D. (1993). *Empirical approaches to social representations.* Oxford: Oxford Univ. Press.

ブルーナー, J.／田中一彦（訳）(1998).『可能世界の心理』みすず書房. [Bruner, J. (1986). *Actual minds, possible worlds.* Cambridge: Harvard University Press.]

ブルーナー, J.／岡本夏木・仲渡一美・吉村啓子（訳）(1999).『意味の復権：フォークサイコロジーに向けて』ミネルヴァ書房. [Bruner, J. (1990). *Acts of meaning.* Cambridge: Harvard University Press.]

Cranach, M., Doise, W., & Mugny, G. (1992). *Social representations and the social bases of knowledge.* Swiss monographs in psychology (Vol.1), New York: Hogrefe & Huber Publishers.

Doise, W., & Moscovici, S. (1987). *Current issues in European social psychology.* Cambridge: Cambridge Univ. Press.

Farr, R., & Moscovici, S. (1984). *Social representation.* Cambridge: Cambridge Univ. Press.

Fife-Schaw, C. (1993). Finding social representations in attribute checklists: how will we know when we have found one? (In) G. Breakwell & D. Canter (Eds.), *Empirical approaches to social representations.* (pp.248-271). Oxford: Oxford Univ. Press.

Fiske, A., Kitayama, S., Markus, H., & Nisbett, R. (1998). The cultural matrix of social psychology. (In) D. Gilbert, S. Fiske, & G. Lindzey (Eds.), *The handbook of social psychology* (4th). (p.915-981). Vol.2, Boston: The McGraw-Hill.

Fogas, J. P. (1983). What is social about social cognition? *British Journal of Social Psychology, 22,* 129-144.

Gergen, K. (1985). The social constructionist movement in modern psychology. *American Psychologist, 40* (3), 266-275.

ガーゲン, K. J.／永田素彦・深尾誠（訳）(2004).『社会構成主義の理論と実践：関係性が現実をつくる』ナカニシヤ出版. [Gergen, K. J. (1994a). *Realities and relationships: Soundings in social construction.* Harvard University Press.]

ガーゲン, K. J.／杉万俊夫・矢守克也・渥美公秀（監訳）(1998).『もう一つの社会心理学：社会行動学の転換に向けて』ナカニシヤ出版. [Gergen, K. J. (1994b). *Toward transformation in social knowledge* (2nd.), Sage Publication.]

ガーゲン, K. J.／東村知子（訳）(2004).『あなたへの社会構成主義』ナカニシヤ出版。 [Gergen, K. J. (1999). *An invitation to social construction.* Sage Publication.]

Gilbert, D., Fiske, S., & Lindzey, G. (1998). *The handbook of social psychology* (4th.),

Boston: The McGraw-Hill.

Hibino, A. & Nagata, M. (2006). Biotechnology in the Japanese media. *Asian Journal of Social Psychology, 9,* 12-23.

廣松　渉（1982）.『存在と意味（Ⅰ）』岩波書店.

廣松　渉（1988a）.『新哲学入門』岩波新書.

廣松　渉（1988b）.『哲学入門一歩前』講談社現代新書.

Lahlou, S. (1999). Studying interaction with the subjective camera. *Abstracts of 3rd. Conference of the Asian Association of Social Psychology, 30.*

Lindzey, G., & Aronson, E. (1985). *The handbook of social psychology* (3rd.), New York: Random House.

Markus, H., & Zajonc, R. B. (1985). The cognitive perspective in social psychology. (In) G. Lindzey & E. Aronson (Eds.), *The handbook of social psychology* (3rd.), Vol.1. (pp.137-230). New York: Random House.

McGuire, W. J. (1985). Attitude and attitude change. (In) G. Lindzey & E. Aronson (Eds.), *The handbook of social psychology* (3rd.), Vol.2. (pp.233-346). New York: Random House.

McKinlay, A., Potter, J., & Wetherrell, M. (1993). Discourse analysis and social representations. (In) G. Breakwell & D. Canter (Eds.), *Empirical approaches to social representations.* (pp.134-156). Oxford: Oxford Univ. Press.

Moscovici, S. (1961). *La psychanalyse son image et son public.* Paris: Presses Universitaires de France.

Moscovici, S. (1963). Attitudes and opinions. *Annual Review of Psychology, 14,* 231-260.

Moscovici, S. (1981). On social representation. (In) J. P. Folgas (Ed.), *Social cognition.* London: Academic Press.

Moscovici, S. (1983). Social representations and social explanations: from the "naive" to the "amateur" scientist. (In) M. Hewstone (Ed.), *Attribution theory: Social and functional extentions.* Oxford: Blackwells.

モスコビッシ，S.／八ッ塚一郎（訳）（2002）.「社会的表象という現象」京都大学大学院人間・環境学研究科杉万俊夫研究室ウェブサイト［http://www.users.kudpc.kyoto-u.ac.jp/~c54175/index.htm］［Moscovici, S. (1984). The phenomenon of social representations. (In) R. Farr & S. Moscovici (Eds.), *Social representations.* (pp.3-69). Cambridge: Cambridge Univ. Press.］

Moscovici, S. (1988). Notes towards a description of social representations. *European Journal of Social Psychology, 18,* 211-150.

永田素彦・矢守克也（1996）.「災害イメージの間主観的基盤」『実験社会心理学研究』*36,* 97-218.

Nagata, M., Hibino, A. Sugiman, T. & Wagner, W. (2006). The Japanese experience. G. Gaskell and M. Bauer (Eds.), *Genomics and society: Ethical, legal and social dimensions.* Earthscan Publications. Chap.14.

大澤真幸 (1990). 『身体の比較社会学Ⅰ』勁草書房.
大澤真幸 (1992). 『身体の比較社会学Ⅱ』勁草書房.
Potter, J. and Wetherell, M. (1987). *Discourse and social psychology: Beyond attitudes and behavior*. London: Sage Publication.
Purkhardt, S., & Stockdale, J. (1993). Mulidimensional scaling as a technique for the exploration and description of a social representation. (In) G. Breakwell & D. Canter (eds.), *Empirical approaches to social representations*. (pp.272-297). Oxford: Oxford Univ. Press.
樂木章子 (1997). 「乳児院乳児の特徴的行動に関する身体論的考察」『実験社会心理学研究』 *37*, 1-13.
Rakugi, A. (1999). Peculiar behaviors of infants at a residential nursery: A consideration based on a sociological theory of body. (In) T. Sugiman, M. Karasawa, J. Liu, & C. Ward (Eds.), *Progress in Asian social psychology* (Vol.2), (p.257-274). Seoul: Kyoyook-Kwahak-Sa Publishing.
杉万俊夫 (1996). 「集合性に関する理論的メモ」『日本グループ・ダイナミックス学会第44回大会発表論文集』26-27.
杉万俊夫 (1998). 「実践としての人間科学」日本社会心理学会第39回大会シンポジウム「社会心理学研究方法としてのフィールドワーク」発表資料.
杉万俊夫 (編著) (2000). 『よみがえるコミュニティ:フィールドワーク人間科学』ミネルヴァ書房.
杉万俊夫 (2005). 「社会構成主義と心理学」下山晴彦 (編著) 『心理学論の新しいかたち』第5章, 誠信書房.
杉万俊夫 (編著) (2006). 『コミュニティのグループ・ダイナミックス』京都大学学術出版会.
杉万俊夫 (2007). 「質的方法の先鋭化とアクションリサーチ」『心理学評論』 *49*, 551-561.
杉万俊夫 (2009). 「反対贈与としての『リーダーシップ』:ある過疎地域の活性化運動から」『組織科学』 *43* (2), 16-26.
Sugiman, T. (1998). A new theoretical perspective of group dynamics. (In) K. Leung, U. Kim, S. Yamaguchi, & Y. Kashima (Eds.), *Progress in Asian social psychology*, Vol.1, Singapore: Wiley.
Sugiman, T. (1999). From empirical fact-finding to collaborative practice. Presented in the symposium "Developing a morally centered social psychology" in the 3rd. conference of Asian Association of Social Psychology.
Tajfel, H. (1981). *Human groups and social categories: Studies in social psychology*. Cambridge: Cambridge Univ. Press.
Wagner, W. (1994). Fields of research and socio-genesis of social representations: A discussion of criteria and diagnostics. *Social Scinece Information*, *33*, 199-228.
Wagner, W. (1996). Queries about social representation and construction. *Journal for the Theory of Social Behavior*, *26*, 95-120.

Wagner, W. (1998). Social representations and beyond: Brute facts, symbolic coping and domesticated worlds. *Culture and Psychology, 4*, 297-329.

Wagner W., & Kronberger, N. (2001). Killer Tomatos!: Collective symbolic coping with biotechnology. (In) K. Deaux & G. Philogene (Eds.), *Representations of the social: Bridging theoretical traditions*. (pp.147-164). Wiley-Blackwell.

Wagner, W., & Haye, N. (2005). *Everyday discourse and common sense: The theory of social representation*. Palgrave Macmillan.

Wagner, W., & Yamori, K. (1999) Can culture be a variable?: Dispositional explanation and cultural matrics. (In) T. Sugiman, M. Karasawa, J. Liu, & C. Ward (Eds.), *Progress in Asian social psychology* (Vol.2), (pp.33-55). Seoul: Kyoyook-Kwahak-Sa Publishing.

矢守克也（1994）.「社会的表象としてのメンタルマップに関する研究」『実験社会心理学研究』*34*, 69-81.

Yatsuzuka, I. (1999). The activity of disaster relief volunteers from the viewpoint of social representations: Social construction of 'Borantia (volunteer)' as a new social reality after the 1995 Great Hanshin Earthquake in Japan. (In) T. Sugiman, M. Karasawa, J. Liu, & C. Ward (Eds.), *Progress in Asian social psychology* (Vol.2). (pp.275-290). Seoul: Kyoyook-Kwahak-Sa Publishing.

第8章 〈環境〉の理論としての社会的表象理論

コール, M.・スクリブナー, S.／若井邦夫（訳）（1982）.『文化と思考：認知心理学的考察』サイエンス社. ［Cole, M. & Scribner, S. (1974). *Culture & thought: A psychological introduction*. John Wiley & Sons.］

小城英子・林英夫・矢島誠人・松本敦（1999）.「阪神・淡路大震災被災地域および活断層地域住民の防災意識」日本社会心理学会第40回大会配付資料.

モスコビッシ, S.／八ッ塚一郎（訳）（2002）.「社会的表象という現象」京都大学大学院人間・環境学研究科杉万俊夫研究室ウェブサイト［http://www.users.kudpc.kyoto-u.ac.jp/~c54175/index.htm］［Moscovici, S. (1984). The phenomenon of social representations. (In) R. Farr & S. Moscovici (Eds.), *Social representations*. (pp.3-69). Cambridge: Cambridge Univ. Press.］

大橋靖史（1996）.「地震前兆現象を想起する：阪神淡路大震災の場合」佐々木正人（編）『想起のフィールド：現在のなかの過去』新曜社.

澤田英三（1995）.「広島県豊島の漁業者が行う網代の定位活動の記述的分析」『心理学研究』*66*, 288-295.

鈴木孝夫（1990）.『日本語と外国語』岩波新書.

弘原海清（1996）.『前兆証言1519！：普及版』東京出版.

Yamori, K. (1998). Going with the flow: Micro-macro dynamics in the macro-behavioral patterns of pedestrian crowds. *Psychological Review, 105*, 530-557.

Yamori, K. (2005). The way people recall and narrate their traumatic experiences of a disaster: An action research on a voluntary group of story-tellers. (In) Y. Kashima, Y. Endo, E. Kashima, C. Leung, & J. McClure (Eds.), *Progress in Asian social psychology* (Vol.4), (pp.183-199). Seoul: Kyoyook-kwahak-sa.

矢守克也(2001).「社会的表象としての『活断層』:内容分析法による検討」『実験社会心理学研究』41, 1-15.

吉本隆明(1982).『共同幻想論(改訂新版)』角川書店.

第9章 社会構成主義と人生の物語 —— 映画『ワンダフルライフ』に学ぶ

ガーゲン, K. J.／永田素彦・深尾 誠(訳)(2004).『社会構成主義の理論と実践:関係性が現実をつくる』ナカニシヤ出版.[Gergen, K. J. (1994a). *Realities and relationships: Soundings in social construction.* Harvard University Press.]

ガーゲン, K. J.／杉万俊夫・矢守克也・渥美公秀(監訳)(1998).『もう一つの社会心理学:社会行動学の転換に向けて』ナカニシヤ出版.[Gergen, K. J. (1994b) *Toward transformation in social knowledge* (2nd.), Sage Publication.]

ガーゲン, K. J.／東村知子(訳)(2004).『あなたへの社会構成主義』ナカニシヤ出版.[Gergen, K. J. (1999). *An invitation to social construction.* Sage Publication.]

小森康永・野口裕二・野村直樹(編著)(1999).『ナラティヴ・セラピーの世界』日本評論社.

是枝裕和(1999).『小説ワンダフルライフ』早川書房.

是枝裕和(2008).「ワンダフルライフ」(是枝裕和公式ホームページ「KORE-EDA.com」) [http://www.kore-eda.com/w-life/index.htm]

真木悠介(1977).『現代社会の存立構造』筑摩書房.

マクナミー, S.・ガーゲン, K. J.(編)／野口裕二・野村直樹(訳)(1997)『ナラティヴ・セラピー:社会構成主義の実践』金剛出版.[McNamee, S. & Gergen, K. J. (Ed.), (1992). *Therapy as social construction.* London; Newbury Park: Sage Publications.]

モーガン, A.／小森康永・上田牧子(訳)(2003).『ナラティヴ・セラピーって何?』金剛出版.[Morgan, A. (2000). *What is narrative therapy?: An easy-to-read introduction.* Dulwich Centre Publications.]

野口裕二(2002).『物語としてのケア:ナラティヴ・アプローチの世界へ』医学書院.

野口裕二(2005).『ナラティヴの臨床社会学』勁草書房.

楽学舎(編)(2000).『看護のための人間科学を求めて』ナカニシヤ出版.

杉万俊夫(編著)(2000).『よみがえるコミュニティ:フィールドワーク人間科学』ミネルヴァ書房.

杉万俊夫(2005).「社会構成主義と心理学」下山晴彦(編著)『心理学論の新しいかたち』第5章, 誠信書房.

杉万俊夫(編著)(2006).『コミュニティのグループ・ダイナミックス』京都大学学術出版会.

矢守克也(2009).『防災人間科学』東京大学出版会.

人名索引

◆あ 行────────
秋田喜代美　13
浅野智彦　75, 111
網代剛　2, 17, 19, 27, 148
アロンソン Aronson, E.　178
アンダーソン Anderson, B.　50, 52
アンデルセン Andersen, T.　18
伊藤哲司　50
ウェザレル Wetherell, M.　180
上野直樹　70
ウェンガー Wenger, E.　36, 166
エドワーズ Edwards, D.　76
エプストン Epston, D.　75
遠藤知巳　3, 50, 51, 53, 54, 63, 64
大澤真幸　3, 50, 52, 54, 64, 65, 88, 111, 206-209
大野木裕明　13
大橋靖史　69, 76, 88, 89, 111, 112, 225, 226
岡田憲夫　22

◆か 行────────
鹿毛雅治　13
ガーゲン Gergen, K. J.　6, 8, 49, 77, 112, 145, 157, 158, 160, 164, 165, 167, 209, 210, 231, 232, 234, 235, 242
笠原一人　171
ガーフィンケル Garfinkel, H.　35, 36, 39
カムベレリス Kamberelis, G.　122
川喜田二郎　17
カンター Canter, D.　181
喜多壮太郎　105, 106
北山忍 Kitayama, S.　179
古川肇子　2, 17, 19, 27, 148
ギデンス Giddens, A.　179

ギルバート Gilbert, D　179
クラナハ Cranach, M.　180
グリーンウッド Greenwood, D. J.　13
クロンベルガー Kronberger, N.　208
桑野隆　119
小城英子　229
小林多寿子　65, 76
小森康永　231
コール Cole, M.　214
是枝裕和　232, 233, 236

◆さ 行────────
ザイエンス Zajonc, R. B.　179, 190
桜井厚　75
佐々木正人　70, 76
澤田英三　214
ショッター Shotter, J.　128
杉浦淳吉　2, 17, 19, 27, 148
杉万俊夫　6, 12, 13, 44, 57, 59, 61, 64, 65, 187, 196, 207-210, 234, 240, 241, 244
スクリブナー Scribner, S.　214
鈴木孝夫　214
ストックデイル Stockdale, J.　181
諏訪清二　166, 168

◆た 行────────
高木光太郎　69, 76
タジフェル Tajfel, H.　179
田島充士　122, 123
樽川典子　110
津村俊充　17
デュルケム Durkheim, E.　179
寺田匡宏　171
デンジン Denzin, N. K.　13, 25

265

ドイズ Doise, W.　180
冨山一郎　94

◆な 行
永田素彦　208, 209
ニスベット Nisbett, R.　179
能智正博　57
野口裕二　16, 22, 40, 43, 49, 231
野田正彰　110
野村直樹　231

◆は 行
パーカー Parker, I.　1, 13
パークハート Purkhardt, S.　181
バフチン Bakhtin, M. M.　3, 5, 50, 54-56, 59-61, 64, 65, 89, 93, 111, 113, 118-125, 127, 128, 131, 134, 139-142, 168
浜田寿美男　94
林英夫　229
日比野愛子 Hibino, A.　208
ビリック Billig, M.　128, 180
廣松渉　6, 195, 206, 207, 209
ファー Farr, R.　178, 179
ファイフーショウ Fife-Schaw, C.　181
フィスク Fiske, S.　179
フォーガス Fogas, J. P.　179
舩木伸江　132, 133, 166, 168
ブラッドベリ Bradbury, H.　13
プラマー Plummer, K.　76
フリック Flick, U.　25
ブルーナー Bruner, J.　89, 96, 210
ブレークウェル Breakwell, G.　180
ヘイ Haye, N.　177
ベック Beck, U.　16, 40, 47
保坂裕子　13
ポッター Potter, J.　180
ホワイト White, M.　75

◆ま 行
マーカス Markus, H.　179, 190
真木悠介　244
マクガイア McGuire, W. J.　179
マクナミー McNamee, S.　231
マッキンレー McKinlay, A.　180
松島恵介　69
松本敦　229
三隅二不二　13
ミード Mead, G. H.　179
ミドルトン Middleton, D.　76
南博文　49, 50, 63, 70, 77, 108-111
宮本匠　172
ミルグラム Milgram, S.　25
向谷地生良　19
モーガン Morgan, A.　231
モスコビッチ Moscovici, S.　7, 176, 178-180, 185, 186, 190, 208, 211-214, 216-220, 227
森直久　69, 76
茂呂雄二　70, 89, 119

◆や 行
矢島誠人　229
八ッ塚一郎　208, 211
柳原光　17
山口真人　17
山崎一希　50
やまだようこ　49, 50, 63, 70, 74, 77, 89, 96, 108, 109, 111
矢守克也　2, 6, 17, 19, 23, 25, 27, 36, 42, 45, 50, 51, 61, 69, 73, 80, 94, 105, 108, 112, 130, 148, 166, 168, 179, 181, 209, 213, 221, 222, 224, 227, 240
横溝紳一郎　13
吉本隆明　229, 230

◆ら 行
樂木章子　203, 204, 209

ラファエル Raphael, B.　110
ラルー Lahlou, S.　180
リーゾン Reason, P.　13
リンカーン Lincoln, Y. S.　13
リンゼイ Lindzey, G.　178, 179
ルイス Lewis, O.　65
レイヴ Lave, J.　36, 166
レヴィン Levin, M.　13
レヴィン Lewin, K.　1, 11, 17, 25

◆わ　行
ワイク Weick, K. E.　35, 36, 28
ワーグナー Wagner, W.　7, 175-177, 179, 181-183, 185, 189-191, 196-202, 205, 208
弘原海清　224
ワーチ Wertsch, J.　65, 111, 124
ワロン Wallon, H.　75

事項索引

◆あ 行──────────

アイデンティティ　6, 159, 160, 162, 164, 165, 169, 234-241
　　互恵的―― 161-164
　　互恵的――のネットワーク　157, 160-164, 236-239, 241
アイヒマン実験　25
アクションリサーチ　1-8, 11-19, 21-25, 27, 34, 37, 45, 47, 49, 50, 57-59, 62, 65, 69, 73, 110, 112, 113, 117-120, 134, 141-143, 145, 158, 165, 167, 172, 207, 230, 240, 243, 245
宛名性　138
アンケート調査　11, 14
意思決定　29
一次モード　244
意味　210, 216
〈意味のシステム〉　49, 61, 62, 64, 179
インタージェネレーショナル／インタージェネレーショナリティ　23, 28, 45, 47, 148
インターセクショナル／インターセクショナリティ　148
インタビュー　11, 24, 28, 29, 32, 35, 39, 46, 233
インターローカル／インターローカリティ　2, 18, 21, 23, 28, 43, 47, 50, 54, 60, 63-65, 148
　　――な記述形式　3, 50, 51, 56, 57, 59, 63-65
浦河べてるの家　18, 19
エスノメソドロジー　35
応答　4, 63, 102, 130, 131, 141
　　――性　5, 119, 120, 134

　　関係的・――的理解　127-130, 139, 142
object　8, 190-203, 205-208, 210, 211, 216, 228-230
〈object〉　8, 191-208, 210, 211, 216, 228-230
親子の物語　159, 160, 236
オルタナティヴストーリー　166

◆か 行──────────

回顧的：
　　――な語り　114
　　――発話形式　225, 226, 228
介入　1, 2, 4, 11, 120
概念の再編　221
外部　184-188, 190-193, 195, 197, 200-203, 205
会話分析　180
カウンセラー　110, 243
カウンセリング　1, 14, 243
語り　2, 4, 27, 34, 35, 38, 39, 45-47, 69, 109, 157, 158, 164, 166, 169
　　――合い／――合う　5, 133, 134, 138, 157, 158, 235
　　――口　29, 76
　　――継ぎ／――継ぐ　2, 3, 6, 112, 143, 145, 146, 160, 168, 170, 171, 232
　　――手　17, 89, 124, 126, 128-130, 132, 134, 139, 143, 145, 149, 164, 167, 172, 237
　　――直し／――直す　4, 6, 50, 70, 77, 109, 110, 157, 158, 160, 235
　　――のポリティクス　74, 76
　　――の様式　4, 69, 72, 74, 75, 76, 88, 91, 93, 102, 106, 110, 111

268

仮定法の―― 89, 94, 96, 100, 111
　　自己物語／自己―― 2, 8, 75, 93, 111, 157, 164, 169, 171, 232, 236, 237, 241, 242, 244
　　実践についての―― 36, 37, 40, 46
　　実践の中での―― 36, 37
　　震災――／震災の― 114, 116, 118, 125, 126, 128, 129, 138
　　徹底した関係主義に基づく自己―― 145, 232
　　防災――／防災の―― 114, 116, 118, 125, 126, 128, 129, 138
　　予見的な―― 114
語り部 3, 69 74, 76 79, 101, 104, 110 113, 115-118, 120, 125-127, 129, 132-134, 137, 140-143, 158, 166-168
　　――KOBE1995（K1995） 4, 44, 69, 71, 91, 99, 112, 115, 118, 132, 141, 145, 172
　　――グループ 117（G117） 4, 69-71, 73, 74, 77-79, 99, 109, 110, 112, 115, 118, 141, 145
　　ユース震災―― 170-172
価値 13-17, 21, 24
活断層 7, 209, 219-229
仮定法の語り 89, 94, 96, 100, 111
環境 7, 211, 213, 214, 216, 218, 219, 230
〈環境〉 7, 8, 211, 213-219, 222, 224, 228-230
関係的・応答的理解 127-130, 139, 142
記憶 75, 110, 171, 234
聞き手 89, 102, 124, 126, 128-132, 134, 139, 160, 163, 164, 236, 237
擬態語 104-106, 226
共同的実践 13, 14, 18, 24, 115, 132-134, 138, 140, 141, 230, 240-242, 244, 245
共主観的宇宙 208, 217, 218, 220-222, 226, 227, 229, 230
供述分析 74
共助 41

共通の経験 93, 94, 99, 100, 110
共同想起 74, 76
共変化 167, 168, 171
共有 178, 180-185, 201
空間限定的 22
クライアント 233, 236-238, 243
クラスター分析 181
グループ・ダイナミックス 1, 121
クロスロード 2, 19-23, 27-30, 32-35, 37-47, 62, 148
　　――新聞 33
K1995（語り部 KOBE1995） 4, 44, 69, 71, 91, 99, 112, 115, 118, 132, 141, 145, 172
KJ 法 17
ゲーミング 17, 22
ゲーム 2, 20, 21, 23, 25, 27-29, 31, 32, 38, 39, 42-44, 46, 47, 62, 148
権威的な言葉 113, 120-129, 131, 134, 140, 141
研究者／対象者構造の転換 18, 22, 25
言語的多様性（ラズノレーチェ） 55, 56, 59, 64
現場実験 1
合意形成 32
公助 41
高度経済成長期 15
互換 88-90, 93-97, 99, 100, 102-104, 109-112
互恵的：
　　――アイデンティティ 161-164
　　――アイデンティティのネットワーク 157, 160-164, 236-239, 241
　　――関係 160
個人化 16, 37, 40, 47
言葉：
　　――のジャンル 5, 120
　　権威的な―― 113, 120-129, 131, 134, 140, 141
　　内的説得力のある―― 64, 113, 120-

事項索引 | 269

125, 127, 129, 131, 134, 138, 140, 141
コミュニケーション 51, 52, 54, 120, 138, 217
コレスポンデンス分析 181

◆さ 行────────

災害メモリアル KOBE 3, 143, 145-148, 150, 153, 155, 157, 168, 170, 172
逆立ちした専門性 22
subject 203, 205-208, 210
〈subject〉 203-208, 210
something in the world 196, 197, 200, 202, 203, 205-207, 215
3 人称客観描写 53
参与観察 24
詩 55
G117（語り部グループ117） 4, 69-71, 73, 74, 77-79, 99, 109, 110, 112, 115, 118, 141, 145, 232
時間限定的 22
自己 8, 204, 208, 231, 232, 234, 237, 238
　──塑形的活動 75
　──物語／──語り 2, 8, 75, 93, 111, 157, 164, 169, 171, 232, 236, 237, 241, 242, 244
　徹底した関係主義に基づく──語り 145, 232
自主防災訓練 21
自助 41
自然科学 6, 14, 24
事前学習 73, 78, 127
実験室実験 2, 14, 24, 25
実験者効果 14
実証 239, 241
　論理──主義 3, 6, 49, 57, 177, 239, 240, 242, 243
実践:
　──共同体 148, 166
　──についての語り 36, 37, 40, 46

　──の中での語り 36, 37
　共同的── 13, 14, 18, 24, 115, 132-134, 138, 140, 141, 230, 240-242, 244, 245
　地域防災── 21, 33
　防災── 23
質的な分析 1, 2, 11, 18
質問紙調査 2, 24, 25, 181
師弟の物語 160, 236
社会:
　──構成主義 1, 2, 6-8, 49, 112, 157, 167, 175-177, 188, 189, 196, 200-202, 205-208, 210, 230-232, 234, 235, 239-243
　──心理学 175, 206, 207, 217
　──的構成 6, 70, 183, 189, 196, 197, 207, 228, 234
　──的生成 182, 184
　──的表象理論 6, 7, 160, 175-211, 216, 231
　身体論的──学 206, 207, 209
　認知──心理学 177, 178, 180, 181, 188, 190, 191, 193, 197, 205-207, 209, 210
　能動的──観 5, 113, 119, 141, 142
　リスク── 40
ジャンル 55, 121, 123-129, 131, 138, 140, 141, 158, 167
　言葉の── 5, 120
　書簡体── 51
集合／過程的理解 177, 178
集合的動態性 70, 112, 121, 124
収奪 55, 56, 65, 124
習得 124
主客 2 項対立図式 7, 8, 175, 177, 186, 187, 190, 203, 206, 207, 211, 215, 231
主体 197, 201-203, 205
馴致 227
状況付与 37, 42
条件-反応のセット 41-43
条件分析 42

小説　50, 52–57, 64
　——文体論　50, 54
　書簡体——　3, 50–54, 57, 59, 62, 63
書簡体：
　——ジャンル　51
　——小説　3, 50–54, 57, 59, 62, 63
　——論文　3, 49–65
震災語り／震災の語り　114, 116, 118, 125, 126, 128, 129, 138
身体論的社会学　206, 207, 209
新聞　52, 54, 57
心理学：
　社会——　175, 206, 207, 217
　談話——　128
　認知——　215
　認知社会——　177, 178, 180, 181, 188, 190, 191, 193, 197, 205–207, 209, 210
　文化——　214
スキーマ　178–181, 184, 185, 187, 193, 201
正解　22, 23, 37, 41–43
成解　22, 23, 28, 42, 43, 62
生活世界　70, 77, 108, 110, 157
正常化の偏見　36
正統的周辺参加理論　166
セオリー　40, 41, 43, 47
セラピスト　233, 243
センス・メーキング　27, 34–42, 44, 46, 47
選択肢　34
前兆証言　209, 224–226, 228
想起　74, 75
　共同——　74–76
贈与と略奪　64, 65

◆た　行
対話　5, 70, 93, 113, 130, 131
　——性　111, 119, 120
　内的——性　56, 60
対話的　101, 102
　——構築主義　75

　——相関関係　122, 124, 126, 128
　——な定位　56
多次元尺度調査法　181
多声性　111, 119, 120
脱構築アプローチ　75
談話心理学　128
地域防災実践　21, 33
知覚の再編　221
調査：
　アンケート——　11, 14
　質問紙——　2, 23–25, 181
　多次元尺度——法　181
ディシジョン・メーキング　27, 34–39, 41, 46
ディスコース分析　180
手紙　51, 54
徹底した関係主義　157
　——に基づく自己語り　145, 232
当事者研究　18
読書革命　52, 56
「～として」　195
トライアンギュレーション　25
トレードオフ　29, 34

◆な　行
内的説得力のある言葉　64, 113, 120–125, 127, 129, 131, 134, 138, 140, 141
内的対話性　56, 60
内部　184–188, 190, 191, 193, 195, 197, 200–203, 205
ナラティヴ　2, 4, 16, 17, 20, 21, 27, 37, 40, 41, 47, 49, 69, 74, 109, 111
　——・セラピー　18, 74, 75, 231, 243
　〈防災——〉　21, 40–47, 62
二次モード　244
人間科学　6, 59, 61, 241
認識論的前提　8, 231
認知・
　——社会心理学　177, 178, 180, 181, 188,

事項索引 | 271

190, 191, 193, 197, 205-207, 209, 210
　　──心理学　215
　　──的・表象的理解　127-130, 139
盗まれた論文　64, 65
ネーション　52
能動的社会観　5, 113, 119, 141, 142

◆は　行
バイ・プレーヤー　4, 5, 88-94, 96, 98, 100, 102, 104, 107, 108, 110-112, 130, 131, 141, 157, 158, 167, 171
発話　70, 113, 119, 120
　　回顧的──形式　225, 226, 228
パロディ　55
阪神・淡路大震災　3, 6, 20, 23, 27, 28, 32, 41, 43, 69, 71, 74, 108, 113, 114, 116, 143, 146-149, 151, 153, 159, 160, 170, 171, 184, 208, 209, 221, 222, 224
PTSD　79, 107
被災者　69
評価懸念　14
ファシリテータ　30, 33, 39
２人のオーサー　65
物象的宇宙　217-221, 226, 227, 230
〈物理法則〉　212-216, 218, 219, 230
普遍的な真理・法則性　13-17, 19, 21
文化心理学　214
分析：
　　会話──　180
　　供述──　74
　　クラスター──　181
　　コレスポンデンス──　181
　　質的な──　1, 2, 11, 18
　　条件──　42
　　ディスコース──　180
　　量的な──　1, 2, 11, 18
分配／共有的理解　177, 178
ベターメント　1, 13, 14, 24
変化　1, 11, 50, 120

共──　167, 168, 171
編集者　53, 57, 59, 62-64
防災：
　　──語り／──の語り　114, 116, 118, 125, 126, 128, 129, 138
　　──教育　32, 34, 40, 132, 137, 166, 170
　　──研修　21, 27, 37, 40
　　──実践　23
　　〈──ナラティヴ〉　21, 40-47, 62
　　自主──訓練　21
　　地域──実践　21, 33
ボランティア　32, 74, 110, 115, 208
　　──元年　222

◆ま　行
mind-in-the-body paradigm　8, 231, 234
マスメディア　222
メディア　23, 32
物語　40
　　親子の──　159, 160, 236
　　自己──／自己語り　2, 8, 75, 93, 111, 157, 164, 169, 171, 232, 236, 237, 241, 242, 244
　　師弟の──　160, 236

◆や　行
ユース震災語り部　170-172
ユニヴァーサルな記述形式　3, 50, 56, 57, 59, 60, 62, 65
ユニヴァーサル／ユニヴァーサリティ　53-57, 64, 106
ユニークな結果　75
予見的な語り　114

◆ら　行
ライフストーリー　25, 70, 74, 77, 108, 109, 114, 222
ライフヒストリー　65, 74, 75
羅生門テクニック　65

ラズノレーチェ（言語的多様性）　55, 56, 59, 64
リスク社会　40
リフレクティング・チーム　18
量的な分析　1, 2, 11, 18
ローカル／ローカリティ　2, 22, 28, 43, 52-56, 58, 60-62, 64, 241

ローカルな記述形式　3, 50, 56, 58-61
論理実証主義　3, 6, 49, 57, 177, 239, 240, 242, 243

◆わ　行
ワークショップ　17, 22, 24, 33
『ワンダフルライフ』　8, 18, 231-245

著者紹介

矢守克也（やもり かつや）

1963年生。大阪大学大学院博士課程単位取得退学。博士（人間科学）。
ヨハネス・ケプラー大学客員教授，ウィーン環境大学客員研究員などを経て，現在，京都大学防災研究所教授。京都大学大学院情報学研究科教授，人と防災未来センター上級研究員および震災資料研究主幹，語り部KOBE1995顧問，（特非）日本災害救援ボランティアネットワーク理事，（特非）大規模災害対策研究機構理事，などを兼務。
主な専門領域は，社会心理学，防災人間科学。
主要著書に，『防災人間科学』（東京大学出版会），『増補版〈生活防災〉のすすめ――東日本大震災と日本社会』（ナカニシヤ出版），『巨大災害のリスク・コミュニケーション―災害情報の新しいかたち』（ミネルヴァ書房），『防災ゲームで学ぶリスク・コミュニケーション』（共著，ナカニシヤ出版），『クロスロード・ネクスト』（共著，ナカニシヤ出版），『夢みる防災教育』（共著，晃洋書房），『質的心理学の方法』（共著，新曜社），『ワードマップ質的心理学』（共著，新曜社），『ワードマップ防災 減災の人間科学』（共編著，新曜社），『発達科学ハンドブック7―災害・危機と人間』（責任編集，新曜社），『質的心理学ハンドブック』（共編，新曜社），『現場（フィールド）でつくる減災学』（共編，新曜社），他がある。

アクションリサーチ
実践する人間科学

初版第1刷発行　2010年6月25日
初版第5刷発行　2021年10月25日

著　者　矢守克也
発行者　塩浦　暲
発行所　株式会社　新曜社
　　　　101-0051
　　　　東京都千代田区神田神保町3-9
　　　　電話（03）3264-4973（代）・FAX（03）3239-2958
　　　　E-mail: info@shin-yo-sha.co.jp
　　　　URL: http://www.shin-yo-sha.co.jp/
印刷所　長野印刷商工（株）
製本所　積信堂

© Katsuya Yamori, 2010 Printed in Japan
ISBN978-4-7885-1203-0　C1011

新曜社の関連書

質的心理学ハンドブック	やまだようこ・麻生武・サトウタツヤ・能智正博・秋田喜代美・矢守克也 編	A5判600頁 本体4800円
現場（フィールド）でつくる減災学 共同実践の五つのフロンティア	矢守克也・宮本匠編	四六判214頁 本体1800円
「見る」と「書く」との出会い フィールド観察学入門	麻生　武	四六判304頁 本体2800円
質的心理学研究法入門 リフレキシビティの視点	P・バニスター他 五十嵐靖博・河野哲也監訳	A5判276頁 本体2800円
フィールドワークの技法 問いを育てる、仮説をきたえる	佐藤郁哉	A5判400頁 本体2900円
現場と学問のふれあうところ 教育実践の現場から立ち上がる心理学	無藤　隆	四六判280頁 本体2300円
質的心理学の方法 語りをきく	やまだようこ編	A5判320頁 本体2600円
ワードマップ 防災・減災の人間科学 いのちを支える、現場に寄り添う	矢守克也・渥美公秀編著	四六判288頁 本体2400円
ワードマップ 会話分析・ディスコース分析 ことばの織りなす世界を読み解く	鈴木聡志	四六判234頁 本体2000円
ワードマップ フィールドワーク　増訂版 書を持って街へ出よう	佐藤郁哉	四六判320頁 本体2200円
発達科学ハンドブック7 災害・危機と人間	日本発達心理学会編／矢守克也・前川あさ美責任編集	A5判320頁 本体3400円

＊表示価格は消費税を含みません。